Niklaus Schubert • Vereina Connection

Für Ladina und Sidonia

Niklaus Schubert

Vereina Connection

Wenn Gewisse Gewisses auf dem Gewissen haben

Pano Verlag

Die Deutsche Bibliothek – CIP-Einheitsaufnahme

Schubert, Niklaus:
Vereina Connection : Wenn Gewisse Gewisses auf dem Gewissen haben / Niklaus Schubert. -
Zürich : Pano-Verl., 3. Auflage 2000
    ISBN 3-907576-21-7

Umschlaggestaltung: Heiner Schubert

Vorwort

Die Idee zu diesem Roman kommt aus der Lektüre eines Artikels des "Schweizerischen Beobachters" mit dem Titel "Die guten Freunde am Berg", der im Jahr 1993 erschien. Während dieser Zeit lebte ich im Engadin, wohin der Vereinatunnel auch führt. Nun sind diese Fakten, nämlich der Artikel, mein Leben im Engadin, in dieser traumhaften Bergwelt, und der tatsächliche Tunnelbau Nährboden meiner Phantasie - Figuren und Aktionen sind frei erfunden, eine Ähnlichkeit mit lebenden Personen rein zufällig.

Niklaus Schubert

Inhalt

Personen des Romans, nach Beziehungen aufgeführt

(Romanische Namen werden in der Regel endsilbig betont)

Moritz Cavegn	Ermittelnder Beamter
Rosmarie Cavegn	seine Frau
Anna-Chatrina Bigna	Verwandte
Gian-Battista Janott	Romanist
Braida	Studentin
Rosalba	ehemalige Mitstudenrin Gian-Battistas
Luzi Clavuot	Mordopfer
Renato Clavuot	sein Vater
Loredana Clavuot	Witwe
Peder Herczog	Restaurantbesucher
Curdin Janott	Nationalrat
Gian-Marchet Prevost	Bauunternehmer
Dr. Luzius Meng	Dorfarzt
Staschia Bezzola	Patientin
Serard Cadosch	Anwalt
Barbla Cadosch	seine Frau
Riet Bianchi	Polizisten
Duri Nuotclà	
Guadench	
Gian	
Clà	
Luisa Zuan	Dorfzeitung
Lucio Tresanti	Deckname Lentos, des "hit-mans" der Mafia
Herr Feuerstein	Vorsteher des kantonalen Justiz- und Polizeidepartementes
Gian-Max Olgiatti	Polizeikommandant
Giuseppe	Freund Gian-Battistas
Tullio Lanfranchi	Carabinierekommissar in Catania
Luciano deGiacomi	Polizeikommissar in Mailand
Alfredo Compagnoni	Treuhänder
Serena	seine Sekretärin
Ettore	Wirt
Salvatore	Grenzbeamter
Frau Gianola	Bankangestellte
Herr Capaul	Bankier
Linard	Strassenarbeiter
Giannin Columberg	Inhaber einer Reinigungsfirma
Don Giuseppe	Pate

What did you learn in school today,
dear little boy of mine?
Our leaders are the finest men,
and we elect them again and again.

Pete Seeger

Grialetsch

Heute. Heute musste es gelingen. Heute wird es gelingen. Luzi nahm sein Gewehr fester in die Hand. Er hatte ihn genau beobachtet; jeden Morgen spazierte der Hirsch hier durch. Er kniff die Augen zusammen und prüfte den Sonnenstand. Hier stand er richtig, hier würde er durchkommen. Er war immer, jeden Abend, den ganzen Sommer hindurch, hier durchstolziert. Und er, Luzi, war ihm mit dem Feldstecher gefolgt, sooft er nur konnte. Er legte sich auf den Bauch, stützte den Lauf des Gewehres auf den Rucksack, den er vor sich auf die Erde gelegt hatte und blickte zur Kontrolle noch einmal über Kimme und Korn dorthin, wo er sein Opfer tödlich treffen würde.

Es schien eine Ewigkeit zu dauern. Gespannt stand er wieder auf den Füssen, streckte sich, um besser zu sehen, ob sich das herrliche Tier endlich näherte. War da nicht ein Steinchen gefallen? Rasch presste er sich flach hin. Halte den Atem an, nur nichts mehr verpfuschen! Zum Glück wuchsen hier keine Bäume mehr, auf knackendes Geäste musste man nicht extra aufpassen. Noch ein letztes Mal prüfte er den Wind. Er wehte ihm leicht ins Gesicht.

Da! Plötzlich stand das prachtvolle Tier in seiner ganzen festlichen Grösse und Schönheit da. Luzi erschrak. Obwohl er ihn schon oft gesehen hatte, war ihm das Bild im Feldstecher doch harmlos, wie ein kleines Abziehbild, vorgekommen. Jetzt aber, in nur zwanzig Metern Entfernung: Peng! Der Schuss zerriss die Stille im Tal, wurde noch einige Male von den Felsen zurückgeworfen, dann senkte sich, spürbarer noch, wieder tiefe Ruhe herab.

Das getroffene Tier blickte wie ratlos erstaunt, schien zum Denkmal erstarrt und verzaubert, um nun, einem neuen Lebensimpuls gehorchend, zu fliehen. Seine Beine machten nur noch zwei Schritte, dann knickte und brach der stolze Hirsch ein, blieb oben auf einer Geröllbahn für einen kleinen Augenblick liegen und rutschte mit dem Gestein zuerst langsam, dann immer schneller und schneller in die Tiefe.

Luzi stieg vorsichtig bergab. Die Schatten waren lang geworden, man sah die Steine, Löcher und Senken nur, wenn man sich genau achtete. Unten, vor dem erlegten Tier, betastete er zögernd und fast ehrfürchtig das Geweih. Zehn Enden! Er konnte stolz sein. Ein Prachtstier. Zehn Enden! Er blickte noch einmal zur Stelle, wo er diesen imposanten Hirschstier erlegt hatte. Neben dem Couloir hatte er ihn erwischt. Zum Glück hatte das verendende Tier noch zwei Schritte gemacht und war erst in der Runse zusammengebrochen. Wenn es nicht auf dem feinen Geröll zu Tal geglitten wäre, hätte er wirklich nicht

2

gewusst, wie er es geschafft hätte, das Tier über die Felsen dort hinunterzubringen.

Jetzt war es also vorbei. Für dieses Jahr hatte er sein mit Ehrgeiz verfolgtes Soll doch schon erfüllt. Am zweiten Tag der Jagd hatte er eine Gemse geschossen. Er hatte meistens Erfolg. Es wäre nicht nötig gewesen, noch etwas zu schiessen. Aber dieses Tier hatte ihm keine Ruhe gelassen. "Die anderen werden wohl neidisch sein," sagte er sich. Eigentlich und bei Lichte betrachtet stand ihm dieser Erfolg gar nicht zu, denn er war einer dieser Linken und Grünen, wie man ihn schon oft in der Zeitung bezeichnet hatte. "So nicht, sar magister Clavuot!" Diese Zeile war ihm geblieben. Vielleicht, weil es die erste schriftliche Polemik gewesen war, nachdem er erst kurz davor sein Lehreramt angetreten und sich getraut hatte, sich in der Zeitung gegen die neuen Hochspannungsmaste zu wehren. Früher hätte man ihn wegen solch dreister Unbotmässigkeit monate- wenn nicht jahrelang in ein lichtloses, salpeterverkrustetes Verlies gesteckt. Ihn mit "Lehrer" anzureden, hatte wohl der Argumentation des honorigen Schreibers ironisches Gewicht verleihen sollen. Dabei hatte dieser schon so treffend argumentiert, er, gerade er, als Lehrer, gerade als Lehrer, sei von der Zahlkraft der Gemeinde abhängig und gerade dazu seien neue Hochspannungsmasten unverzichtbar, um stattliche Zinseinnahmen von seiten der Elektrizitätswirtschaft zu sichern. Ganz im Detail konnte er sich diese subtile Beweisführung nicht mehr in Erinnerung rufen, aber in etwa kam diese Argumentation so oft, dass er nur den ersten Satz lesen musste, um den Rest voraussagen zu können.

Zehn Enden! Er blickte noch einmal zu der Stelle, wo er das Tier erlegt hatte. Der Hang lag beinahe ganz im Schatten, der Himmel war noch hell. Der Wind trieb kleine Wolken über den rasch sich verdunkelnden Himmel. Sie erinnerten Luzi an kleine Wattebäusche, die seine malenden Schüler ins rosaverfärbte Wasserglas hatten fallen lassen. Er beugte sich noch einmal über den Kopf des Hirsches und betastete das Geweih. Wenn er dieses Geweih über seinem Lehrerpult aufhängen würde, wäre seine Autorität so gefestigt, dass er von seinen Schülern alles verlangen konnte, sogar ihre Hausaufgaben zu machen. Vielleicht würde das sogar die Eltern überzeugen.

Er richtete sich auf, sah zur Hütte hin und lud sich das Tier auf die Schultern. Er wankte unter dem Gewicht seiner Beute. Aber er stürzte nicht. Das war der Lohn dafür, dass er sich nie in die Studierstube zurückgezogen hatte. Dass er kräftig gebaut war, war nicht sein Verdienst. Aber dass er den Bauern half, überhaupt allen half, die eine kräftige Hand brauchten, bekam jetzt seine Bestätigung, als er dies Koloss ohne fremde Hilfe bis zur Hütte buckelte.

Weit musste er nicht mehr gehen. Hundert Meter? Hundertfünfzig? Er musste sich auf seine Schritte konzentrieren. Ein falscher Schritt...Trotzdem gingen seine Gedanken schon ins Tal, in die Beiz. Er musste nur noch rasch bei den ersten Arven ein Zweiglein abbrechen, dem stolzen Tier in den Mund stecken, den Jeep von Gian-Marchet holen und dann vor dem "Crusch Alba" vorfahren und die neidisch-bewundernden Blicke genüsslich über sich ergehen lassen. Auch würden sie sich darüber mokieren, dass er dieses Jahr nach seinem gloriosen Jagdauftakt zuhause geblieben und erst heute zurückgekehrt war, um dann gleich diesen neuen Erfolg hinauszuposaunen. Er schmunzelte. Das konnte man ihm nicht nehmen, er durfte sich selber gratulieren. Die achtziger Jahre würden als erfolgreichstes Jahrzehnt in seine persönlichen Annalen eingehen. Wenigstens, was die so abgeschlossene Jagd anging! Er blieb stehen, ging in die Hocke und liess das mächtige Tier von den Schultern gleiten. Er sah es sich noch einmal voll Stolz an, wobei, wenn er ehrlich sein wollte, das Tier doch nicht so mächtig war, wie es ihm, gebeugt unter dessen Last, geschienen hatte. Er streckte und wandte sich in Richtung eines ersten Baumes, um das Zweiglein abzurupfen.

Kaum war er an der Hütte vorbei, löste sich eine Gestalt aus dem Schatten der Hütte. Luzi blieb neugierig stehen, betrachtete ihn erstaunt und erkannte einen anderen Menschen und fragte sich, was diesen Südländer hierhin verschlagen hatte. Jedenfalls schätzte er ihn so ein, als er ihn sah. Dieser war nämlich klein, kräftig, hatte schwarze Haare, die er, wenigstens die noch vorhandenen, nach hinten gekämmt und pomadisiert hatte. In seiner Hand trug er einen normalen Bündner Jagdstutzer. Luzi starrte ihn verwundert an, und der andere fragte auf italienisch: "Tu sei Luzi Clavuot, vero?" Luzi war völlig verdutzt, brachte kein Wort hervor und nickte nur stumm.

Der andere handelte und schoss Luzi in die Brust. Luzi stürzte vornüber.

Basel, Rheinweg 23

Der Ball flog Moritz genau vor die Füsse. Im selben Moment stellten sich Zweifel ein. War es angebracht, seine Fähigkeiten, mit dem Ball umzugehen, hier, auf der Strasse, auszuprobieren? Aber es schien eine verkehrsarme Strasse zu sein, ausserdem kannte man ihn hier nicht, war er nicht im Dienst. In Chur wäre das ganz anders gewesen. Aber hier? In Basel? Das war nicht zu vergleichen. Also nahm er den Ball an, hob ihn, liess ihn auf dem Fuss einigemal hoch- und nieder schnellen, bevor er ihm dem Knaben, der etwas abseits stand, seinerseits exakt vor die Füsse spielte. Die Buben sahen ihm mit zuerst unwirschen, dann interessierten, zuletzt bewundernden Blicken zu. Er fühlte sich wieder dreissig Jahre jünger, als er seinen Söhnen mit derlei Kunststückchen Eindruck gemacht hatte, und besonders Johannes mit bewundernden Augen zugesehen hatte, Johannes, der sich zu einem solchen Revoluzzer entwickelt hatte. Eine Welle der Wehmut schwappte in ihm hoch, aber jetzt konnte er befriedigt, mit leicht erhobenem Kopf und aufrechtem - stolzem wäre übertrieben gewesen - Gang den Klingelknopf neben der hüfthohen grau-metallenen Gartentür drücken und auf den sattgrünen Rasen treten, als er von der Haustür ein erstauntes "Herein" hörte. Die Stimme war die Gian-Battistas, der an ihm heraufblickte und erstaunt die Augen zusammenkniff, als er ihn erkannte.
"Du hier?" fragte der, hörbar erfreut.
"Ich bin gerade wegen einer Fortbildung hier in Basel und wollte dich bei dieser Gelegenheit besuchen," sagte Moritz, musterte den anderen seinerseits einen Moment erstaunt: "Du hast Dir den Bart abrasiert?"
"Er hat mich gestört", sagte Gian-Battista, "ich weiss nicht, wie du das erträgst," blickte kurz auf Moritz' blonden Vollbart und ging ins Haus. Moritz folgte seinem Freund, ehrfürchtig um sich blickend, in den dunklen Hauseingang. "Dunkel hast Du es hier. Hast du keine Fenster?"
"Nur keine Panik, mein Bester. Wir sind am Flussufer. Oben sind Fenster. Wir sind gleichsam im Souterrain."
Sie stiegen gemeinsam die enge Treppe hinauf. Oben war es in der Tat heller, von beiden Seiten kam Licht in den Flur. Moritz blieb stehen und sah sich um. Gian-Battista stammte nicht von schlechten Eltern. Hohe Zimmer, eine wuchtige Treppe führte nach oben, rechts ging es auf eine schmale Strasse, auf der einige Kinder Federball spielten. Eine Sackgasse? Gian-Battista entschuldigte sich, er wolle schnell Kaffee machen und verschwand durch eine Türe. Moritz hörte eine Frauenstimme und es hätte ihn furchtbar interessiert, wem sie gehörte, aber er vertröstete sich auf später. Zum Glück musste sein Freund

den Kaffee nicht selbst aufbrühen. Er benutzte die Zeit, um durch ein Fenster auf die Strasse zu sehen. Eine Sackgasse, ein automobiles Stumpengeleise, auf dessen abschliessende Wand jemand Picassos Guernica gepinselt hatte, das jetzt die Abendsonne mit goldener Farbe übergoss. Es war eine Schmiererei, aber wenigstens eine organisierte. Davon musste er Johannes erzählen. Moritz zog sein Jackett zurecht und wandte sich zur Tür, woher er Schritte vernahm. Gian-Battista, gefolgt von einer jungen Frau, kam aus der Türe. Dabei kniff er seine Augen einige Male zusammen, was Moritz gleich an frühere Zeiten erinnerte. Woher hatte dieser Kerl nur immer seine Frauen? Als er ihn damals, vor sechs Jahren, beim Katastrophenhilfekorps in der Osttürkei getroffen hatte, das er, Moritz, leitete, war Gian-Battista zum Überdenken seiner gefährdeten Ehe dabei. Sie war dann doch zerbrochen.

Er wollte seinen Freund nicht verurteilen, aber dennoch... Diese Frau, ein halbes Mädchen noch, sicher, zehn Jahre jünger als ihr Begleiter, schätzte er. Sie war eine Schönheit, zweifellos. Sie hatte lange, schwarze Haare, aber erstaunlicherweise strahlende, blaue Augen. Das traf man eigentlich nur bei Engadinerinnen. Eine aus den Bergen niedergestiegene Venus, wie er sie damals beim Ausflug der Churer Polizisten in Florenz gesehen hatte. Er, Moritz, konnte sich jedenfalls nicht erinnern, eine solche Schönheit sonstwo gesehen zu haben. Nicht, dass er behaupten würde, in dieser Beziehung ein Experte zu sein. Zwar hatte auch er Freundinnen gehabt. Eine, zwei, höchstens drei, seit man Frauen zum Polizeidienst zugelassen hatte, war auch die eine oder andere dabeigewesen, die ihm schöne Augen gemacht hatte. Aber er hatte es sich immer verboten, ein gesellschaftlicher Schmetterling zu sein, den die lauen Lüfte mal dahin, mal dorthin getrieben hätten. Nur war Gian-Battista einige Jahre jünger, die Zeiten änderten sich, und zudem war Gian-Battista aus der Stadt und das liess sich sowieso nicht vergleichen.

"Möchten Sie eine Tasse Kaffee?"

Moritz schreckte aus seinen Gedanken auf. Die schöne Engadinerin sprach ihn von der Türe des gegenüberliegenden Zimmers aus an. Moritz ging zu ihr hin und durch die Türe in ein grossbürgerlich möbliertes Zimmer mit einem Tisch, der zum Kaffee gedeckt war, mehreren Stühlen und einem mit grünem Samt bezogenen Fauteuil, an den Wänden Ölbilder von ihm unbekannten Menschen. Was Moritzens Blick aber anzog, war ein grosses Fenster, von dem er den Fluss, die Strasse, die herbstlich verfärbten Bäume unter einem schwermütigen Abendhimmel und das gegenüberliegende Ufer betrachten konnte. Gian-Battista und die Frau (eine Studentin? seine Freundin? seine Verlobte? vielleicht sogar seine neue Frau, oder, wie man sich heute ja schon ausdrückte, seine Lebenspartnerin?) setzten sich zusammen. Moritz stellte sich ans Fenster und vertiefte sich ins Bild, das sich ihm bot. Er sah am anderen Ufer ein mittelalterliches Bauwerk, eine Mauer, deren Aufgabe nicht schlüssig bestimmt werden konnte.

Er hörte ein Stühlerücken. Er verbot es sich, herumzufahren, denn auch als Polizist hatte man gewisse Regeln der Diskretion zu wahren, drehte sich dann mit, wie er hoffte, bemerktem Zögern um. Die Dame verabschiedete sich, gab Gian-Battista die Hand und bedankte sich.

Sie ging hinaus. Gian-Battista folgte ihr mit den Kaffeetassen. Durch die offene Tür konnte Moritz die beiden beobachten. Die Schöne wiegte sich auffällig in den Hüften. Anscheinend machte man das in der Stadt. Die Dame wollte etwas bei Gian-Battista erreichen, was sie noch nicht hatte. Daraus konnte man folgern, dass eine feste Liaison - immer unter dem Vorbehalt, dass man heute ja nicht mehr wusste, was "fest" hiess - höchstens in Ansätzen vorhanden war.

Gian-Battista kam zurück, setzte sich an den Tisch und forderte Moritz mit einer schwungvollen Bewegung der linken Hand auf, es ihm gleichzutun. Moritz hatte sich kaum gesetzt, als die Tür wieder aufging und eine kleine, schlanke, grauhaarige Dame mit dicken Brillengläsern und resoluten Bewegungen hereinkam und sofort in inquisitorischem Ton eine Frage an Gian-Battista richtete: "Wie hiess diese Dame?"

Die Stimmung veränderte sich schlagartig. Es war auf einmal bedrohlich, beklemmend und frostig geworden. Moritz sass wie gelähmt und beobachtete Gian-Battista, der auch kurz zusammengezuckt war, aber nur kurz und jetzt mit ruhiger Stimme sagte: "Mama, darf ich dir Herr Cavegn vorstellen?"

Eigentlich, dachte Moritz, wäre es an Gian-Battistas Mutter gewesen, zusammenzuzucken, aber sie musterte Moritz nur kurz mit ihren kurzsichtigen Augen, und streckte ihm zerstreut eine schlaffe Hand hin und murmelte: "Freut mich, Janott ist mein Name." Moritz war rundum unwohl, aber er sagte: "Cavegn, die Freude ist ganz meinerseits." Frau Janotts Blick traf ihn schon nicht mehr. Sie wandte ihren Kopf zu ihrem Sohn und wiederholte: "Wer war die Dame?"

Moritz zog es vor, jetzt, da er schon stand, den beiden die Ungestörtheit zu vermitteln, die ihm für solch intime Auskünfte passend schien, denn dass sich Frau Janott kaum nur mit der Nennung des Namens zufriedenstellen liess, schien ihm, der dem Alter Frau Janotts vermutlich näher war als dem ihres Sohnes, voraussehbar. Er wandte sich wieder dem Fenster zu, sah einen Lastkahn langsam den Rhein hinaufdampfen und die Fähre, die sich, an einem Seil festgemacht, allein von der Strömung des Wassers fortbewegt, vom gegenüberliegenden Ufer zu ihrem getrieben. Das hinderte ihn nicht, der Diskussion zwischen Mutter und Sohn Janott genau zu folgen. Er hörte Gian-Battistas Stimme, leicht gereizt, wie wenn diese Art der Befragung nicht zum ersten Mal stattfand. "Mein Gott, sie ist nur wegen einer Arbeit gekommen. Es sind schwierige Texte."

"Selbstverständlich." Die Stimme der Mutter drohte, sich im Spott zu überschlagen. "Und wer kann diesem armen Mädchen helfen? Der hilfsbereite Herr Assistent natürlich. Ich will gar nicht wissen, was sie dir als Gegenleistung bieten muss."

Gian-Battista gab ganz sachlich eine Anweisung: "Mutter, ich glaube, Herr Cavegn möchte bei uns abendessen. Könntest du uns jetzt allein lassen?"

Auf einmal säuselte die Mutter ein vertrauliches "Ihr kommt dann, wenn ich Euch rufe, bitte?" Dann verliess sie das Zimmer, und Moritz hörte im Zimmer nebenan Stühle rücken, Teller klappern und bald drang ein Gemisch von Brat- und Kaffeegeruch durch die Türe.

8

Gian-Battista hatte sich währenddessen an einem Schrank zu schaffen gemacht. Er gab Moritz, der wieder ans Fenster getreten war und die Überfahrt der Fähre betrachtete, ein Zeichen, sich an den Tisch zu setzen. Er setzte sich zu ihm und stellte zwei Gläser und eine durchsichtige Flüssigkeit vor sich. "Ich dachte mir, wir könnten uns in Erinnerung an alte Zeiten ein Glas Raki genehmigen."

Moritz wurde es zunehmend wohler. Schnell pflichtete er bei: "Aber nur deswegen. Ich will doch nicht denken, dass..."

Lachend schüttelte sein Freund den Kopf: "Nein, nein. Du kannst beruhigt essen, was uns meine Mutter serviert."

"Danke. Ich will einfach nicht wie du, damals in Van, am Tag unserer Ankunft, die Strecke Speisesaal-Toilette mehrmals zurücklegen," sagte Moritz mit betont besorgter Miene.

Sie prosteten sich zu und stiessen an. Moritz senkte die Stimme und fragte: "Ich wusste gar nicht, dass du bei deiner Mutter lebst. Seit wann?"

Gian-Battista nahm noch einmal einen tiefen Schluck, kniff wieder seine Augen einige Male zusammen und sagte zu Moritz, ohne ihn anzusehen: "Du erinnerst dich sicher, wir haben in Anatolien oft darüber gesprochen. Meine Ehe mit Vreni Jäggi war in der Krise. Darum machte ich diesen Einsatz im Katastrophenhilfekorps. Ich hoffte, wir würden an dieser Trennung etwas lernen. Und als ich dich traf, hoffte ich, von diesem mächtigen, väterlichen Freund etwas lernen zu können."

Er deutete mit dem Glas in der Hand auf Moritz, der ihn um Haupteslänge überragte. Moritz blickte auf den anderen hinunter und wusste nicht, was er mit diesen Worten anfangen sollte. Unsicher meinte er nur: "Für meine Statur kann ich nichts. Und älter wirst auch du werden." Er wollte nicht über sich selbst sprechen und fragte: "Wie ging es weiter?"

Gian-Battista seufzte und berichtete: "Wir haben es noch drei Monate versucht. Aber dann haben wir eingesehen, dass es keinen Sinn mehr hatte, wir trennten uns und Vreni reichte kurz danach die Scheidung ein."

Nein, einsehen konnte man das nicht. Wo lag der Grund? Schwierigkeiten, Streit, Meinungsverschiedenheiten hatten doch alle. Aber das war doch kein Grund. Manchmal donnerte es, aber nachher schien wieder die Sonne. Vielleicht war die Sicht diesig geworden, aber was soll's? Er blickte Gian-Battista noch einmal an, der jetzt das leere Schnapsgläschen in der Hand drehte. Moritz versuchte, sich an den Jahrgang seines Gastgebers zu erinnern. Etwas Ende der fünfziger Jahre, wenn es recht war. Dann war er etwa fünfundzwanzig Jahre älter und musste diese Generation nicht mehr verstehen. Ehrlich gesagt: Er verstand sie auch nicht. was nicht heissen sollte, dass er Gian-Battista nicht mochte. Er hatte ihn als zupackenden, initiativen und selbständigen Mitarbeiter kennen- und schätzen gelernt. Vielleicht konnte er, bei diesem Schluck Raki, der viele gemeinsame Erinnerungen weckte, etwas weiter in ihn dringen. Wenn er es nur vorsichtig genug einfädelte. Zum Beispiel so: "Ohne dir zu nahe treten zu wollen: Was funktionierte denn so nicht, dass sie gleich die Scheidung einreichte?"

Der Jüngere begann wieder, die Augen zusammenzukneifen, als sie wieder
ruhig waren, goss er sich ein Glas Raki ein und sagte dann nur: "Ich hatte eine
andere im Kopf."
Das hätte Moritz nun nicht erwartet. Gian-Battista ein Lebemann! Ein akade-
misch gebildeter Don Juan! Ein Schwerenöter! Vielleicht musste er die Studentin Braida warnen, es könnte ihr sonst gleich gehen wie dieser Vreni, oder
wenigstens die Mutter bestärken, die wohl etwas ahnte, wenn er den Ton ihrer
Frage von vorhin richtig deutete. Würde er dem Vertrauen, das ihm sein
ehemaliger Untergebener angetragen hatte, nicht eben erst entsprechen, wenn
er diesen Bengel - so durfte er ihn jetzt sicher nennen - Benimm lehren würde?
Plötzlich fing der andere wieder an zu sprechen: "Ich weiss, was du denkst."
Moritz sass auf einmal wieder kerzengerade. Sein Gegenüber hatte doch nicht
etwa seine Gedanken erraten?
Aber der starrte nur auf den Tisch und sagte leise: "Wir haben sie kennengelernt, beide, Luzi und ich. Loredana Carpente. Oh! Ich war verliebt. Ich dachte
nur an sie, Tag und Nacht. Aber dann hat sie Luzi geheiratet. Kurz darauf
heiratete ich eine alte Schulfreundin, eben diese Vreni. Aber es stellte sich
rasch heraus, dass sie nur als Betäubungsmittel dienen musste. Als der
Schmerz langsam abnahm, verschwand auch der Grund unseres Zusammen-
seins - und einen anderen Grund haben wir nie gesucht. Um einen zu finden,
kam ich deshalb zu dir ins Katastrophenhilfekorps, was eben nicht viel gebracht hat."
Also kein Don Juan. Moritz fragte sich nun, ob er eine solche Tragik schon
einmal erlebt hatte. Oder war es einfach Dummheit? Die notwendige Konse-
quenz einer Übungsanlage, deren Grundlagen gar nichts anderes zuliessen,
weil sie mit den Gedanken eines realitätsfremden Schöngeistes aufgebaut
waren? Und trotzdem tat ihm sein junger Freund leid. Er musste die Welt
noch kennenlernen. Und wie sollte er das, wenn er tagein, tagaus über seinen
Büchern hockte? Darum fragte er ihn: "Und was treibst du jetzt?"
Gian-Battista hob den Kopf. In seinen Augen konnte Moritz grenzenlose
Überraschung lesen. "Ich bin Assistent am Romanistischen Seminar hier an
der Uni. Wieso fragst du?"
Wie hätte es ihm Moritz gegönnt, wenn er einmal die Welt hätte kennenlernen
können. Wenn er einmal erkannt hätte, dass auch die Beziehung zu einer Frau
in der Wirklichkeit stattfindet, in der es Höhen und Tiefen gab, nicht nur den
Rausch des Verliebtseins. Aber das, was er eben gehört hatte, tönte wieder
nach Büchern und so würde er sicher in die nächste Phantasterei fallen. Aber
er konnte die Frage nicht beantworten, denn jetzt kam Frau Janott und bat sie
zum Essen.
Frau Janott führte sie zu einem prächtig gedeckten Tisch, auf dem Kaffee,
geräuchertes Lachsfilet, Schinken, Käse, Cornichons, Silberzwiebeln, Butter,
Brot, Croissants, Semmel, Äpfel und Birnen bereitstanden, wenigstens das
konnte Moritz beim Hinsehen ausmachen. Am Tisch hatte sicher eine zehn-
köpfige Familie Platz, heute musste man sich die Ahnvorderen der Ölgemälde
dazudenken, um die Tischrunde komplett zu machen.

Die drei sassen an einem Tischende, Frau Janott liess sich von den beiden Herren umrahmen. Nachdem sie gebetet und die üblichen Höflichkeiten ausgetauscht hatten - Moritz unterliess es nicht, das beeindruckende Angebot erstaunt und dankend zu erwähnen - fragte Frau Janott: "Sie sind also der Herr Cavegn, von dem mein Sohn soviel erzählt hat. Nicht wahr, Gian-Battista?" Sie wandte sich dem Polizisten zu und sagte mit strahlenden Augen und bewundernder Stimme: "Soviel Gutes hat er von Ihnen erzählt, nicht wahr, mein Kind?"

Moritz beobachtete, wie sich die Bewegung, mit der Gian-Battista das Stück Käse, das er sich abgeschnitten hatte und jetzt in den Mund stecken wollte, verlangsamte und die Augen, die eben noch voll Wohlbehagen auf den verschiedenen Leckereien geruht waren, jetzt zur Mutter wanderten und ihr einen - wie sollte man das sagen - verachtenden? giftigen? -ärgerlichen? Blick zuwarfen. Auch die Mutter antwortete mit einem fragend-indignierten Blick und Moritz begann sofort, sich Gedanken über das Verhältnis des Sohnes zur Mutter zu machen. War die bewährte Maxime, dass man vor den Eltern Achtung haben sollte, in der Stadt nicht mehr gültig? Eine Frage von Frau Janott liess das erst angedachte Problem unbeantwortet bleiben, denn sie richtete sich an ihn: "Herr Cavegn, haben Sie eine Familie?"

War diese Frage gleichsam als Aufforderung an den Sohn gemeint und demzufolge als Vorwurf für die gescheiterte Ehe? Vielleicht lauerten hinter dieser Frage sprungbereite Tiger, die jetzt, noch mühsam gebändigt, schon unruhig mit den Schwänzen den Sand peitschten? Nein, ihm war es nicht gegeben, die dunklen Abgründe der menschlichen Seele auszuloten.

Ins Ungewisse, mit gekünstelter Spontaneität gab er Auskunft: "Ich habe zwei Kinder, beide im Berufsleben. Zufälligerweise wurde der eine hierhin versetzt."

Frau Janott klatschte in die Hände und rief erfreut: "Gianbi, hast du das gewusst?"

Gian-Battista beschäftigte sich gerade intensiv damit, die letzte Silberzwiebel mit einer zu kurzen Gabel aus dem Glas zu fischen, sah darum auch nicht auf, als er nur schlicht "Nein" sagte.

Darauf schüttelte Frau Janott den Kopf und bestätigte in fragendem Ton: "Es geht ihm gut?"

Moritz bestätigte ganz automatisch: "Ja," fügte dann aber nach kurzem Nachdenken hinzu: "Jetzt schon, eine Weile hatten wir uns Sorgen machen müssen."

Das hätte er wohl lieber nicht gesagt, denn sofort richtete sich Frau Janott auf und fragte besorgt: "Warum denn?" Diese Dame verehrte ihre Stadt offenbar. Sie hängte noch eine bang klingende Frage hinzu, auf die ihre Stimme eine bestimmte Antwort forderte: "Aber es hat doch nichts mit Basel zu tun?"

Lakonisch meldete sich Gian-Battista zu Wort. Er kniff viermal die Augen zusammen und war damit beschäftigt, mit einem Zahnstocher in seinen Zähnen herumzuarbeiten: "War er ein Autonomer?" Mit diesem Begriff folgten, überschlugen sich die Bilder in Moritzens Kopf. Zeitungsberichte

über ein Phänomen in der Jugendbewegung der achtziger Jahre, Fernsehbilder mit Strassen voller randalierender Jugendlicher, Telephonate mit Bekannten und Behörden aus dieser Stadt, Nächte voller Bangen, Selbstvorwürfen, Ehekrisen, kurz: er hätte Frau Janott sagen müssen: "Gerade diese äusserlich so schöne Stadt hat unserem Jungen - und uns noch viel mehr - schwere Zeiten beschert. Vor einem solch gewaltsamen Klima, wie es in dieser Stadt herrscht, würde ich jeden warnen." Aber das hätte er dieser feinsinnigen Frau nicht zumuten können. Er beschloss, die Frage nicht zu beantworten, vielmehr über den glücklichen Ausgang dieser ungewissen Zeit zu berichten: "Nein, diese Stadt hat nichts damit zu tun. Mein Sohn war in einer Krise, zum Glück hat er sich wieder beruhigt, er arbeitet beim Bankverein." Er machte eine Geste, die zum Fenster hinauswies. Für sich fügte er hinzu: "Er ist ohne Schaden wieder aus diesem "Autonomen Jugendzentrum" ausgezogen". Für Frau Janott sagte er: "Er hat eine Wohnung mit seiner Freundin bezogen. Das ist heute auch bei uns in Mode gekommen. Was kann man sagen?" Frau Janott nickte voller Verständnis und Moritz bemerkte innerlich: "In dieses Autonome Jugendzentrum wäre ich nie und nimmer gegangen, und dieses Mädchen hätte ich dort sicher nicht aufgegabelt. So etwas wäre mir nie passiert, aber es ist eine andere Generation." Indes kam er laut zum Schluss: "Der Gerechtigkeit halber muss ich anfügen," er lächelte ein wenig und sah zu Frau Janott, "dass sie sich zu einem flotten Mädchen gemausert hat. Ich bin während des Kurses einige Male zu Besuch gewesen. Und wir haben immer pünktlich und schmackhaft gegessen."
Dass Frau Janott gespannt zugehört hatte und jetzt erleichtert ausatmete, beachtete er nicht. Er blickte ein bisschen wehmütig zum Fenster hinaus, dachte an die Berge, an die Ruhe und an seine Frau, die wohl ganz alleine vor dem Fernseher sass. Die Nacht war schon beinahe völlig hereingebrochen, wie er bemerkte, er sass nahe genug am Fenster, um trotz angezündeter Deckenlampe nach draussen sehen zu können; die Strassenlampen waren entzündet, auch die Fenster des Schiffes, das den Rhein hinunterkam, waren hell erleuchtet und spiegelten sich im Wasser.
Die Stimme Gian-Battistas riss ihn aus seinen Gedanken. "Bist du bedient?" Als Moritz nickte, schlug er vor, dass sie noch einen kleinen Nachtspaziergang machen könnten, Moritz nickte, aber in diesem Moment klingelte das Telephon. Gian-Battista erhob sich, ging zum Telephon und hob den Hörer ab. Sein Blick zeigte zuerst Erstaunen, dann glättete es sich, er schmunzelte ein wenig, hielt mit der Hand die Muschel zu, kniff die Augen ein paarmal zusammen, wandte sich an Moritz und sagte: "Hättest du Lust, heute mit mir zum Judotraining zu kommen?"
Was sollte Moritz in einem Judotraining? Er wehrte sich, wie wenn Gian-Battista schon daran wäre, ihn mitzuschleifen. Er rief heftig: "Aber ich kann gar kein Judo!"
Der andere wurde wieder sachlich und sagte: "Ich muss das Training heute Abend übernehmen. Raymond ist krank. Und da dachte ich", er zog die Brauen bedauernd hoch, "ein Riese wie du könnte als Demonstrationsobjekt

dienen." Moritz fühlte sich zu alt für solche Spässe und war ein wenig beleidigt, dass Gian-Battista überhaupt in Betracht zog, ihn wie einen Tanzbären
zur Schau zu stellen.

Nach einer kleinen Weile blickte der durch dieses Telephongespräch enttarnte
Judokämpfer schnell auf die Uhr und meinte, sie hätten noch eine knappe
Stunde Zeit. Das Telephon läutete erneut. Gian-Battista zog seine Mundwinkel im Ausdruck des Widerwillens auseinander und ging zum Telephon, kam
gleich augenzukneifend zurück. "Es ist für dich," sagte er und legte den Hörer
auf den Tisch. Frau Janott, die daran war, die Teller in die Küche zu tragen,
wandte den Kopf etwas über die Schulter und fragte in besorgtem Tonfall:
"Doch hoffentlich nichts Ernstes?" Ihr Sohn winkte mit der Hand ab und
deutete auf Moritz, dessen Miene indes zunehmend ernster wurde.

Er stand auf und seufzte: "Ich hätte gerne noch einen Nachtbummel gemacht," er wies mit einer entschuldigenden Gebärde auf das Fenster, "aber
man hat mich gerufen. Ein Toter auf Grialetsch."Dann wandte er sich Gian-
Battista zu und sagte mit dunkler Stimme: "Ich fürchte, du kennst ihn."

Jetzt richtete sich der andere gerade auf, liess die Hand mit dem Zahnstocher
sinken und fragte: "Wer?"

"Luzi Clavuot." sagte Moritz, stand auf, verabschiedete sich und verliess das
Zimmer.

Im Engadin

Zwei Polizeibeamte kamen zum Bahnhof Samedan, um Moritz abzuholen. Sie stellten sich als Riet Bianchi und Duri Nuotclà vor. Mit einem Blick konnte Moritz die beiden einordnen. Da war ein junger und eifriger, Duri Nuotclà. Ein Karrierist, tadellos frisiert, tadellos die Haltung, tadellos die Uniform. Der andere, sicher ein Kopf kleiner als Moritz, war ein eher gemütlicher, ein bisschen korpulenter, umgänglicher Dorfpolizist. Vielleicht, so schätzte Moritz, zehn Jahre jünger als er. Und doch ein himmelweiter Unterschied. Nie hätte er sich getraut, mit derart schmutzstarrenden Schuhen vor einen Vorgesetzten zu treten. Hiessen schmutzige Schuhe nicht auch Respektlosigkeit vor sich selber?

"Bringen Sie mich bitte zum Tatort," sagte Moritz zu den beiden. Sie führten ihn auch gleich zu einem geländetauglichen Polizeifahrzeug. Eine sehr gut ausgebaute Strasse führte sie durch ein weites Bergtal, zwischen bewaldeten Berghängen, die gegen oben zuerst mittlerweile ockergelben Grasrücken, dann steinernen Felsen Platz machten, auf denen schon Schnee lag, bis nach S-chanf, wo sich das Tal verengte und die breite Schnellstrasse in ein kurviges Asphaltband überging.

Auf der Fahrt klärten die beiden Moritz über das auf, was die Kollegen der Kriminalpolizei schon beim ersten Augenschein bemerkt hatten. Man sei freitagnacht über einen Toten informiert worden. Ein Kollege aus der Jagdgruppe, ein Gian-Marchet Prevost, habe die Kollegen informiert. Darauf sei man dorthin gefahren, habe den Toten photographiert, ihn zugedeckt und die Stelle abgesperrt, was relativ einfach gewesen sei, da nur eine einzige Strasse dorthin führe, allerdings habe sich einer den Fuss verknackst, weil es stockdunkel gewesen war, man sei dann heute morgen noch einmal dorthin gefahren, beziehungsweise gegangen und habe mit dem Bezirksarzt eine erste legale Schatzung vorgenommen, was man heraus finden konnte, werden Sie bald selbst sehen."

Er gab Moritz einen Zettel und fuhr dann fort: "Wir fahren und gehen dorthin. Sie werden sehen."

Moritz nahm das Papier entgegen und fragte: "Habt ihr die Angehörigen informiert?"

Der Mann am Steuer, in der Tat Riet, verzog die Lippen zu einem verschämtem Lächeln und sagte: "Wir haben das der Pfarrerin überlassen. Die kennt sich in diesen Angelegenheiten aus."

Moritz zuckte mit den Schultern. Die beiden waren jung. Sie würden es einmal lernen müssen. Aber für die Witwe war es wohl besser, wenn ihr jemand diese schreckliche Nachricht überbracht hatte, der ein wenig Erfahrung mit solchen Dingen hatte. Er schwieg.

Die Strasse war jetzt sehr kurvig, der Fluss, neben dem sie vorhin entlanggeflitzt waren, hatte sich nun tief ins Tal hineingefressen und die Strasse führte in vielen Kurven am Hang hinab, dann trafen sie wieder auf den Fluss und passierten eine Brücke. Moritz öffnete das Wagenfenster. Nicht, dass es ihm etwa schlecht geworden wäre, aber vom Rücksitz, vom Schniegelpeter, drang eine so penetrante Rasierwasserwolke zu ihm, dass er sie nur im Gemisch mit viel frischer Bergluft ertragen konnte. Von Susch ging es noch einige Kilometer die gewundene Passstrasse hinauf, dort bog ein Strässchen ab, auf dem das Auto noch einige hundert Meter fahren konnte, es kam danach an eine Brücke, wo sie den Wagen abstellen und zu Fuss weitergehen mussten.

"Ich hoffe, dass die anderen etwas zum Beissen mitgebracht haben," sagte Riet. Eine höchst unpassende Bemerkung, fuhr es Moritz durch den Kopf und eigentlich hatte er geahnt, was sich in diesen Momenten zeigte. Riet war es anscheinend nicht gewohnt, viel - wenn überhaupt etwas - zu Fuss zu erledigen, denn er kam schon nach wenigen Metern - fünfzig? hundert? - ins Atmen. Für den anderen schien es sogar das erste Mal zu sein, denn seine schön geputzten Schuhe gaben ihm keinen Halt und nur unter Geschimpfe und Gezeter konnte er sich aufrecht halten.

Der Weg führte einem Bach entlang, "Sind Sie ausgerutscht?" fragte Moritz mit leisem Spott und sah nach Riets Schuhen. Man sah am Hang zuerst die Alphütte, dann, als sie näher kamen, ein von einer grauen Blache zugedeckten Gegenstand, die Leiche, wie Moritz sofort dachte. Er trat auf die Blache zu und hob sie auf. Ein schneller Blick genügte, um zu sehen, dass das Opfer mit einem Schuss in die Brust niedergestreckt worden war.

Zwei Beamte stiessen zu ihnen, als sie sich der Hütte näherten.

Moritz kam sofort zur Sache. "Was haben Sie ausser dem Toten gefunden?"

"Einen Hirschstier," antwortete der eine Beamte, ein Mann mitte dreissig, schätzte Moritz, mit schütterem schwarzen Haar, aber buschigen Augenbrauen.

"Den muss man aber sofort zum Metzger bringen, sonst verdirbt das Fleisch," fuhr Riet dazwischen. Moritz wollte schon auffahren, besann sich dann aber. Wenn er nämlich die zwei, ihn und den Schniegelpeter, hinunter ins Tal schicken würde, wäre er sie los. Auch sollte der Metzger die Kugel aufheben, in dieser Situation war es wichtig zu wissen, was alles verschossen worden war. Wie es der Beau mit seinen Schuhen schaffen würde, musste ihn nicht bekümmern.

Er befahl den beiden, mit dem Hirsch zu Tal zu fahren, der Leichtbeschuhte machte ein fragendes Gesicht und Moritz hiess sie, einen Stock zu suchen, dem Tier die Beine zusammenzubinden, es an dieses Stück Holz zu binden und zu zweit fortzutragen. Als sie sich an die Arbeit machten, fragte sich Moritz, wie in aller Welt man diesen Menschen hierhin abkommandiert hatte. Es schien ja gerade, als sei er zum ersten Mal auf nicht asphaltiertem Boden und sähe zum ersten Mal Fleisch, das nicht abgepackt in einem Regal lag.

Moritz stellte sich den beiden anderen mit "Moritz" vor, worauf sich die beiden anderen mit "Gian" und "Guadench" zu erkennen gaben. Gian war der mit dem schütteren schwarzen Haar, Guadench war etwa in seinem Alter, drahtig, mit dichtem dunklem Haar, angegrauten Schläfen und stahlblauen Augen.

Moritz blickte um sich. Gian meinte: "Wir haben ein Gewehr gesehen", und wies mit der Hand über die Schulter. Moritz befahl nur kurz: "Sicherstellen. Wir werden herausfinden, wem es gehört. Mitunter finden wir auch eine Kugel, die daraus abgefeuert worden ist."

Guadench fragte zweifelnd: "Hier in der Nähe?"

Moritz antwortete sachlich: "Im Hirsch oder im Toten haben wir gute Chancen."

Guadench zog die Augen etwas zusammen, dann zeigte er die übrigen Fundstücke. Viel gab es nicht. Zigarettenkippen rings um die Hütte, die sie fein säuberlich gesammelt hatten und Moritz nun in einem Plastikbeutel überreichten. Moritz nickte kurz und sagte: "Nicht eben viel. Wir suchen das Ganze noch einmal ab."

Schon nach ein paar Minuten rief Guadench erfreut, er hätte eine Patronenhülse gefunden. Moritz sah sie an, erklärte nach einem Augenschein, dass dies die Patrone aus einem Bündner Jagdgewehr sei.

Gian meinte verwundert: "Wie kommst du darauf?"

Moritz lächelte und erklärte: "Das ist, wenn ich mich nicht sehr täusche, eine Patrone mit dem Kaliber 10.3. Und diese Riesendinger gibt es nur auf den Bündner Jagd."

Gian fragte: "Und wie gehen wir jetzt weiter vor?"

"Jetzt suchen wir das Gelände noch einmal ab. Wir schicken die Zigarettenstummel, die Patronenhülse und das Gewehr ins Labor. Wenn es gesichert ist, dass dieses Geschoss aus einem Jagdgewehr stammt, lassen wir alle Gewehre im Kanton einsammeln. Dann ist der Schütze bald gefunden."

"Und die Leiche?" fragte Gian.

"Jetzt sucht noch einmal das Gelände ab. Ich nehme zwar nicht an, dass ihr noch irgendetwas ausser Zivilisationsmüll findet, aber ich möchte mir nachher keine Vorwürfe machen. Und findet mir danach bitte heraus, wer mit dem Toten in der Jagdgruppe war."

Guadench meldete sich zu Wort: "Und wo treffen wir die beiden andern?"

"Im schlimmsten Fall im Bach, im besten beim Metzger. Dort lasst ihr euch die Kugel geben, die wir auch im Labor untersuchen lassen. Vermutlich trefft ihr die beiden in der Beiz beim Essen. Riet hat schon vorher gehofft, dass ihr etwas zum Beissen dabei habt."

Sie fanden in der Tat ausser liegengelassenem Verpackungsmaterial nichts und so gingen sie wieder dem herbstlich braun begrasten Hang, dem Bach, den Steinen und spärlichen Bäumen entlang zurück. Moritz benutzte den Weg, um sich über das, was er wusste, klarzuwerden.

Der Mann war erschossen worden, peng! in die Brust. War das nun ein Jagdunfall gewesen? Oder hatte sich jemand diese Zeit ausgesucht, um einen

Mord als Jagdunfall zu tarnen? Für die Vermutung Jagdunfall sprach, dass sie die Hülse gefunden hatten und ein professioneller Killer hätte sie nicht einfach so liegengelassen. Wobei es zur Tatzeit womöglich schon dunkel war, wenn er sie aus dem hochrechnen durfte, was man ihm am Telephon berichtet hatte, und ein Ortsunkundiger hätte sich womöglich gefürchtet, danach zu suchen. Besonders, wenn er Schuhe gehabt hatte wie dieser geschniegelte Kater. Ausserdem sprach gegen die Vermutung, es sei ein Jagdunfall gewesen, die Tatsache, dass sich noch niemand gemeldet hatte. Sicher war ein Jagdunfall keine Empfehlung für einen Jäger, aber das geschah immer wieder, und nicht gerade den Schlechtesten. Für diese These sprach auch, dass die Kugel vermutlich, nicht ganz sicher, zugegeben, aus einem Bündner Jagdstutzer stammte. Er war sich ziemlich sicher, und sein Urteil war nicht von schlechten Eltern! Nein, er wollte sich nichts darauf einbilden, aber, wenn man etwas zu sagen hatte, sollte man es auch sagen, und sein Licht nicht unter den Scheffel stellen. Das war seine Überzeugung.

Sie kamen zum Wagen. Moritz öffnete die Beifahrertür und seufzte. Es war ein normaler PKW. Er musste sich zusammenfalten. Gian folgte seinen Bewegungen mit mitleidiger Miene, dann eilte er zum Fahrersitz, liess den Motor anspringen und fragte nur: "Wie weiter?" Moritz sagte kurz: "Nach Susch", kramte in seiner Brusttasche, faltete einen Zettel auseinander und gab die weiteren Anweisungen: "In Susch gehe ich zur Witwe, Loredana Clavuot," - er studierte den Zettel intensiver - "gleich nach der Brücke links." Er lehnte sich zurück, lauschte in seinem Innern dem Klang dieses Namens nach, erinnerte sich wieder an das, was ihm Gian-Battista gestern erzählt hatte und die Puzzleteile fügten sich zusammen. Frau Clavuot war also die Loredana. Die Loredana, die Grund war, dass Gian-Battistas Ehe gescheitert war. Dann konnte er ja gespannt sein.

Plötzlich fiel ihm ein, dass er nicht gekommen war, um diesen Geschichten nachzugehen. Soweit hatte er sich also von diesem Virus anstecken lassen, dass die ganze Welt sich um persönliche Geschichten und Befindlichkeiten drehte, er war auf die Stufe Riets gesunken, dem nur das Wohlbefinden des Bauches Grund zur Besorgnis war.

Nein, er hatte eine Pflicht und diese Pflicht hiess, einen unnatürlichen Tod aufzuklären. Und dazu musste man diesem Toten ein geziemendes Begräbnis verschaffen. Er wies darum Gian an, nach Scuol zu fahren, das dortige Bestattungsinstitut anzuweisen, den Toten abzutransportieren und eine Obduktion vorzunehmen. "Dabei kannst du im "Crusch Alba" und im "Raezia" nachsehen, ob du die beiden Kollegen triffst."

Sper l'En

Gian setzte Moritz bei der Brücke ab. Dieser sah das Hotel, überquerte die Strasse, fragte nach einem Telephon und meldete sich bei Frau Clavuot an. Er wählte die flussabwärtige Brückenseite. Von hier konnte er das Haus von Frau Clavuot betrachten. Das Haus war ein grosses, aber schlichtes, ehemaliges Bauernhaus. Bruchsteinern, wie wohl alle Häuser hier. Für einen Augenblick war er wieder Kind. Die elf Geschwister seines Vaters waren Bauern. Gerade bringen sie das Heu ein. Man hört das Klappern der Pferdehufe, das Rattern der hölzernen Wagenräder auf dem Kopfsteinpflaster, das Geschimpfe der Bauern, die den Heuwagen ins Haus, in den Suler, dirigieren müssen. Und war das Haus, das gegenüber am Hang stand, dieses schlanke, hohe Haus, ein Haus eines nobleren Bürgers gewesen? Wo man hier mit einem heubeladenen Wagen hineinfahren hätte wollen, konnte er sich nicht vorstellen. Er bewunderte noch einmal das Haus, das über dem Fluss thronte, dann beschleunigte er seine Schritte, ging die paar Meter die Strasse hinauf und klingelte.
Die Türe war offen, nur ein niedriges Gatter diente als Türersatz. Die Frau, die jetzt zur Türe kam, war normalerweise sicher eine beeindruckende Schönheit. Eine Schönheit war sie immer noch, aber jetzt war sie nicht beeindruckend, sondern traurig und bemitleidenswert. Zumindest empfand er Mitleid, obwohl er deswegen von jüngeren Kollegen schon "ausgeföppelt" worden war und darum sagte er es nicht mehr.
Sie wischte sich die Tränen aus den Augen, schneuzte sich noch einmal, sagte mit schwacher Stimme "guten Tag" und bat ihn mit einer knappen - mutlosen? verzweifelten? - Geste hinein. Nun stand er also in diesem Suler, in den man früher mit Ross und Wagen hineingefahren war. Einige Jacken hingen an Haken an den Wänden.
Noch eine alte Truhe war da, sonst nur noch viel Platz. Sie führte ihn gleich in die Stüva. Unwillkürlich beeindruckte ihn das Zimmer. Er sah auf zwei grosse Fenster, eines war links in der Wand, gegenüber eine Tür. Er sah auch noch rechts einen Ofen. Er spürte die Kälte, Frau Clavuot hatte anscheinend keine Kraft gehabt, ihn einzuheizen.
Es war einer jener Momente, in denen Moritz seine Arbeit verwünschte. Warum musste er zu dieser Frau gehen? Wäre es nicht sowieso einfacher, die ganze Befragung per Telephon zu machen? Diese Frau hatte ihren Mann nicht umgebracht. Eine Frau konnte nicht ein Jagdgewehr schultern, in die Berge steigen und ihren Mann abknallen. Frauen taten das nicht. Wobei...heute war es natürlich anders. Alles war anders.

Lange konnte er jedenfalls nicht mehr herumstehen. Er musste etwas sagen. Aber wo beginnen? "Es muss ein Schock für Sie gewesen sein." Nicht sehr intelligent, selbstverständlich, kein Informationsgewinn versprechend, aber wenigstens hatte das die Zunge gelockert und Frau Clavuot sah ihn zum erstenmal mit erstaunten, grossen, verweinten Augen an. Sie bestätige einfach: "Ja", und dieses "Ja" schien ihm auch ein "Ja" zu seiner Person zu sein und ihm zu erlauben, weiterzufahren.

Sachte erklärte er, warum er da war. "Frau Clavuot, so wie wir uns diesen fürchterlichen", hier war er ein wenig stolz, dass ihm die Etikette "fürchterlich" eingefallen war, "Tod ihres Gatten nach erstem Augenschein erklären, war es ein bedauernswerter Unfall während der Jagd. Auch wenn man hier nicht direkt von "Schuld" sprechen kann, sich hier vielmehr unbeabsichtigte Handlungen tragisch verkettet haben, sollten wir doch wissen, wem dieses Ungemach zugestossen ist."

In diesen tränenverschwommenen Augen blitzte ein Anflug von Ärger auf, Moritz hätte sie gerne wie ein Kind in die Arme genommen und ihr erklärt, dass sich jeder Jäger diesem Risiko aussetzte, obwohl die kantonale Jagdaufsichtsbehörde bemüht sei, dieses Risiko so klein wie möglich zu machen. Aber sie war noch jung. Sie war erst mit Herrn Clavuot hierhin gekommen, sie kannte die Gepflogenheiten hier nicht und darum konnte man ihr diese Gemütsaufwallung nicht verdenken, obwohl es ihm, Moritz Cavegn, natürlich lieber gewesen wäre, sie hätte sich stoischer in ihr Schicksal gefügt. Er fuhr weiter fort, zu erklären. "Es wird nicht lange dauern, bis wir diese leidige", wieder traf ihn ein Blick aus den Augen der Witwe, diesmal sah er sogar eine Spur Hass darin, "Angelegenheit erledigt haben. Wir sollten dazu die Namen der Freunde ihres Mannes wissen, mit denen er zur Jagd ging. Wir haben nämlich eine Patronenhülse gefunden und jetzt müssen wir nur noch das Gewehr finden, aus dem die so festgelegte Kugel stammt."

Ein Weinkrampf schüttelte sie und erst jetzt, als sie die Haare aus den Augen strich, fiel Moritz auf, dass sie dichte, lange, schwarze Haare hatte. Mit einer Stimme, die ab und zu von Schluchzern unterbrochen wurde, sagte sie: "Da war der Arzt, Dr. Meng, Gian-Marchet Prevost und Serard Cadosch, der Anwalt."

"Ihr Mann war Lehrer?" Auf diese Frage nickte sie nur stumm und ohne ihren Kopf gross zu bewegen. Moritz zückte sein Notizbuch und notierte die Namen. Wie es sich gehört, sagte er sich. Die Leute, die etwas zu sagen haben im Dorf, müssen zusammenstehen. Unsereiner würde vermutlich nichts verstehen von dem, was sich die Herren zu sagen haben. Allerdings, so wunderte er sich, konnte diesen ausgewiesenen Schützen doch nicht ein solcher Unfall passieren und wenn, hätten sie sich doch sicher schon längst gemeldet. Hier jedenfalls war seine Aufgabe erledigt. Zum Glück wusste er noch, dass es gewisse Formen und einen gewissen Benimm in solchen Situationen gab. Er bedankte sich, drückte nochmals sein Beileid aus, gab Frau Clavuot ein wenig steif die Hand, versprach ihr, sie über jede neue Entwicklung zu unterrichten, (hörte sie ihn überhaupt, wenn ihre schönen, jetzt mattschwarzen Augen so leer durch ihn hindurchsahen?), verabschiedete sich und verliess das

Haus. Sie hatte das Gatter offengelassen. Draussen war die Nacht hereingebrochen, man hatte die Strassenlampen angezündet, deren Licht sanft auf das
Kopfsteinpflaster fiel. Er nahm sich vor, Guadench zu beauftragen, die Gewehre dieser Herren zu überprüfen. Falls das nichts bringen sollte, könnte
man noch immer alle übrigen Jagdgewehre des Kantons einsammeln lassen.
Guadench hatte den ganzen Sonntag Zeit. Früher hatte er das schliesslich auch
tun müssen. Für Polizisten gab es keine Fünf-Tage-Woche. Er war dieses Jahr
fünfundfünfzig geworden und gestützt auf die neue Personalverordnung
durfte er den Sonntag freimachen, aus diesem lebensfeindlichen Gehetze
aussteigen, nach Hause fahren, mit seiner Frau zur Kirche gehen und über
andere Dinge als diesen Fall nachdenken.

Raezia

Das Hotel "Raezia" schien Moritz für seine Aufgabe geeignet. Der Besuch bei Gian-Battista hatte seine Ansprüche steigen lassen und er war zufrieden, seine enge Churer Amtsstube, die mit grauen Aktenschränken vollgestopft war, mit einem hohen, hellen, arvengetäferten, fin-de-siècle Raum zu vertauschen. Zwar gab es keine kristallenen Lüster, aber schliesslich war man hier auf dem Land, nicht in der Stadt und für dieses Manko war man mit guter Luft und einer unverdorbenen Jugend vollauf entschädigt.

Wie er insgeheim vermutet hatte, war - was zwar seine Arbeit erschwerte, ihn aber gleichwohl gewissermassen befriedigte - keiner der im ersten Moment in Betracht gezogenen Jäger als Besitzer der Tatwaffe identifiziert worden. Sein erster Eindruck hatte sich labortechnisch bestätigen lassen: Die Hülse des Kalibers 10.3 stammte aus einem Bündner Jagdstutzer und wäre sicher im Kanton zu finden, dass ihn irgendein Heimwehbündner ausser Landes geschmuggelt hatte und jetzt im südamerikanischen Dschungel auf Antilopenjagd ging, schien ihm doch höchlichst unwahrscheinlich. Irgendein Unbekannter hatte sich eines noch nicht identifizierten Gewehres bedient, denn er hatte alle Gewehre einsammeln lassen und das Gesuchte war nicht darunter gewesen. Für ihn war nicht weiter erstaunlich, dass sich keiner der hiesigen Jäger nicht zur unseligen Tat bekannte. Unverdorbene Jugendliche wachsen nicht zu verdorbenen Erwachsenen heran.

Es klopfte an die Türe. Moritz erhob sich und liess Guadench und Gian herein. Er erklärte ihnen, dass man alle Jagdgewehre im Kanton eingesammelt habe, aber darunter hätte man keines gefunden, aus dem die tödliche Kugel abgefeuert worden wäre. Er müsse also die beiden losschicken und die Alphütten durchsuchen lassen. Vielleicht könnten sie einen weiteren Kollegen brauchen, es hätten ihn zwei Beamte in Samedan abgeholt, einer habe "Duri" geheissen, den anderen würden vielleicht diese Kollegen kennen.

"So ein grosser, gut frisierter?" fragte Guadench sofort, und Gian doppelte nach: "Duri Nuotclà?"

"Ihr kennt ihn?", fragte Moritz betont beiläufig.

Die beiden sahen sich belustigt an. Natürlich machte ein solcher Schniegelpeter in der Mannschaft die Runde. Wahrscheinlich konnten sie ihn dazu bringen, die schwarzen Halbschuhe mit einem Paar bergtauglicher Wanderschuhen zu vertauschen. Wie sie dieses Problem lösen würden, erführe er später, wenn überhaupt. Er selbst gönnte sich zuerst einmal ein tüchtiges Mittagessen, dann würde er um halb zwei der Beerdigung beiwohnen.

Kirche Susch

Was Gian-Battista vorgestern noch nicht gewusst hatte, wusste er jetzt: Luzi Clavuot, sein einstmals bester Freund, sein Vorbild, wie er sich ehrlicherweise eingestehen musste, heute, da es keine Rolle mehr spielte, aber auch sein erfolgreicher Nebenbuhler, war tot. Er hatte es am Samstag in der Zeitung gelesen. "Der streitbare Nationalrat Luzi Clavuot auf der Jagd getötet." Gian-Battista sah auf seine Uhr. In einer guten Stunde würde er dessen Beerdigung beiwohnen. Dann würde er Loredana wiedersehen.

Der Zug verliess Zernez. Auf der Reise kreisten die Gedanken um seine Beziehung zu Loredana. In seinem Kopf folgten sich Bilder wie ein Film. Manchmal in Zeitlupe, dann im Schnellgang, einzelne Bilder als Standbilder. Diese Bilder waren ein Affront, eine Tortur, eine Folter. Er hatte ihnen nichts entgegenzusetzen als intensives Augenzukneifen.

Bild eins, die Hochzeit: Gian-Battista Janott tritt als Trauzeuge in Erscheinung, im schwarzen, speziell für diesen Anlass in Verona gekauften, italienisch geschnittenen, hochklassigen Anzug. Dieser ist teuer gewesen, er hätte ihn sich eigentlich gar nicht leisten können. Er hat ihn gekauft, weil er erwartet hat, bei Loredana zu punkten. Aber warum? Er ist nichts als einer, dessen Schalmeien nicht erhört worden waren, und der jetzt unfähig war, sich diese Tatsache einzugestehen.

Bild zwei: Das erste Mal in Loredanas Haus, bei ihren Eltern in Bari. Loredanas Mutter, eine dicke Frau in grauer Schürze, einem blauen Wolljäckchen, die Haare in einem Knoten hochgesteckt und mit einem blauseidenen Kopftuch, die sie grossartig bewirtet. Sie redet andauernd, zwar italienisch, aber mit unverkennbar apulischem Einschlag, und Luzi versteht nichts, gar nichts, der Mann, der ihm Loredana wegnehmen wird, er, Gian-Battista, muss ihm alles übersetzen.

Schliesslich Bild drei. Immer wieder Bild drei, dazwischen geschoben, als Unterbruch, als Ausgangspunkt, als Klimax. Datum: 2. Januar 1978, auf der Strasse von Foggia in die Berge. Sie sehen Loredana zum ersten Mal. Das heisst sie wissen ja nicht, dass es Loredana ist, sie sehen eine junge Frau, die ihrem Fiat Panda in strömendem Regen Tritte gibt, weil dieser nicht mehr weiter will. Sie halten an und bevor er - Gian-Battista - etwas sagen kann, hat sie begonnen, auf die beiden einzureden. Es kommt ihm vor, als würde man einen Film mit Anna Magnani in gesteigertem Tempo abspielen; er hat trotz seiner wirklich guten Italienischkenntnisse nur etwa einen Fünftel verstanden, schlussendlich nimmt die Gestrandete die beiden hilfsbereiten Studenten mit.

An dieser Stelle war jeweils geschnitten worden und der Film hatte wieder die Hochzeitsszene gezeigt und er, Gian-Battista hatte sich von diesen Bildern umspülen lassen, aber den Ärger, die Verletzung, den Knick in der Lebensgeschichte hatten sie nicht abschleifen können.

Ein Blick auf die Uhr zeigte ihm, dass er noch eine dreiviertel Stunde bis zur Beerdigung hatte. Er stieg aus dem Zug, ging die Strasse bis zum "Crusch Alba", überquerte die Hauptstrasse, dann die Brücke und stieg auf der kopfsteinpflasternen Strasse zur Kirche. Er widerstand der Versuchung, bei Loredana zu klingeln, der Mut fehlte ihm und etwas Passendes wollte ihm partout nicht einfallen. Noch aber lag beinahe eine halbe Stunde vor ihm, eine Strasse, auf der unbekannte Gespenster der Vergangenheit lauerten, er zog es darum vor, auf den Friedhof zu gehen, denn diese Geister kannte er. Der Friedhof lag gleich neben der Kirche, er hatte Zeit und einen guten Grund.

Auf seinem Gang erinnerte er sich an Moritz, der immer wieder von seiner Bündner Vergangenheit geschwärmt und gesagt hatte, dieses Bewusstsein gebe ihm die Zuversicht, auch hier - also in Analogien - seine Aufgabe zu erfüllen. Ob auch er eine ernstzunehmende Aufgabe hatte, wusste Gian-Battista nicht, aber wusste jetzt, warum er zum Friedhof gekommen war, er wollte seinen Altvorderen seine Reverenz erweisen.

Darum stand er vor dieser Grabtafel und betrachtete sie. Erinnerungsbilder tauchten auf, er dachte an das wunderbare Hirschgeweih im Haus der Grosseltern und daran, wie Grossvater jeweils mit glänzenden Augen unter einem Hirschgeweih erzählt hatte, wie sein Grossvater dieses Tier erlegt hatte. Das Tier hatte im Lauf der Zeit an Gewicht, Grösse und Stärke zugenommen; der Piz Linard, wo ihn der Ururgrossvater erlegt hatte, war schroffer, steiler und unwegsamer geworden und der Ururgrossvater erwuchs zu einem respektablen Engadiner Urmann, gegen den Wilhelm Tell ein Milchbüblein gewesen wäre. Sein Vater hatte die Geschichte des Grossvaters jeweilen zerpflückt, der Hirsch bekam akute Schwindsucht und nahm wieder irdische Dimensionen an, auch den so alltäglich gewordenen Piz Linard hätte er dann selbst besteigen können - was er später auch einigemal getan hatte. Die zunehmende Kenntnis der Wirklichkeit war der Phantasie der Erzählung schlecht bekommen. Als Kind war er jeweils nach Vaters pedantischer Berichtigung enttäuscht gewesen, auch hatte er den Grossvater direkt mitleidig belächelt. Als er dann aber älter wurde, ging ihm Vaters Rechthaberei auf die Nerven, der daran festhielt, dass die technische Wissenschaft alle Probleme lösen würde. Aber wovon konnte er erzählen? Bestenfalls von Schimmelproben.

Die Glocken begannen zu läuten und er ging zur Kirche. Er streckte sich, zog seinen dunkelgrünen Sakko zurecht, fuhr sich über den Schnurrbart, den er stehen gelassen hatte, nachdem der Bart nichts mehr genutzt hatte, um Loredana zu beeindrucken. Er hoffte, diese Korrekturen könnten ihm auch innerlich einen Halt geben.

Er trat in die Kirche. Sie war schon gut besetzt; das ganze Dorf war gekommen, schwarz und schweigend sassen die Menschen in den Bänken. Er hörte die Stimme des Pfarrers, nein, der Pfarrerin, was er, noch nicht ganz präsent, durch seine Erinnerungen hindurch gehört hatte, und nun, nach kurzem Stutzen und raschem Aufblicken bestätigt sah, nicht mehr der Herr Pfarrer Jörg Zinsli, sondern eine junge Frau Pfarrerin. Er hätte den Männern gern ins Gesicht gesehen. Würde der, der ihn auf dem Gewissen hatte, hier sein? Wessen Trauermiene war geheuchelt? Einer musste der Täter sein. Gewiss ein Mitglied der Jagdgruppe. Luzi hatte von ihnen mehr als einmal erzählt. Wie hiessen sie schon wieder? Nicht einmal an ihre Zahl erinnerte er sich, geschweige denn an ihre Namen. Wenn es nach ihm ginge, würde er die drei? vier? oder waren es doch nur zwei? gleich einsperren. Auch wenn man sie nachher wieder laufenlassen musste, würde ihnen einige Tage bei Brot und Wasser sicher nicht schaden. Ärgerlich kniff er die Augen zusammen.

Die gedämpfte Stimmung, die andächtige Ruhe, das aufmerksame Zuhören, das nur vom gelegentlichen Hüsteln, verstohlenen Umherrücken auf den hölzernen Bänken, liturgisch motivierten Aufstehen und Sich-Setzen gestört wurde, liessen seine Gedanken zu Luzi zurückwandern. Sie waren sich in der Rekrutenschule begegnet. Er steht wieder im Carré mit hundert anderen Rekruten, alle in neuen Uniformen auf dem Kasernenplatz, ein in ein Rechteck gepresster, feldgrüner Bienenschwarm, dem die Ordnung, die hier nur schein-bar besteht, diesem getarnten Zivilistenhaufen zuerst beigebracht werden muss nach den Worten des Mannes mit Streifen auf dem Hut, der Befehle brüllt in einer Sprache, die an akutem Vokalschwund leidet.

Er wendet seinen Kopf verstohlen nach links und rechts und er begegnet diesen Augen, Luzis Augen, diese glasklaren, hellblauen Augen neben sich. Er sieht das Gesicht, es muss ein Bergler sein, stellt er sich vor, schwarze Haare, ein dichter Vollbart und eine Haut, die oft der frischen Luft, der Sonne und dem Wind ausgesetzt worden ist.

Die Pfarrerin sprach davon, dass Luzi Clavuot viele Freunde hatte, dass er aber auch Meinungsverschiedenheiten nicht scheute. Gian-Battista bemerkte, dass diese Anspielung vermehrtes Rutschen auf den Bänken hervorrief und tauchte wieder in die Erinnerung ab.

"Viel Feind, viel Ehr," lacht Luzi. Der Vorgesetzte, der vorher herumgebrüllt hat, hat ihm eben das Ördelchen, die Auszeichnung eines Schiesswettbewer-bes, abgenommen wegen eines Aktes akuten Ungehorsams - er hat keine Krawatte umgebunden. Und er, Gian-Battista, hat ihn mit bewundernden Blicken angesehen, nur aus den Augenwinkeln, mehr hätte er sich nicht ge-traut.

Luzi war immer der schnellere, sagte sich Gian-Battista, als er aufstand und das Gesangbuch zur Hand nahm, ehe die Pfarrerin ihre Hände zum Segen ausbreitete. Die Orgel spielte, alle waren aufgestanden und liessen die vier Männer vorbei, die den Sarg trugen. Die Pfarrerin folgte, sie stützte Loredana. Die hielt ein Taschentuch vors Gesicht, als sie an Gian-Battista vorbeiging. Er hörte ihr Schluchzen. Die Gottesdienstteilnehmer warteten, bis sich die Bänke hinter ihnen jeweils geleert hatten, als die Reihe an ihm war, folgte auch er dem Zug. Es war keine Hast, kein gegenseitiges Schubsen und Drängeln, die Ordnung eines jahrhundertealten Rituals. Es war wohl keine Trauer, Gian-Battista erinnerte sich zu gut daran, wie die Suscher Luzis Lehrmethoden immer wieder lächerlich gemacht hatten, aber es war Respekt vor einem

Menschen, mit dem sie zwar allenthalben Streit gehabt hatten, der aber doch ihre Sprache, ihr karges Leben, die langen Winter, die Abgeschiedenheit mit ihnen geteilt hatte.

Die Gemeinde versammelte sich um das frisch ausgehobene Grab. Gian-Battista sonderte sich ein wenig ab, er stellte sich zu einem Baum, von wo er die Pfarrerin schlecht, das Rauschen des Flusses gut vernehmen konnte. Eine Gestalt ragte aus der Gruppe Kondolierender heraus: Moritz. Ihn hatte er eigentlich nicht erwartet. Der Anblick verwirrte ihn; die Erinnerung an das gemeinsame, ungezwungene Nachtessen von vor zwei Tagen war noch zu frisch und die gefühlsmässige Entfernung zu gross von jenem Geplauder zur heutigen Abschiedsfeier, als dass er jetzt einen spontanen Schritt auf den Hünen zu hätte machen können. Aber es war ganz gut nachzuvollziehen, warum der Polizist gekommen war, nur brauchte er dazu, unter den gegenwärtigen Umständen, Zeit.

Es waren nur wenig Worte, ein gemeinsames Gebet, dann geriet Bewegung in die dunkle Menge, Loredana warf zuerst, dann die anderen eine Blume ins Grab. "Wie schön das Theater auch gewesen sein mag, der Schluss ist immer derselbe. Man wirft ein bisschen Erde auf den Sarg, dann fällt der Vorhang." Wer das gesagt haben mochte, wusste Gian-Battista nicht mehr, es stimmte jedenfalls und ihm wurde ein wenig klamm ums Herz.

Die Gemeinde verzog sich allmählich, nur Loredana und einige andere blieben zurück. Er trat zögernd zu ihnen und erkannte das kleine Grüppchen Umstehender. Es waren Loredanas und Luzis Mütter, ein junger Mann, den er nicht kannte und zwei Paare aus Luzis Familie, die er als seine Schwester und seinen Bruder zu erkennen meinte. Dann stand da noch ein Mann, einer ihrer Geschwister womöglich, er hatte die selbe kräftige Nase und war - das konnte er mit Bestimmtheit feststellen - Italiener, schwarze Haare und dunkler Teint.

Er wagte nicht, Loredana anzusprechen, sondern hoffte, sie würde ihn ansprechen. Man hörte nur das Rauschen des Flusses und das gelegentliche Schluchzen Loredanas und der anderen Frau, die Gian-Battista beim genauen Hinsehen als ihre Mutter erkannte. Diese nahm ihn auch als erste wahr, und nachdem sie seinen Namen mit Staunen in der Stimme ausgesprochen hatte, hob auch Loredana ihren Kopf und begrüsste ihn mit einem traurigen Lächeln. Gian-Battista nickte kaum merklich mit dem Kopf, um ihr einerseits zu zeigen, dass er ihre Geste bemerkt hatte, sie andererseits aber nicht bedrängen wollte. Sie kam auf ihn zu, hielt sich mit den Armen an seiner Schulter fest, legte ihren Kopf auf seine Brust und begann, hemmungslos zu weinen. Was sollte er jetzt machen? Er hatte sich vorgestellt, wie er ihr die Hand geben, ihr kondolieren würde, ihr aufmerksam zuhören und vielleicht da und dort einige tröstliche Gedankensplitter aus der Literatur hätte einflechten können.

Er hatte immer gehofft, Loredana würde sich an ihn wenden, auch hatten ihn Gedanken ganz kindlicher Natur heimgesucht, in denen er als starker Held einer hilflosen Loredana den von tausend finsteren, zähnefletschenden, pistolen-entsichernden Dunkelmännern bedrohten Weg freigemacht hätte. Aber all diese Szenarien hatten mit einer willigen, kontrollierten, beherrschten Loredana gerechnet, und hier begegnete ihm zwar eine hilflose, trauernde, zerstörte Loredana, aber er war nicht im Entferntesten fähig, sie von dieser Stimmung zu befreien, sondern er legte nur seine Hände sachte auf ihre Schultern, kniff unsicher seine Augen zu und öffnete sie wieder und wiederholte unablässig im Innern, dass Schweigen Gold aufwöge. Zu allem Unglück tauchte in diesem Moment wie ein unerbetener Geist aus der Flasche das Bild seiner Mutter auf. Sie sagte abschätzig: "Du kannst dich Frauen gegenüber nur kindisch verhalten."

Im Hintergrund vernahm Gian-Battista ein Räuspern. Es kam von einem jungen Mann, den er nicht kannte, dem Loredana mit verstehendem Ausdruck zuhörte und sagte: "Es ist Zeit, dass wir ins "Raezia" zur Palorma gehen."

Palorma

Die Gespräche brachen augenblicklich ab, als die Witwe den Saal betrat. Loredana setzte sich zuoberst an den Tisch, flankiert auf der einen Seite von ihrer Mutter, auf der anderen Seite von jenem Mann, der vorhin das Signal zum Aufbruch gegeben hatte. War er ein Cousin? Ein neuer Lebenspartner? Das wäre allerdings etwas flugs gegangen, denn als er vor drei Wochen mit Luzi telephoniert hatte, hatten sie über dergleichen gesprochen und eine solche Entwicklung war nie auch nur angetönt worden. Zudem hatte sie sich an seiner Brust ausgeweint. Moritz war auch gekommen, er sah ihn hoch über seinen Tischnachbarn. Neben ihn hatte sich niemand gesetzt, und so beschloss er, Gian-Battista, diesen Platz einzunehmen. Als alle sassen, begann die Plauderei wieder, wenn auch in gedämpftem Ton. Er hörte Gabeln, die in Aufschnittteller stachen, das leise Plätschern, wenn Wein in Gläser gefüllt wurde, hie und da ein Räuspern, Schneuzen oder Niesen. "Sotto voce" hätte ein Komponist unter die Partitur dieses Leichenmahles geschrieben.

"Gian-Battista, welch freudige Überraschung", sagte plötzlich die Frau, die ihm gegenüber sass und vorher angeregt mit Moritz geflüstert hatte. Sie hatte entdeckt, dass sein Glas noch leer war, streckte sich mit langem Arm über den Tisch, ergriff die Flasche, füllte sein Glas und forderte ihn auf, mit ihr anzustossen. Obwohl er noch gerne seinen Gedanken, den Erinnerungen an Luzi, seiner eigenen Befindlichkeit und Mutmassungen über Loredanas Gemütszustand und ihre eventuellen Pläne nachgehangen wäre, ahnte er, dass ein Befolgen der Bräuche hier angemessen war, er hob sein Glas, lächelte sein Gegenüber an und sagte: "Die Freude ist ganz auf meiner Seite. Viva, Luisa." Sie begann sofort zu reden. "Weisst Du schon? Hast Du gehört? Luzi ist auf der Jagd erschossen worden. Man weiss bis heute noch nicht, wem es passiert ist. Dieser Herr", sie deutete auf Moritz," soll es aufklären. Stell dir nur vor! Luzi war ein guter Mensch, glaub mir."

Anscheinend wusste sie nicht, wie eng er mit Luzi befreundet gewesen war und hatte sie auch nicht die Szene auf dem Friedhof gesehen, die ihn gerade bei dieser Frau in ein schiefes Licht hätte rücken können. Also machte er nur ein bestürztes Gesicht und antwortete: "Schrecklich." Und dann sagte er etwas, was er vielleicht nicht hätte sagen sollen, nämlich: "Ich hätte nie geglaubt, dass eine solche Tat hier geschehen könnte", denn sofort warf sie ihre dichten, grauen Haare in den Nacken, funkelte ihn mit ihren blitzblauen Augen empört an und fragte spitz: "Was meinst du mit "solcher Tat"? "Einen Menschen erschiessen?"

Er erschrak und kniff die Augen zusammen, so hatte er Luisa noch nie erlebt und meinte entschuldigend: "Jemand, der auf einen anderen das Gewehr richtet, erschiesst doch den anderen, das... "

Schneidend fuhr sie ihm ins Wort: "Nichts hast du begriffen von der Jagd, aber auch gar nichts. Bleib im Unterland, aber red nicht über Dinge, von denen du nichts verstehst."

So hatte er das wirklich nicht gemeint. Etwas verärgert forderte er sie hinaus: "Dann erklär mir das bitte."

Die Atmosphäre des Gesprächs hatte kurz den Gefrierpunkt gestreift, was auch sie gespürt haben musste, denn sie erklärte ihm nun in sachlichem Ton: "Niemand richtet bei uns das Gewehr auf einen anderen Menschen. Wenn ein solch schreckliches Unglück geschieht, - und ich habe in meinem Leben zwar wenige, aber dennoch zu viele solcher Vorfälle erlebt - dann hat ein Jäger zwar ein Tier im Visier gehabt, oder glaubte es zumindest. Dass so etwas aus Absicht geschehen kann, ist vollkommen ausgeschlossen."

Er blickte kurz zu Moritz, der nur seine Augenbrauen zweifelnd hob. Er schwieg und lenkte das Gespräch in seichtere, unverfänglichere Gewässer.

Dort dümpelte es noch eine Stunde vor sich hin, er bemühte sich, jeden drohenden Windstoss frühmöglichst abzufangen, er hatte keine Lust, sich angesichts von Luzis Tod über lokalchauvinistische Details zu streiten, als sich einige erhoben, die Stühle auf dem Parkettboden zurechtgerückt wurden, man sich die Hände schüttelte und verabschiedete, stand auch er auf und folgte Moritz ins Freie. Draussen zündete sich Moritz eine Pfeife an, blies ein paar Rauchwolken in die Luft und fragte kühl: "Was machst du hier?"

Auf diese Frage war Gian-Battista nicht vorbereitet. Gerade eben, letzten Freitag, hatte er Moritz die Sehnsucht bekannt, die ihm jede Beziehung, meist auch nur schon den Ansatz dazu, verbaut hatte. Und jetzt diese Frage! War er nicht mehr als ein gefühl- und empfindungsloser Polizist? Hatte er ihn während dieser drei Monate in Anatolien völlig falsch eingeschätzt? War seine empfindsame Art nur Fassade gewesen, mit der er den Menschen begegnet war, die in ihren verschütteten Häusern nach noch Intaktem gesucht hatten? Er sah zu Moritz hinauf. Der paffte ruhig Rauchwolken in die Luft und blickte geduldig auf ihn herab. Eine Spur von Vorwurf lag in Gian-Battistas Stimme, als er sagte: "Luzi war mein bester Freund".

Moritz sah ihn nicht an, nahm die Pfeife aus dem Mund steuerte noch versonnen bei: "Und eben Loredana." Der andere wollte schon empört auffahren, als er ihn wieder ansah und in sachlichem Ton fragte: "Wen kanntest du von diesen Menschen?"

"Loredanas und Luzis Mütter, einen jungen Mann, Luzis Schwester, deren Mann, seinen Bruder, und eines ihrer Geschwister, es hatte die selbe kräftige Nase."

Moritz nahm seine Pfeife aus dem Mund und fragte weiter: "Und die Leute im "Raezia"?

"Von einigen kenne ich den Namen, von früher. Aber ich habe schon so lange nicht mehr mit ihnen gesprochen, dass ich dir kaum etwas Aufschlussreiches über sie erzählen könnte."

Die schwatzhafte Dame schien eine Bemerkung wert zu sein. Moritz sagte: "Die ältere Dame, die dich angesprochen hat, macht den Eindruck, dich zu kennen. Sie hat dich tüchtig in Beschlag genommen."

Gian-Battista lächelte: "Ach, Luisa".

Mit diesem Namen verbanden sich für ihn Bilder, Erinnerungen, ganze Geschichten, ein Teil seiner Jugend, in der Luisa eine oftbesuchte Person gewesen war, mit der sich der Geruch eines Stalles mit Kühen, Ziegen und Schafen, Milch, Käse, Stroh, Heu, frischem Gras, aber auch Keksen, Kuchen und Broten verband und der Anblick einer Stüva voller Blumen, Gewürze und Zweige samt einer Luisa, die ihm mütterlich übers Haar strich und die neuesten Geschichten aus dem Dorf zu erzählen wusste.

Er war in diese Welt eingetaucht, als ihn Moritz ungeduldig fragte: "Kannst du mir noch ein bisschen mehr über sie erzählen?"

Gian-Battista kniff augenblicklich seine Augen ein paar Mal zusammen, bevor er antwortete: "Wenn es jemanden in Susch gibt, die über jeden und jede alles und noch ein wenig mehr weiss, ist es Luisa. Wie ich gehört habe, sitzt sie den ganzen Tag am Fenster und sammelt Informationen."

Moritz hatte seine Pfeife weitergeraucht und aufmerksam zugehört. Er meinte: "Man könnte sie vielleicht anzapfen. Aber wir kommen auch ohne sie weiter."

Gian-Battistas Interesse war schlagartig geweckt. Eifrig kombinierte er: "Seid ihr wegen des Mordes an Luzi in einer Sackgasse?"

Augenblicklich nahm Moritz seine Pfeife aus dem Mund und tadelte den anderen scharf: "Niemand weiss zum jetzigen Zeitpunkt, worum es sich bei diesem Todesfall handelt. Und wenn du nicht wie Luisa mehr als alles wissen willst, dann nimm das Wort "Mord" nie mehr in den Mund. Das ist eine Vorverurteilung."

Susch

Moritz sass in seinem Zimmer im Hotel "Raezia", legte seine Notizblätter aufeinander, nahm sie mit beiden Händen, liess die Unterkante auf das Tischblatt fallen, legte sie dann geordnet zur Seite, stand auf, ging ans Fenster und blickte in die Nacht hinaus. Die Lampen beleuchteten eine ruhige Hauptstrasse, nur ab und zu brummte ein Auto vorbei.

Sie hatten das Gewehr gefunden, im Schuppen neben der Alp. Es hatte dem Vater des Anwalts gehört, in dessen Garage gestanden. Der Diebstahl war am Samstag entdeckt und ordnungsgemäss gemeldet worden. Alles deutete also darauf hin, dass es kein Unfall gewesen sein konnte, denn ein ehrbarer Jäger hätte diesen sofort gemeldet, es sei denn, ein Auswärtiger hätte hier gejagt und ihm wäre dieses Ungeschick zugestossen. Aber auch ein Auswärtiger musste ein gewisses Ehrgefühl besitzen, wenn er zur Jagd ging, das wusste man. Wobei man hier keine solchen gewähren liess.

Dann war es vielleicht tatsächlich Mord. Moritz erschauerte. Auf einmal wankten die Fundamente der Gesellschaft, deren Regeln er mit jeder seiner Fasern verteidigen wollte. Seit er von seinem Sohn den Begriff AJZ vernommen hatte, hatten ihn noch nie solche Zweifel am modernen Menschen gequält.

Und er hatte Gian-Battista noch angefahren, als dieser das Wort "Mord" so unbedacht in den Mund genommen hatte. Oder hatte er etwas geahnt? Ahnung oder nicht: Dieses Wort durfte man erst in den Mund nehmen, wenn der Tatbestand hieb- und stichfest bewiesen und von einem Gericht abschliessend qualifiziert worden war. Ein Jäger jedenfalls war einer solchen Tat nicht fähig. Er zog kräftig an seiner Pfeife, öffnete das Fenster und blies eine dicke Rauchwolke in den Nachthimmel hinaus. Er stellte sich vor, wie es wäre, wenn ihm seine Frau auf einmal entrissen würde. Eben erst hatten sie ihre silberne Hochzeit gefeiert. Rosmarie war eine ruhige, überlegte und weise Frau. Sie hatten viel erlebt, viel Erfreuliches, aber auch Belastendes, wenn er an die Sache mit Johannes dachte, wie sie in besorgter Stimmung vor dem Fernseher gesessen und die Bilder von den Demonstrationen in Basel gesehen hatten. (Wofür hatten sie eigentlich demonstriert? Hatten sich diese Jungen überhaupt jemals _für_ etwas eingesetzt?) Und als er Rosmarie erzählt hatte, wie ihr Sohn mit diesem Mädchen gehaust hatte... Nein, sicher nicht immer nur Einfaches, aber was wollte man. So etwas wie dieser Tod war ihnen zum Glück noch nie passiert.

Er blickte auf die Uhr. Frau Clavuot jetzt noch zu stören, wäre unangebracht. Rosmarie hatte das überhaupt nicht gern. Und alles was ihr bisher geschehen war, war nicht zu vergleichen. Johannes lebte noch, er hatte sich sogar gefangen. Nein, er wollte Frau Clavuot nicht stören. Sie musste noch alles verarbeiten, erst am Freitag hatte man ihr diese schreckliche Nachricht überbracht und noch jetzt schämte er sich für seinen Berufsstand, dass die zwei Kollegen die Pfarrerin vorgeschickt hatten, sicher aus Feigheit, sie hatten sie gewiss noch nie gehört, heute, nach dieser Trauerfeier, hätte er sie - von Amtsperson zu Amtsperson - gefragt, und das wäre ein begründeter Entscheid gewesen, was bei diesen zwei, ja, es waren Kollegen, dem Himmel sei's geklagt, sicher nicht der Fall hätte sein können.

Moritz schloss das Fenster. Es war direkt kalt. Was sollte er tun? Sicher seiner Frau anrufen, dann wäre es gut, sich bei Frau Clavuot für morgen anzukünden, und ein Besuch des Stammtisches könnte auch von Nutzen sein, vielleicht käme er zur einen oder anderen Information.

Er vertauschte den Uniformrock mit einer warmen Strickjacke. Sie spannte ein bisschen um den Bauch, man wurde älter, es waren die Jahresringe und letztlich ja ein Kompliment für die Küche seiner Frau. Ihr rief er auch gleich an, sagte nur, dass es gut gehe, obwohl er sich nach dem Bericht von Guadench etwas Sorgen machte und nicht genau wusste, wie es weiter gehen sollte, aber das war eine Sache des Berufes, von der seine Frau nichts verstand und auch nichts verstehen musste.

Auch ihr schien es gut zu gehen, sie hatte ihre Freundin zum Kaffee gehabt, deren Familie auf den Kanarischen Inseln gewesen war, wohin sie auch einmal gehen könnten, was er zu bedenken versprach, auflegte, sich für den morgigen Tag mit Frau Clavuot verabredete und ins Restaurant ging.

Er ging gleich zum Stammtisch. Zwei Männer sassen vor einem Bierglas. Ein bebrillter Gnom mit graumeliertem Bart und augenfällig roter Nase trank ein Zweierlein eines roten, mit ziemlicher Sicherheit alkoholhaltigen Getränks. Sie begrüssten den Neueintretenden, in ihren Augen lag ein Schimmer von Misstrauen. Moritz hatte sich damit abgefunden. Man erkannte ihn sofort, wusste augenblicklich, dass er Polizist war und hatte darum augenblicklich ein schlechtes Gewissen. War das früher anders gewesen? Schon sein Vater war Polizist gewesen und er hatte nie über derartige Dinge gesprochen. Hatte man das früher einfach verschwiegen, nicht als erwähnenswert erachtet, unter seiner Berufsehre gehalten oder hielten sich die Menschen heute eher in der Illegalität auf, war die moralische Schranke zwischen legalem und illegalem Handeln durchlässig geworden, dass man sie überschritt wie das Antifussbecken im Hallenbad? Er las in den Augen der beiden, dass man sie wenigstens noch wahrnahm.

Kaum hatte er sich gesetzt und sein Bier bestellt, redeten ihn die zwei auch auf den Tod Luzi Clavuots an.

"Habt ihr schon etwas gefunden?" Der junge Mann, Moritz schätzte ihn auf um die dreissig, fixierte ihn mit seinen braunen Augen. Was sollte diese Frage? War sie als Herausforderung zu verstehen? Als Spott? Als Geringschätzung? Es war seine Aufgabe, sein Amt, Fragen zu stellen. Der andere senkte den Blick und nahm einen Schluck aus seinem Bierglas. Moritz entspannte sich ein wenig. Sie waren nicht auf dem Posten, vielleicht war die Frage ganz sachlich gemeint. Feindselig war es jedenfalls nicht, die Frage hatte etwas Beiläufiges, man wollte einfach etwas Neues erfahren. Er antwortete ausweichend: "Nicht viel."

Die Tür öffnete sich. Moritz blickte auf. Ein massiger, grobschlächtiger Mann stand in der Tür und warf einen grossen Schatten in die Schenke, wohl wegen der Strassenlampe, die gleich in der Nähe stand.

Der Mann, der ihn vorher gefragt hatte, nahm kein Blatt vor den Mund. Der Neuankömmling zog gerade einen Stuhl vom Nebentisch herbei, als jener fragte: "Gian-Marchet, hast du Luzi umgebracht?"

Moritz lehnte sich zurück und beobachtete die Szene. Ein anderer nahm ihm die Arbeit ab und kassierte auch gleich die Prügel. Soweit war es zwar noch nicht, aber der, der mit Gian-Marchet angesprochen worden war, explodierte sofort. Er schrie los: "Du blödes Arschloch! Frag nicht so saudumm! Darüber macht man keine Witze!" Der andere blieb ruhig. Er wies mit der Hand auf Moritz und sagte mit einem spöttischen Unterton: "Dieser Herr, er hat sich zwar nicht vorgestellt, aber an der Beerdigung habe ich gehört, dass er Polizist ist und den Tod von Luzi untersucht. Mich nimmt es auch wunder, wer das getan hat und du bist Luzi nicht immer grün gewesen." Nun hatte es ihn also doch erwischt. Auf einmal stand er im Mittelpunkt. Er beobachtete, wie Gian-Marchet dem Fragesteller einen wütenden Blick zuwarf, er wäre wohl am liebsten auf ihn losgegangen, aber er bezähmte sich mit sichtlich grosser Mühe, streckte Moritz die Hand hin und stellte sich vor: "Gian-Marchet Prevost".

Die Stimmung hatte sich merklich abgekühlt. Misstrauen lag in der Luft. Die Feindschaft zwischen dem Frager und Gian-Marchet war offensichtlich, der Gnom nippte an seinem roten Getränk, was eine beruhigende Wirkung auf ihn ausübte, denn er sagte nichts. Auch Gian-Marchets Ausbruch hatte er mit tiefen Blicken quittiert, abwechslungsweise ins Glas und auf die beiden Kontrahenten.

War er unvermutet in eine Verhörsituation geraten? Nun, ein Polizist ist immer im Dienst und darf sich seiner Verantwortung nicht entziehen, ob in Uniform oder in Strickjacke. So war er erzogen worden und er hatte sich zeitlebens daran gehalten. Trotzdem widerstand er der Versuchung, Papier und Bleistift zu zücken. In seiner langen Dienstzeit, besonders auch bei seinen Einsätzen im Katastrophenhilfekorps, hatte er gelernt, dass man seine Handlungen und Methoden den Umständen anpassen musste. Er war nicht auf dem Posten, sondern im Restaurant "Post", das heute "Raezia" hiess. Er nahm darum sein Bierglas in die Hand, führte es zum Mund, aber hielt in der Bewegung an und fragte in sich vergewisserndem Tonfall: "Sie waren also mit Herrn Clavuot auf der Jagd?" Gian-Marchet war verstummt, nickte nur und starrte in sein Glas. Moritz fragte weiter: "Wie würden Sie es sich erklären, dass Herr...", er wies auf den Frager, der, ruhig geworden, sich einmischte und mit einem Schuss Unbehagen in der Stimme sich vorstellte: "Peder Herczog", worauf Moritz die Frage weiterführte: "...Herr Herczog Sie dermassen verdächtigt hat?" Gian-Marchet rührte sich nicht von der Stelle, hin und wieder feuerte er eine Salve feindseliger Blicke gegen Peder. Moritz blickte Peder ermutigend zu und dieser sagte nur: "Genau kenne ich die Angelegenheit nicht. Eigentlich geht es gar nicht Gian-Marchet und Luzi etwas an, sondern deren Väter". Das schien ihm zu genügen. Er schickte Gian-Marchet einen entschuldigenden Blick zu, was jener nur mit einem unwirschen Grunzen quittierte.

Es wäre nicht der erste Fall einer generationenübergreifenden Vendetta, nur ging es da meistens um Häuser oder Land, das man dem nächstbesten verkaufte, nur nicht dem Nachkommen des Befehdeten, der es dringend brauchte. Aber in Zeiten, in denen Autonome Jugendzentren ausgerufen wurden, war auch Mord vorstellbar, wenn er auch nicht daran glauben mochte. Jedenfalls eine Spur, die man notfalls weiter verfolgen musste. Nur nicht hier.

Der Polizist stopfte seine Pfeife. Gian-Marchet behagte der Schatten des Verdachts anscheinend nicht, er lenkte Moritzens Verdacht weiter. Seine Stirn glättete sich, als er eine ablenkende Spur gefunden hatte. Er sagte: "Was denkt ihr über Serard und dessen Frau?"

Moritz freute sich, ohne sich das anmerken zu lassen - so hoffte er und zählte dabei auf seine Erfahrung. Waren die drei seiner Strickjacke wegen so offen? Er schätzte die Situation so ein, dass bald eine Reaktion folgen würde und nahm darum einen tiefen Schluck aus dem Bierglas und leckte sich nachher den Schaum von den Lippen.

Der Gnom meldete sich zu Wort, strich sich über die Glatze und sagte wegwerfend: "Getratsche, nichts als Getratsche."

Gian-Marchet aber hatte Blut geleckt, holte zu einem weiteren Prankenhieb aus und flötete spitz: "Nur Getratsche? Luisa beschwört, sie habe gesehen, wie sich Luzi und Barbla geküsst haben. Serard muss etwas spitzgekriegt haben. Da muss man als Mann reagieren."

Peder schien es zu langweilen, aber Gian-Marchet war in Fahrt gekommen, er sagte mit listigem Blick und hämischer Stimme: "Vielleicht könnte man den Arzt fragen."

Der Gnom hätte sich beinahe verschluckt, so schien ihn diese Bemerkung in Rage zu bringen. Er fauchte: "Du primitiver Lustmolch. Die Frau ist vor Gericht abgeblitzt und Luzi hat seine Lektion gelernt."

Peder nahm noch einmal einen Anlauf und brachte die Diskussion wieder auf die Jagd, fragte, ob man das Abschussziel erreichen würde, worauf die anderen meinten, auf Grund dieses Unterbruchs sei das mehr als fraglich, zumal man schon in den beiden vorigen Jahren eine Nachjagd habe veranstalten müssen was er, jetzt sprach gerade Peder, gar nicht gern sähe, dann seien nämlich die Kühe gedeckt.

Es war nicht mehr Moritz' Welt. Zwar war er früher auch auf die Jagd gegangen, aber in den letzten Jahren hatte er keine Zeit mehr gehabt, das Wild zu beobachten, darum nichts mehr geschossen, ausserdem war er älter geworden, was zwar nichts hiess, die meisten seiner Alterskollegen gingen, aber er wanderte lieber zusammen mit seiner Frau, legte sich abends in ein bequemes Bett und ass, was ihm seine Frau jeweils liebevoll zubereitet hatte.

Er trank sein Bier aus, verabschiedete sich und ging in sein Zimmer. Dort steckte er seine Pfeife wieder in Brand - er hatte dem Gespräch so aufmerksam zugehört, dass sie kalt geworden war und setzte sich an den Tisch, um sich das Gehörte kurz zu notieren. Hatte Luzi Serard gehört? Vielleicht, sicher eine Notiz wert. Serard war der Anwalt, er würde Guadench damit beauftragen, etwas näheres zu erfahren. Auch das hatte es früher nicht gegeben. Wenn jemand eine solch hübsche Frau hatte, dann sollte er es wirklich bleiben lassen, "über den Hag zu fressen." Er seufzte innerlich. Wir leben in einer anderen Welt, und plötzlich kamen ihm Zweifel, ob das früher so anders gewesen war. Ausserdem war noch abzuklären, ob dieser Verdacht stichhaltig war oder nicht vielmehr Getratsche sei, wie sich der Gnom ausgedrückt hatte. Auch war ein Mord nicht jedermanns Sache, er notierte sich, er müsse den Anwalt kennen lernen und einschätzen, ob dieser zu einer solchen Tat überhaupt fähig war.

Die Sache mit Gian-Marchets Vater war nicht sehr einleuchtend, aber sicher eine Abklärung wert. Er notierte sich: Wer war Luzis Vater, wer Gian-Marchets, worin bestand ihre Auseinandersetzung?

Er legte seine Notizblätter aufeinander, schraubte den Deckel auf die Füllfeder, legte alles in die Schublade, strich mit der flachen Hand die Tischplatte sauber, stand auf, streckte sich und öffnete das Fenster. Er stand lange am Fenster, paffte Rauchwolken in die stockdunkle Nacht und liess den Tag noch einmal Revue passieren, die Beerdigung, das Gespräch mit der Witwe, das Leichenmahl, das sie hier "palorma" nannten und die Diskussion unten. Ein Vorteil hatte das Dorf. Man musste gar nicht erst fragen. Sie sprachen von nichts anderem und waren noch so gerne bereit, den Nachbarn ans Messer zu liefern.

Nach einer langen Zeit, in der ein einziges Auto sein Fenster passiert hatte, schloss er dieses, trank noch ein Glas dieses herrlichen Bergwassers, das hier aus der Röhre kam, und legte sich ins Bett.

Sper l'En

Er hatte sich vorgenommen, nicht zu früh bei Frau Clavuot aufzutauchen, seine Frau zuweilen und besonders die Kinder, als sie in der Pubertät waren, hatten sich jeweilen bitter beklagt, wenn er sie allzufrüh aus den Federn trieb, also dann, wenn er gewöhnlich zur Arbeit ging. Das kam jetzt Frau Clavuot zugute, sie kam zudem aus Italien, noch mehr: aus dem Süden Italiens und man wusste ja um deren Tagesrhytmus. Er ging der Strasse entlang, bis er zur Brücke über den Inn kam, überquerte sie und ging noch die paar Schritte zu Frau Clavuots Haus. Gut, dass er angerufen hatte. Die Tür war schon offen, er würde Frau Clavuot nicht aus dem Bett sprengen; man liess die Tür über nacht nicht offen stehen.

Klingeln konnte man nicht, er betrat den Suler und rief ein kräftiges "Hallo". Frau Clavuot kam sofort aus der mittleren Türe, sie sah wesentlich besser aus. Ihre Haare waren gekämmt, ihre Augen waren zwar ohne Glanz, aber die Tränen getrocknet, sogar ein wenig geschminkt hatte sie sich. Dass Gian-Battista ihretwegen den Kopf verloren hatte, war jetzt rein optisch ahnbar, dass jener ihn indes immer noch nicht wiedergefunden hatte, konnte er, Moritz, trotzdem nicht verstehen.

Er ging auf Frau Clavuot zu, die schwach lächelte, als sie ihm die Hand gab. "Sie wollen mich etwas fragen?"

Er konnte einen Anflug von schlechtem Gewissen nicht ganz unterdrücken, trotz seiner langen Jahre im Dienst, er war überzeugt, dass sie unschuldig war, nur wusste sie am besten über ihren Mann Bescheid, es gab unter seinen Kollegen Menschen, die nichts weiter als hautbeschichtete Roboter waren, er war das nicht, und in solchen Momenten musste er dafür bezahlen.

Die Witwe forderte ihn mit einer kleinen Handbewegung auf, ihr in die Stüva zu folgen. Es war kühl im Zimmer, sie hatte zwar ein Feuer entfacht, im Ofen knisterte es, aber doch eben erst. Es würde wärmer werden. Sie wies ihm einen Stuhl zu, er blickte auf eine andere Tür als die, durch die er hereingekommen war, über der ein Brett mit Büchern angenagelt war, es hätte ihn furchtbar interessiert, warum diese Bücher in derart schwer erreichbarer Höhe aufgestellt waren.

Er setzte sich und zückte sein Notizbuch. Gian-Marchets und Clavuots Vorfahren, Serard Cadoschs Frau und den Arzt hatte er sich notiert. Er wusste, dass man den Befragten Zeit lassen musste, manchmal war Überraschung angebracht, aber alles zu seiner Zeit und in diesem Fall war Überraschung unangebracht. Mit dieser Frau wollte er es sich gewiss nicht verderben.

Er wollte, dass die Untersuchungen ungehindert fortschreiten konnten, und sich darum diesen Weg nicht schon zu Beginn verbarrikadieren.

Er gestand darum ganz offen: "Frau Clavuot, die Untersuchungen gestalten sich doch komplizierter, als wir nach dem Fund der Patronenhülse angenommen haben. Aber wenigstens deutet nichts darauf hin, dass ein Mitglied der Jagdguppe ihres Mannes diese schreckliche Tat verübt hat."

War sie verbittert wegen des Todes ihres Mannes, den er zu tragen hatte? In verzweifelter Wut schrie sie auf: "Sollte mich das etwa beruhigen?"

Sie war ungewöhnlich schön, die Wut tat dem keinen Abbruch, im Gegenteil. Ihr Verhalten war nicht ungewöhnlich, auch dass sie jetzt ihr Taschentuch hervornahm und - mit Verlaub - losflennte. Es war ihr nicht zu verdenken. Sie war jung und hübsch, war aus ihrer Heimat fortgezogen und jetzt mit einem Schlag - oder vielmehr Schuss - ganz allein von zuhause, ohne Mann, ohne Familie, ohne Verwandte. Ausserdem hatte er in der Schweizer Illustrierten gelesen, dass Licht eine heilsame Wirkung auf schwermütige Menschen ausübte, und damit geizte die Natur in diesem Dorf.

Auch wenn er sie verstand, brauchte er jetzt Fakten. Er blickte noch einmal in sein Notizbuch, sah, dass sie noch immer weinte, räusperte sich und fragte, als sie aufsah: "Frau Clavuot, Sie müssen mir von ihren Mann erzählen."

Sie wischte sich die Tränen aus den Augen, richtete sich in ihrem Stuhl auf, in dem sie vorhin weinend zusammengesunken war, wie um zu sagen: "Ich bin bereit, schiessen Sie los," fragte aber verwundert: "Was wollen Sie wissen? Er war ein herzensguter, rücksichtsvoller und hilfsbereiter Mann".

Sie weinte nicht mehr, gut. Aber der Realität konnte sie noch nicht in die Augen sehen. Nur, er musste Fakten haben. Moritz versuchte es anders, möglichst schonend.

"Frau Clavuot, ich glaube Ihnen von Herzen, dass Sie ihren Mann geliebt haben und ihn so erlebt haben, wie Sie geschildert haben. Aber weil jeder den anderen auf seine ganz spezielle Art wahrnimmt, muss es mindestens eine Person geben, die ihren Mann ganz anders gesehen hat, damit das geschehen konnte, was geschehen ist."

Sie schien einen neuerlichen Weinkrampf zu unterdrücken und bestätigte mit gepresster Stimme: "Natürlich."

Was sollte, was konnte er ihr sagen? Er beobachtete sie, wie sie eine Zigarettenschachtel aufriss und sich eine Zigarette in den Mund steckte. Hatte sie zu rauchen begonnen? Er sah nirgends einen Aschenbecher und er hatte noch keinen Rauch gerochen, wie er ihn jetzt einatmete. Ihr fiel das anscheinend auch ein, sie stand auf, verliess das Zimmer und kehrte bald danach mit einem Aschenbecher zurück. Sie setzte sich wieder. Er hatte sich in der Zwischenzeit seine weiteren Worte zurechtgelegt und meinte: "Frau Clavuot, wir können ein Verbrechen nicht mehr ausschliessen. Und darum muss ich jetzt wissen, wer einen Grund gehabt haben könnte, etwas gegen ihren Mann zu haben."

In ihrer Stimme war Verachtung, als sie jetzt feststellte: "Es war in jedem Fall ein Verbrechen, meinen Mann zu erschiessen."

Natürlich Frau Clavuot, natürlich, hätte er am liebsten gesagt, für Sie sieht das so aus. Aber wir leben in einem Rechtsstaat und die Juristen, die, die das studiert haben, machen hier ganz feine Unterschiede. Für Sie ist ein Toter ein Toter, fertig Schluss, nicht so für einen Juristen. Für ihn - auch das war heute nicht mehr sicher, heute konnte man eine "sie" nicht ausschliessen, item: für eine in der Jurisprudenz geschulte Person war eine tote Person kein Schlusspunkt, vielmehr der Anfang einer schier endlosen Fragereihe. Er musste, als Polizist, den Sachverhalt so genau wie möglich feststellen. Seine Erinnerungen gingen zurück nach Chur.

Er führt den Angeklagten in den Gerichtssaal. Als er den Angeklagten wieder hinausführt - er hat in einem Lokal den Wirt bei einem Streit lebensgefährlich verletzt - schwirren in seinem Kopf Begriffe wie "vorsätzlich", "eventualvorsätzlich" herum, Fragen wie: ist die Tat eine Rache, ist sie aus Affekt geschehen, kann man deshalb von einem Mitverschulden des Opfers reden? Hat sie der Messerstecher nur "fahrlässig" verschuldet? Dann stellt sich die Frage, ob es "pflichtwidrig fahrlässig" geschehen ist. Ihn würde interessieren, ob es "pflichtschuldig fahrlässig" gibt. Das könnte hier der Fall sein, denn der Mann ist nicht von hier, und wie er in der Zeitung gelesen hat, die immer ganz zerlesen auf dem Stammtisch liegt, ist es die Art der Menschen, die nicht von hier stammen, dass sie solche Dinge tun, gleichsam einer inneren Pflicht gehorchend. Das würde die Tat als pflichtschuldig fahrlässig qualifizieren. Nun wird das Vorleben der Täters unter die Lupe genommen, Psychiater wechseln sich ab, Betreuer, Bekannte, nähere und fernere, was zuerst genau festgestellt und anschliessend protokolliert werden muss, aus dem gesellschaftlichen Umfeld wollen die Sachverständigen dann jeweils unterschiedliche Beweggründe ableiten. Der Vorsitzende bleibt ruhig und souverän. Moritz ist froh, als er den Angeklagten hinausführen darf.

Er musste sich nicht um diese Fragen kümmern. Natürlich interessierte auch ihn, ob der Täter ein blutrünstiger Killer oder ein unbescholtener Jägersmann war. Zum Glück musste er nur den Tatbestand feststellen, was man daraus folgerte, lag nicht in seiner Kompetenz.

Hatte Frau Clavuot bemerkt, dass er mit den Gedanken ganz woanders gewesen war? Es schien ihm, als müsste er seine Augen wie eine Kamera wieder scharf stellen. Er blickte die Witwe an, sie sass zusammengesunken in einem Stuhl und blickte zum Fenster hinaus. Er räusperte sich, sie wandte den Kopf zu ihm hin, und er sagte "Frau Clavuot, es war sicher eine entsetzliche Nachricht, aber weil ich zum jetzigen Zeitpunkt noch nichts ausschliessen kann, muss ich das genaue Umfeld ihres Mannes kennen."

Beim ersten Satz seiner Erklärung hatte sie ihn noch angesehen, dann aber waren ihre Augen abgedriftet, sie sass jetzt nur da, blies Ringe in die Luft und schaute ihnen zu, wie sie sich langsam auflösten. Er wollte Genaueres über das erfahren, was die Männer im "Raezia" gestern angedeutet hatten. Da es nicht anzunehmen war, dass sie selbst darauf zu sprechen kommen würde, fragte er sie direkt: "Frau Clavuot, ich habe bei meinen Nachforschungen gehört, ihr Mann sei mit Gian-Marchet Prevost zerstritten."

Jetzt blickte Frau Clavuot auf. Ihre Augen verrieten, dass sie überrascht und unwillig zugleich war. Sie zog an der Zigarette, inhalierte den Rauch tief in ihre Lungen und sagte, mit durch die Erinnerung animierter Stimme: "Es geht um den Vater meines Mannes. Vor über dreissig Jahren besuchte ihn ein Bauer aus einem dieser Dörfer." Sie machte mit ihrer Hand einen Bogen talaufwärts. "Es war einer jener Januartage, dreissig Grad unter null, die Zeit, bei der den Menschen beim Einatmen die Härchen in der Nase zusammenkleben. Er legte los, man hätte ihnen im Auftrag einer Bergbahn neue Häuser gebaut, unterkellern hätte man aber nicht als nötig empfunden, seine Frau hätte eine Blasenentzündung nach der anderen, obwohl sie sich in warme Gewänder einwickle wie eine Mumie, er käme zu ihm, Renato, eben Luzis Vater, vielleicht wisse er einen Rat.

Renato ist dem nachgegangen und hat herausgefunden, dass zwar eine Unterkellerung und die modernsten Isolationsmaterialien bezahlt worden waren, diese aber nie von ihrem schriftlichen Zustand in einen konkreten überführt worden waren.

Das führte zu Prozessen, die Gian-Marchets Vater bis ans Bundesgericht weiterzog. Am Schluss musste er für die Nachbesserung bezahlen, mit der entsprechenden Folge für Renatos Beliebtheit bei der Familie Prevost. Ich nehme daher an, Gian-Marchet, der Sohn, habe seinem Vater auf dem Totenbett geloben müssen, er würde Luzi tun, was ihm zustehe."

Das waren Zustände wie im alten Testament! Gerade am vorletzten Sonntag hatte er in der Kirche die Geschichte vom Bauern Simei gehört, der den König David mit Erdklumpen beworfen hatte. Vielleicht war Prevost senior nicht so edelmütig gewesen wie David, der damals seine Begleiter abhielt, gegen Simeon vorzugehen, indem er Gottes Wirken in diesen Unflätigkeiten sah. Aber vielleicht hatte Herr Prevost auf dem Totenbett ja auch seinen Sohn verpflichtet - wie damals der eben doch nicht so edelmütige David seinen Sohn Salomo - dass des Bauern Haupt blutbefleckt ins Grab gelegt werden müsse, einfach eine Generation verschoben. Aber das war eine alte Geschichte und Luzis Vater war nicht unflätig gewesen, sondern war nur den Weg des Rechts gegangen, den alle zu befolgen hatten. Es sei denn... Man würde sehen, er würde sehen.

Frau Clavuot war wieder ruhig geworden, blies den Rauch in die Luft, jetzt aber ohne Ringe zu blasen. Er fragte: "Sie meinen aber nicht, diese alte Geschichte hätte etwas mit dem Tod ihres Mannes zu tun?"

Sie seufzte, blickte zu Boden und sagte: "Sie haben wohl noch nie einen Engadiner Mann beleidigt." Das war keine Antwort, eine solche hätte er auch, wenn er sich's recht überlegte, nicht erwartet. Vielleicht war sie verletzt und wer weiss, andere Geschichten würden aufbrechen, wenn er sie weiter fragte, Geschichten, die ihm nicht weiterhalfen.

Er blickte noch einmal in sein Notizbuch. Gian-Marchets Vorfahren, Arzt stand darauf und "Frauengeschichte", in Klammer "Anwalt". Er sah sie an. Sie war aufgestanden, zum Ofen hinüber gegangen, legte jetzt zwei dicke Scheite hinein und warf den Stummel, zu dem die Zigarette abgebrannt war, auch hinein. Er überlegte inzwischen fieberhaft, wie er diese delikate Angelegenheit zur Sprache bringen sollte. Sicher war ein Umweg angebracht. Seine Frau liebte Schlaufen. Er entschied sich: "Ihr Mann hielt mit seiner Meinung nicht hinter dem Berg, habe ich mir sagen lassen."

Frau Clavuot nahm die Zigarettenschachtel, daraus eine Zigarette, zündete sie mit dem Feuerzeug an, beobachtete, wie die Flamme das Papier erfasste und sagte, tief ausatmend: "Ja, so war es in der Tat."
Die Schlaufe war noch nicht am Ziel. Vertrauen gewinnen war jetzt die vordringlichste Aufgabe, vielleicht erwies sich das später als gut angelegte Investition. "Darf ich aus Ihrer Antwort schliessen, dass er damit Menschen gegen sich aufgebracht hat?"
Sie blickte ihn erstaunt an, unterbrach ihr Rauchen für einen Moment und sagte verwundert: "Genau."
Einen Pluspunkt hatte er gewonnen. Er ging weiter: "Auch seine engsten Freunde?"
Diese Frage schien sie nicht zu berühren. Sie antwortete mechanisch: "Ja"
Das war zu wenig. Er musste direkter fragen: "Die Leute aus der Jagdgruppe?"
Wieder ein mechanisches, etwas gelangweiltes "Ja."
Sollte er nun den Arzt oder den Anwalt drannehmen? Der Arzt schien unverfänglicher. Also nannte er ihn: "Dr. Meng?"
Wieder hielt sie inne und sah ihn an, aber diesmal war Misstrauen in ihrer Stimme: "Richtig. Sie haben es gewusst."
Das Vertrauen war verschwunden. Aber schliesslich war er nicht ihr Therapeut, sondern ein Polizist. Auch wenn er gern ihr Vertrauen erhalten hätte, so hatte er jetzt doch die Information. Überhaupt war "Vertrauen gewinnen" eine neuartige Mode, von der sie in diesem Weiterbildungskurs in Basel gesprochen hatten. Das war wohl etwas für Jüngere. Er hatte es versucht. Ein alter Fuchs wie er machte halt Fehler, wenn er etwas probierte, wozu er im Grunde zu alt war. Eigentlich hatte er es gewusst.
Er konnte also das Versteckspiel fallenlassen. Er gab darum zu: "Ja, ich habe es gewusst. Aber ich weiss nicht, warum genau. Könnten Sie mich darüber ins Bild setzen?"
Sie wirkte müde, vielleicht war sie ein wenig angewidert, als sie erzählte: "Ich glaube, es hat vor drei Jahren begonnen. Man hatte am Abend in der Jagdhütte etwas über den Durst getrunken." Sie zog an der Zigarette, stützte die Hand mit dem Stäbchen auf das Knie, blickte Moritz in die Augen und erklärte: "Man wird dann gesprächiger", fügte dann noch gleichsam entschuldigend hinzu: "So jedenfalls hat es mein Mann immer gesagt." Es musste noch etwas kommen, Moritz fragte sich einen Augenblick, ob das Ganze nicht schneller auf dem Posten hätte abgewickelt werden können. Aber sie hatten ihm in Basel gesagt, eine Vorladung verunsichere die Menschen. Sie sprach auch weiter, hörbar angewidert: "Er hatte dann damit geprahlt, er hätte es einer Patientin im Behandlungsstuhl besorgt." Ihre Stimme wurde ruhiger, sachlicher, als sie fortfuhr: "Mein Mann wollte noch von dieser Frau ihre Version hören."
Das war doch ein intimes Detail, über das man nicht sprach. Wie hatte er es erfahren? Das fragte er auch die Witwe. Sie seufzte, als sie antwortete: "Ich weiss nicht, der Arzt hat ihren Namen genannt. Sie war erst gerade vor kurzem geschieden worden und vielleicht stärkt die Preisgabe des Namens das Ego gewisser Männer, wie das Zurschaustellen eines gejagten Tieres abends

vor der Kneipe." Sie stand auf, ging zum Ofen, rauchte die Zigarette zu Ende, öffnete die Ofentür und warf die Kippe ins Feuer. Sie setzte sich wieder und fuhr fort: "Mein Mann hat diese Frau seit Kindesbeinen gekannt, sie ist auch in der Zeit der Scheidung oft bei uns gewesen, sie hat Luzi alles erzählt und sich bitter beklagt. Er hat sie ermutigt, gegen den Arzt zu prozessieren, was jener gut überstand."

Unverständlich! Dass ein Mann, dazu noch in dieser Stellung, sich nicht beherrschen konnte, dazu noch dieser Prozessausgang. Nun, man musste zuerst die Fakten kennen und wissen, was Frau Clavuot unter "unbeschadet" verstand. Heute waren die Männer feinhäutiger geworden und vielleicht war der Arzt ein Mann von altem Zuschnitt, dem man gerechte Schläge verpasst hatte, die er "unbeschadet" überstanden hatte. Indes... Er schüttelte den Kopf und sagte: "unbegreiflich".

Sie nestelte an einer weiteren Packung Zigaretten und sagte nur kurz, ohne aufzublicken: "Sie sind noch nie Frau gewesen hier im Engadin."

Hatte er einen Unterton von Resignation gehört? Es war nicht Trauer gewesen, das würde ihn nicht verwundern. Was aber sollte diese Bemerkung? Natürlich war er keine Frau, auch lebte er nicht im Engadin, obwohl er nichts dagegen hatte, schliesslich war er ein leidenschaftlicher Bergsteiger, früher gewesen jedenfalls. Auch heute ging er mit seiner Frau noch gerne ins Engadin wandern. Was sollte also diese Feststellung? Er sah ihr ins Gesicht, um dort eine Erklärung zu finden. Aber sie sah ihn nicht an. Sie hatte die Schachtel geöffnet, ihr eine Zigarette entnommen und war dabei, sie in Brand zu stekken.

War dieser Mann, zudem ein Arzt, der sich für das Wohl der anderen einsetzte, fähig, jemanden zu erschiessen? Eher unwahrscheinlich, denn Frau Clavuot hatte - nicht sehr begeistert, aber trotzdem - erzählt, dass er in diesem Prozess von allen Anschuldigungen freigesprochen worden war. Vermutlich war er nicht der Täter. Aber er hatte sicher keinen Grund, sich vor Trauer die Kleider in Stücke zu reissen oder seine Haare zu zerraufen. Trotzdem fand sich vielleicht dort der Beginn einer Spur.

Frau Clavuot war mit Rauchen beschäftigt, wie ihm ein kurzer Blick bestätigte. Er nahm seinen Notizblock hervor. Anwalt stand dort, in Klammer "Frauengeschichte". Frauengeschichten mit Frauen zu besprechen war eine andere Geschichte. Wie anfangen? Er war noch so aufgewachsen, dass man über solche Dinge nicht sprach. Ihm fehlte das Vokabular. Er konnte ja nicht gut fragen: "Hat ihr Alter mit der Frau vom Anwalt gevögelt?" Vielleicht träfe das den Sachverhalt, aber nur für einen primitiven Beobachter und Herr Clavuot war Lehrer und Nationalrat gewesen, wenn es also wirklich etwas zwischen Herr Clavuot und Frau Cadosch gegeben haben sollte, und das würde ihn - Moritz Cavegn - höchlichst erstaunen, denn er blickte rasch zur Witwe, die ruhig rauchte und sich eben durch's dichte, pechschwarze Haar fuhr, wer wollte neben dieser Frau noch eine andere begehren?

Wohl alles Getratsche, aber er durfte keine, noch so abwegige Spur übergehen, und so fragte er: "Frau Clavuot, gab es zwischen ihnen und ihrem Mann irgendwelche Unstimmigkeiten?"

Sie musste husten. War sie erschrocken? Wollte sie Zeit gewinnen? Es war das erste Mal, dass er sie husten gehört hatte. Auch war die Nonchalance, mit der sie antwortete, ein bisschen gepresst, und das hörte er, er hörte diese kleinen Unter-, Ober-, Mit-, Dissonanztöne genau, da konnte sich niemand verstekken, kein Gehuste konnte hier sein Gehör trüben. Sie sagte: "Unsere Ehe war wirklich harmonisch. Natürlich gab es Auseinandersetzungen. Luzi war ein ganz, ganz lieber und einfühlsamer Mensch." Wie um diese Charakteristik zu unterstreichen und um das Gepresste ihrer Stimme aufzulösen, begann sie wieder zu weinen.

Eine schwierige Antwort. Genauer: keine Antwort. Ihre Aussage stimmte nicht zu dem, wie sie es gesagt hatte. Warum musste sie husten? Warum diese Beiklänge? Warum hatte sie nicht frei und offen von dieser beglückenden Zeit reden können? Sie war traurig, gewiss, aber diese Untertöne waren nicht Töne der Trauer gewesen. Sie weinte noch immer. Wollte sie ihre Worte bekräftigen? Vielleicht hatte sie es wirklich ehrlich gemeint, aber das war im Moment, von ihr, in dieser Verfassung, nicht herauszufinden.

Sobald Frau Clavuots Tränenfluss etwas schwächer wurde, erhob er sich, dankte ihr für die Mithilfe, versprach, sie auf dem Laufenden zu halten, sobald sich etwas Konkretes herausgestellt hatte, verabschiedete sich, verliess das Haus, ging über die Brücke und bog nach rechts Richtung Hotel "Raezia".

In der Höhle des Baulöwen

Man hatte Moritz die bestellte Post in sein Zimmer gelegt. Mittlerweile hatte es auch die Sonne geschafft, einige Strahlen zwischen die Berge nach Susch zu schicken. Er nahm den Packen Briefe, auch den Umschlag mit den Ergebnissen der Obduktion, die er zuerst einsah. Befriedigt sah er seinen ersten Eindruck - und die Geschultheit seines Auges - bestätigt. Es war in der Tat eine Waffe des Kalibers 10.3, dass der Hirsch mit dem Gewehr, das sie an die Hütte gelehnt gefunden hatten, erlegt worden war, wusste er schon seit gestern.

In den Polizeiakten war Luzi Clavuot nie aufgetaucht, vielleicht - oder sicher, wie er sich erinnerte - war er in der Zeitung aufgetaucht, wenn er sich mit einem politischen Vorstoss hervorgetan hatte. Er hatte sich noch überlegt, Protokolle zu durchforsten, ob es Wortwechsel gegeben hatte, aus denen man ein Mordmotiv ableiten hätte können. Aber er hatte es unterlassen, denn Mörder wählte man nicht ins Parlament, und Mord war es, dessen war er immer mehr überzeugt, denn der Verursacher eines pflichtwidrigen, pflichtschuldigen, grob oder sanft fahrlässigen Unfalls mit Todesfolge hätte sich gemeldet, er kannte die Menschen hier oben, dafür würde er seine Hand ins Feuer legen. Trotz der Sonne war es kühl hier oben. Er zog die Strickjacke an und stopfte sich seine Pfeife. Er rief sich noch einmal die gestrige Unterhaltung hier unten beim Bier ins Gedächtnis. Man hatte über Gian-Marchet Prevost gewitzelt, ihm eines Mordes für fähig bezichtigt. Nur aus Spass, natürlich. Aber ein Körnchen Wahrheit steckte in jedem Spass.

Er blickte zum Fenster hinaus und zog an seiner Pfeife. Von seinen Engadinerkollegen hatte er schon Geschichten gehört, da würde sich eine solche vendetta gut anschliessen. Aber es waren immer nur Gerüchte gewesen und er brauchte Fakten.

Er ging zum Tisch und nahm einen weiteren Umschlag, den Gian und Guadench ihm gebracht hatten. Er überflog den Bericht. Er bestätigte, was ihm Frau Clavuot schon erzählt hatte, mit einigen genauen Zahlen und Daten. Eine Parallele zur alttestamentliche Geschichte von Simei schien doch reichlich unwahrscheinlich. Herr Prevost würde doch nicht einen Menschen erschiessen, nur weil dessen Vater seinen Vater einer Gesetzwidrigkeit überführt hatte. Auch wenn er schon als Kind andere kuriose Anekdoten aus dem Engadin gehört hatte, grenzte doch diese Geschichte ans Märchenhafte. Sicher hatte Gian-Marchet Prevost das Heu nicht auf der gleichen Bühne wie Luzi Clavuot. Dieser war ein Linker und Alternativer, das hatte man auch in Chur vernommen, jener ein Bauunternehmer, der sich darum auf dem Boden der harten wirtschaftlichen Realitäten bewegen musste.

Er stand auf und trat vors Fenster. Auch er, Moritz Cavegn, war besorgt. Würde der Wald noch stehen, wenn seine Grosskinder einmal hierher kamen, würden sie noch skifahren können oder würde man den Schnee weggeautofahren und weggeheizt haben?

Er selbst hatte zwar noch keine Grosskinder, aber bei Albert und Seraina könnte es demnächst vielleicht klappen. Schliesslich lebten die zwei seit einiger Zeit zusammen und er hatte eine gute Stelle als Karrosseriespengler. Sogar bei Johannes könnte es klappen. Wer hätte das voraussagen können! Das Mädchen aus dem AJZ hat sich zu einer tüchtigen Hausfrau entwickelt. Immer gab es reichlich und pünktlich zu essen, als er sie in Basel besucht hatte.

Gerade sauste ein Auto mit heulendem Motor vorbei.

Verärgert schloss er das Fenster und setzte sich an den Schreibtisch. Von solch unbeherrschten Flegeln konnte man nicht erwarten, dass sie über Anliegen wie Umweltschutz nachdachten. Er ordnete seine Papiere, legte sie in die Schublade, verliess Zimmer und Hotel.

Er wandte sich nach rechts und folgte der Strasse bis zum Dorfausgang, wo in einem hässlichen Betonanbau das Büro von G.-M. Prevost, Bauunternehmung untergebracht war. Er klopfte die Pfeife aus - jetzt ging es um Tatsachen, nicht um ein trautes Zusammensein, und diesen Eindruck hätte ein pfeifenschmauchender Polizist machen können. Er zog seinen Uniformrock straff und klingelte.

Die Sekretärin wich einen Schritt zurück, als sie die Tür öffnete und Moritz vor sie trat.

Ein wenig stammelte sie noch, als sie fragte: "Wollen Sie zu Herrn Prevost?" "Sehr gerne", bestätigte Moritz. War ihre Reaktion auf seine Uniform, seine mächtige Gestalt oder auf ein latent - das haben die meisten Menschen, wenn sie einem Polizisten begegnen - oder ein begründet schlechtes Gewissen zurückzuführen?

Die Dame, eine nicht gerade zierliche Erscheinung, führte ihn zu Herrn Prevost. Sie hatte ihre Haare in einem strengen Chignon zusammengeknotet, eine lange und sehr spitze Nase und ihre Stimme erinnerte an das betriebseigene Sägewerk.

Moritz tat wie gebeten, betrat das Zimmer und nahm den Notizblock zur Hand. Jetzt hatte er mehr Musse, Herrn Prevost genauer zu betrachten als damals, im "Raezia". Auf seiner Sympathieskala würde er ihn nicht zuoberst einstufen. Sein Gegenüber war ein massiger Hüne, nicht für ihn, aber die meisten Menschen würden ihn wohl so sehen. Die Augen waren verschlagen und musterten ihn gelangweilt durch den Wulst einer mehrschichtigen Fettablagerung. Im Gegensatz zu ihm selbst, Moritz, war er formlos. Vielleicht war der Haarschnitt daran schuld. Die Haare waren fast ganz wegrasiert. Ein äusserer Eindruck. Auch vor ihm, Moritz, hatten die Menschen mehr als nur Respekt, wenn sie ihm begegneten, und für seine Grösse konnte er nicht verantwortlich gemacht werden. Im Lauf seiner Dienstzeit hatte er gelernt, seinen ersten Eindrücken zu misstrauen, aber trotzdem taxierte er sein Gegenüber beim ersten Augenschein, nur um sich selbst unmittelbar danach an der Nase zu nehmen.

Herr Prevost kam freundlich lächelnd auf Moritz zu, schüttelte warm dessen Hand, bat ihn, Platz zu nehmen und setzte sich selbst.

Der Raum war abgesehen von einem Aktenschrank leer, die weissgetünchten, kahlen Wände erklärten stumm, dass hier gearbeitet und keine Zeit verschwendet wurde.

Ein einfacher, zweckdienlicher Schreibtisch stand zwischen Prevost und Moritz. Eine lose von der Decke baumelnde Neonröhre und die Schreibtischlampe gaben dem kargen Zimmer genügend Licht, das Haus lag schon im Schatten, wo nicht hier in Susch, seufzte Moritz innerlich und erklärte: "Wie Sie wohl annehmen, bin ich wegen des Todesfalls von Luzi Clavuot hier."

Noch bevor er weitersprechen konnte, hob der andere beschwörend die Hände und sagte schnell: "Wenn Sie auf das anspielen wollen, was Peder Herczog im "Raezia" zusammenspintisiert hat: Ich habe Luzi nicht getötet. Wir waren gute Kameraden."

Qui s'excuse, s'accuse, hatte der Französischlehrer immer gesagt, wenn einer beteuert hatte, dass er während der Probe ganz gewiss nicht abgeschrieben hatte. Und wie oft hatte er an diesen Spruch während vergangener Verhöre denken müssen. Er bemühte sich um einen beschwichtigenden Ton, als er sagte: "Ein gewaltsamer Tod bringt alle durcheinander, Herr Prevost, und Menschen beginnen, einander zu verdächtigen. Ich war dabei, als man sie im "Raezia" mit dieser tragischen Sache in Verbindung gebracht hat. Es war scherzhaft gemeint, aber es war ein schlechter Scherz." Er sah Prevost verständnisvoll an, und forderte ihn auf: "Bitte erzählen Sie mir noch einmal, was Sie auf Grialetsch erlebt haben."

Die beschwichtigenden Worte von Moritz hatten gewirkt. Herr Prevosts Worte kamen fest, sicher und sachlich. "Viel gibt es nicht zu erzählen. Als ich an jenem Abend zur Hütte gekommen bin, habe ich etwas auf dem Boden liegen sehen. Voll düsterer Vorahnung bin ich hinzugetreten und habe voller Entsetzen unseren Kollegen Luzi Clavuot erkannt. Ich bin völlig durcheinander zur Hütte zurückgerannt und habe mich auf die Bank fallen gelassen, wo meine Gedanken in völliger Konfusion durcheinandergewirbelt sind. Dort bin ich sitzen geblieben, bis der nächste kam. Das ist der Arzt gewesen. Sobald er da war, bin ich losgezogen, um vom nächsten Telephon die Polizei zu benachrichtigen."

Das stimmt mit dem überein, was wir von der örtlichen Polizei erfahren haben, sagte sich Moritz und schloss gleich an: "Vielen Dank, Herr Prevost. Wir müssen nun nach möglichen Motiven suchen, um damit zum Täter vorzustossen. Darum muss ich so viel wie möglich über Luzi Clavuot erfahren. Er war ein streitbarer Mann, wie alle hier im Kanton wussten. Mich interessiert, wie Sie zu Luzi Clavuot gestanden sind, insbesondere, ob der Streit zwischen ihren Vätern noch erwähnt wurde."

"Diese Angelegenheit hat in unserer Familie zu manchem Streit geführt. Mein Vater hat mit seiner Verachtung, seiner Wut, seinem Hass Luzis Vater gegenüber nicht hinter dem Berg gehalten. Aber glauben Sie mir, Herr Kommissar,

ich habe meinem Vater nie zugestimmt. Unrecht Gut gedeiht hier oben nicht."
Dem konnte Moritz nur Beifall zollen. War schon Luzis Vater ein Stänkerer
gewesen? Jetzt, als er sich's überlegte, erinnerte er sich, als Jugendlicher davon
gehört zu haben. Renato Clavuot hatte keine gute Presse gehabt, auch zuhause
nicht, aber von dieser Affäre hatte er nichts gewusst. Falls aber Renato Clavuot einer unrechten Sache auf die Spur gekommen war, war er im Recht
gewesen - Stänkerer hin, Stänkerer her - Weltanschauungen hatten mit Rechts-
fragen nichts zu tun.
Jemand klopfte verhalten an die Türe, Herr Prevost rief: "Herein", die Tür
öffnete sich und eine grosse, um nicht zu sagen mächtige Frau kam mit einem
Tablett mit Kaffee und Tassen herein. Schweigend stellte sie das Tablett auf
den Schreibtisch und wollte sich schon zurückziehen, als ihr Prevost nachrief:
"Du hast den Zucker vergessen. Vielleicht möchte Herr Cavegn ein bisschen."
Aber Moritz schüttelte nur den Kopf und wunderte sich, wie diese Frau, die
Herrn Prevost sicher in die Augen sah, wenn nicht auf ihn herabblickte, sich
so behandeln liess, aber die Frau verliess leise, wie sie gekommen war, das
Zimmer.
Der Bauunternehmer entschuldigte sich für sie: "Wir nehmen nie Zucker in
den Kaffee, darum vergisst sie es immer."
Moritz wunderte sich. Wer war sie? Hatte der Bauunternehmer eine Haus-
angestellte? Die Sekretärin war es nicht gewesen, also wohl die Ehefrau, wenn
er von "Wir" sprach. Aber warum hatte er sie ihm nicht vorgestellt, denn mit
dieser Geste hatte ihn Prevost gleichsam ins Haus genommen.
Moritz nahm den Faden wieder auf: "Was geschehen ist, ist geschehen. Aber
können Sie mir Ihr Verhältnis zu Luzi Clavuot beschreiben?"
Prevosts Stimme verriet Verachtung, als er sagte: "Ich bin Bauunternehmer,
ich muss meine Angestellten beschäftigen, ich muss in diesen harten Zeiten
bestehen, er hingegen war Lehrer, er konnte es sich leisten, hohe Ideen zu
haben, auf einfache Menschen wie mich hinunterzusehen, in der Gemeindeversammlung gegen sinnvolle, nötige, Arbeitsplätze erhaltende Vorhaben zu
quasseln. Zum Glück hat er nur selten eine Mehrheit gefunden."
Susch, da hatte man doch mit dem Vereinatunnel begonnen. Jetzt war es nicht
an der Zeit, über Sinn und Unsinn dieser "Millionenverlochete" zu sprechen,
wie sie es am Stammtisch nannten. Hatte dieses Bauwerk auch in Susch zu
erhitzten Köpfen und eventuell sogar zu einem toten Jäger geführt? Luzi
Clavuots Opposition gegen dieses Projekt war weiterum publik geworden.
Er fragte darum: "Sind Sie an der Baustelle da unten beteiligt?" Er wies mit der
Hand talabwärts.
Herr Prevost lächelte und sagte mit gespieltem Bedauern: "Da sind Sie an der
falschen Adresse. Ich habe nur ganz am Rand mit diesem Tunnel zu tun.
Deswegen müssen Sie sich an Herrn Nationalrat Curdin Janott in Chur wen-
den. Grosse Aufträge bekommen Leute mit grossen Beziehungen. Solche
Dinge sind für Baulöwen bestimmt. Ich bin nur ein Baukätzchen."
Das war der Neid eines in einem fairen Ausschreibungsverfahren unterlegenen
Mitbewerbers.

Moritz nahm seine Tasse, trank daraus und überlegte sich, wie er nun weiter-fragen sollte. Vielleicht wäre beim Tunnel eine Spur zu finden gewesen, aber vermutlich nicht. Auf alle Fälle wollte er Gian und Guadench beauftragen, den Anteil der Firma Prevosts zu eruieren. Aber dieser Mann hatte recht: Für Grossprojekte brauchte es Firmen mit grossen Ressourcen. Auch er, Moritz, wählte Curdin Janott, einen integeren, sachkundigen Nationalrat.

Dieser hatte sich vehement für den Bau dieses Tunnels eingesetzt - nichts als verständlich, dass er den Auftrag bekommen hatte, der Auftrag wird am besten von einem Mann ausgeführt, dessen Herz für diese Sache schlägt.

"Herr Prevost, Sie sagten vorhin, er habe nur selten eine Mehrheit in der Gemeindeversammlung gefunden. Wann hat er eine dieser seltenen Mehrhei-ten gefunden?"

Es blitzte ärgerlich in Prevost Augen, die Stimme war nicht mehr liebens-würdig, als er grollend sagte: "Seinetwegen konnten wir das Erlebnisbad hier in Susch nicht bauen. Er argumentierte, für eine Gemeinde mit 400 Einwoh-nern sei dies übertrieben. Aber wir hätten all die Touristen angelockt, die jetzt nach Scuol gehen." Sagte es und griff energisch zu seiner Tasse, wie um den Ärger herunterzuspülen.

Moritz wollte gerade zu bedenken geben, dass diese Überlegung auch für ihn eine gewisse Stichhaltigkeit besass, aber Prevost schnappte noch in dumpfem Groll: "Und Arbeitsplätze hätte das geschaffen."

Damit musste ein Bauunternehmer leben. Und wenn auch das Klima hier oben rauher war, hätte diese Niederlage kaum zu einem Mord geführt. Im-merhin waren sie zusammen auf die Jagd gegangen. Wie sah das aus? Er sprach es an: "Und obwohl Sie anderer Meinung als Herr Clavuot waren, gingen Sie gemeinsam zur Jagd?"

Prevost trank einen Schluck, setzte die Tasse ab und erklärte, wieder lächelnd und ruhig: "Luzi Clavuot war im Grunde ein netter Mensch, mit dem gut auszukommen war. Natürlich waren wir selten einer Meinung, aber in einem kleinen Dorf müssen Sie sich nach einem Streit wieder ertragen. Wenn Sie A nicht ertragen, können Sie nicht einfach zu B gehen. Die Möglichkeit ist gering, überhaupt einen B zu finden."

Gleichzeitig mit Prevost trank Moritz seinen Kaffee aus und wollte noch wis-sen: "Könnten Sie mir noch eine andere Eigenschaft von Luzi Clavuot nen-nen, ausser dass er ein grüner Stänkerer war?"

Das Baukätzchen schnurrte, weil es über einen anderen reden konnte. Prevost beugte sich vor und gab bereitwillig Auskunft mit einer Stimme, in der auch Neid mitschwang: "Er war ein Frauenheld, ein elender Frauenheld."

Moritz kannte Gian-Marchets neidischen Unterton von sich selbst, nur konnte er nicht verstehen, dass jener sich als verheirateter Mann nicht besser unter Kontrolle hatte. Das brachte ihn nicht weiter. Vielleicht dies: "Wir haben uns doch damals im "Raezia" unterhalten. Sie haben etwas gesagt wie: 'Eine Frau sei bei Gericht abgeblitzt'. Worauf haben Sie da angespielt?"

Prevost lehnte sich etwas zurück und erzählte: "Der Arzt."

Schnell warf Moritz ein: "Dr. Meng?"

Der andere nickte und fuhr fort: "Dieser Mann hat eine Patientin auf dem Behandlungsstuhl gevögelt". Hier zuckte Moritz zusammen und wunderte sich, dass sich sein Gegenüber einen solchen Ausdruck in der Gegenwart eines uniformierten Polizisten erlaubte - "und Luzi hat sich ihrer angenommen"- er lachte ein dreckiges Lachen -" und sie ermutigt, den Arzt anzuklagen".
Moritz erinnerte sich an die Unterhaltung und fügte hinzu: "wo Herr Dr. Meng freigesprochen worden ist."
Prevost beugte sich vor und sagte: "Natürlich", und fügte in verschwörerischem Tonfall hinzu: "Wir kennen doch die Frauen." Er richtete sich im Stuhl wieder auf und meinte abschätzig: "Gerade Luzi Clavuot war der rechte. Der hätte es als erster verdient, dass man ihm deswegen den Prozess gemacht hätte."
Moritz spürte, wie sich seine Magensäfte zusammenkräuselten. Frauengeschichten! Immer und überall Frauengeschichten. Nein, er hatte sich das stets verboten, wenn ihm eine Kollegin schöne Augen gemacht hatte. Die Versuchung kannte er schon. Er war ein Mann mit Prinzipien. Und seit er Rosmarie geheiratet hatte, wusste er, zu wem er gehörte. Es war einfach eine andere Zeit. Sicher hatte es schon früher solche Männer - und, gezwungenermassen, auch solche Frauen - gegeben, nur hatte man das nicht öffentlich plattgewalzt. Neugierig war er trotzdem.
Er blickte zu Prevost, der vorwurfsvoll abwechslungsweise in die leergetrunkene Tasse und dann auf des leere Tablett starrte. Moritz fragte ihn schlicht: "Wie meinen Sie das: "Er hätte einen Prozess verdient?" Prevost zuckte ein wenig zusammen, blinzelte und stellte die Kaffeetasse ab. "Luzi hatte jede Menge Freundinnen. Die Frauen flogen ihm zu, weiss der Himmel, warum. Ihm hätte man laufend den Prozess machen können." War es Neid oder Verachtung, als er jetzt sagte: "Mich nähme schon lange wunder, wieviele Bälge hier im Dorf in Tat und Wahrheit Luzi Clavuot zum Vater haben."
Gian-Marchet Prevost litt offensichtlich an dieser Tatsache. Moritz musste innerlich lächeln, als er sich überlegte, wie sein Sohn Johannes über dieses selbst so bezeichnete Baukätzchen gespottet hätte. Etwa so: "Dieser Bauheini hat es wirklich nicht einfach. Zuerst wird ihm das Schwimmbad abgelehnt, dann wird er in seiner Mannesehre gekränkt. Man müsste ihm raten, sich seine Mannesehre woanders zu beweisen." Moritz verbat sich seine despektierlichen Gedanken und stellte nur fest, dass nicht anerkannte Vaterschaft kein strafbares Delikt war, wollte aber etwas anderes wissen: "Sie haben damals im "Raezia" etwas von einem Serard und einer Barbla gesagt. Könnten Sie mir das näher erklären?"
Prevost hob den Kopf, wie wenn er "Aha, endlich kommst auch du darauf" sagen wollte, und erklärte: "Serard ist Serard Cadosch, Advokat von Beruf. Er ist Verwaltungsratspräsident und Hauptaktionär der "Engadin Bank&Trust", die ihren Sitz im nächsten Dorf," er machte mit der Hand eine Richtung talaufwärts, "Zernez, hat."
So wie er, Moritz, die Bemerkung im "Raezia" verstanden hatte, ging es vor allem um Serards Frau. Er machte Prevost darauf aufmerksam. Dieser machte ein verschmitztes Gesicht und fuhr fort: "Greifen Sie nicht vor. Lassen Sie

mich ausreden. Diese "Engadin Bank&Trust" war ja vor einigen Jahren in den Schlagzeilen wegen Geldwäscherei und anderer dubioser Finanztransaktionen."

Moritz nickte. Selbstverständlich hatte auch er davon gelesen und sich gewundert, wie sich ein solch angesehener Mensch zu solch zwielichtigen Machenschaften hatte hergeben können. Man hatte das den Richtern vorgelegt und es stellte sich heraus, dass nichts Illegales dabei war. Nur waren in diesem Zusammenhang Stimmen laut geworden, die neue Strafbestimmungen forderten und der Bündner Finanzplatz war ins Gerede gekommen, was ihn, Moritz, zutiefst kränkte.

Prevost fuhr indessen fort: "Treibende Kraft hinter diesen Enthüllungen war Luzi Clavuot gewesen. Serard Cadosch war gedemütigt worden. Aber nicht genug damit. Luzi hat ihn zum Hahnrei gemacht. Und schon dafür erwartet man doch von einem richtigen Mann , dass er sich einmal rächt. Und wenn Sie mich fragen," er richtete sich im Stuhl auf und sah Moritz herausfordernd in die Augen: "hat er das jetzt getan."

Moritz hatte mit wachsendem Unmut zugehört und wies ihn augenblicklich zurecht: "Ich verbitte mir eine solch ungeheuerliche Vorverurteilung."

Prevosts Augen weiteten sich, mit einer beleidigten und wütenden Stimme gab er zurück: "Dann erklären Sie mir bitte, wer es getan hat."

Moritz konnte es nicht fassen. Zuerst zog dieser Mensch völlig phantastische Schlüsse, und wenn man ihn darauf aufmerksam machte, war er beleidigt. Es gab immer wieder Eifersuchtsdramen und als Ermittler musste er dieser Spur sicher nachgehen, aber wenn er Rosmarie so behandeln würde wie dieser Provinzbaukünstler seine Frau, die ihnen anstandslos den Kaffee gebracht hatte, würde sie wohl auch mit einem andern anbändeln.

Unwirsch sagte er: "Herr Prevost, wir ermitteln. Wir gehen jeder Spur nach, und auch diesem Hinweis werden wir nachgehen. Aber denken Sie daran: Wir leben nicht mehr im 19. Jahrhundert."

Er machte eine kurze Pause, nahm seine Notizen hervor und fragte: "Was geschah, als sie von der Jagd zurückgekehrt sind?"

Prevost sah Moritz zuerst erstaunt an, setzte sich dann aber aufrecht hin und erzählte theatralisch: "Matt und erschöpft, einen anstrengenden Tag hinter mir, bin ich nach Grialetsch zurückgekehrt und habe voll Entsetzen etwas Menschenähnliches in der Nähe der Hütte liegen sehen. Ich, verstehen Sie, ich," riss die Augen beschwörerisch auf und deutete mit der Hand auf sich, "ich zitterte wie Espenlaub, zögernd ging ich auf die leblose Gestalt zu und..."

Diese Geschichte war vermutlich schon einigemale in der Kneipe erzählt worden, er brauchte die Fakten ohne Klimbim, Moritz sagte darum ungeduldig: "und weiter?"

Hatte ihn das schon wieder gekränkt? Er tönte jedenfalls danach. Damals, in Anatolien, hätten sie auf den Boden gespuckt. Hier tat man das nicht. Hier blickte man nur den anderen aufmunternd an.

Prevost hatte sich offenbar beruhigt, denn als er weitersprach, war seine Stimme sachlich: "Ich habe den leblosen Körper unseres Freundes Luzi Clavuot gesehen. Darauf habe ich auf den nächsten gewartet - es war Luzius

Meng - und bin zur Passstrasse, wo ich im Auto ein Telephon habe. Dort habe ich es vorschriftsgemäss gemeldet."

Mehr musste er zum jetzigen Zeitpunkt nicht wissen. Also sagte Moritz nur: "Eine Formsache, aber sie muss sein." Damit erhob er sich, dankte für den Kaffee, die hilfreiche Information und verliess den Bauunternehmer. Als er zur Türe hinausging, dachte er: "Pass nur gut auf deine Frau auf und behandle sie anständig."

Vielleicht war etwas dran, an der Geschichte vom Advokaten und seiner Frau, vielleicht beginnt eine Spur bei der Engadin Bank & Trust, vielleicht hat er sich mit Herrn Clavuot wegen der Bauarbeiten rund um den Tunnel einmal öffentlich gestritten. "So, wie ich Prevost erlebt habe, engagiert er sich gefühls-mässig in Sachdiskussionen. Und das könnte Folgen gehabt haben," sinnierte Moritz und nahm sich vor, Gian und Guadench zu beauftragen, sie sollten das in Erfahrung bringen. So schlenderte Moritz wieder der Strasse entlang zurück zum "Raezia".

*

Vielleicht war es auch nur Getratsche, wie sich der Gnom im "Raezia" ausge-drückt hatte. Er brauchte jedenfalls Fakten. Und zwar Fakten von heute. Prevost schien ihm diese Geschichte wie ein Mann aus früherer Zeit anzuge-hen, wie der Mann dieser - wie hiess sie schon wieder, sie hatten von ihr in der Schule gelesen, aber das war mittlerweile auch über dreissig Jahre her, und schon damals hatte man diese Geschichte als ein Dokument aus längst ver-gangenen Tagen gelesen, wie hiess sie denn schon wieder?

Er war beim "Raezia" angekommen, und als er das Hotel betrat, fiel ihm der Name wieder ein: Effi Briest. Der Anwalt sollte sich so benehmen wie der Mann von Effi Briest? Luzi Clavuot in der Morgendämmerung mit dem Degen durchbohren? Kopfschüttelnd stieg er die Treppe hinauf. Er konsul-tierte rasch die Uhr. Bald würde man essen können. Er rief Dr. Meng an, verabredete sich für den Nachmittag und sah den Brief, den ihm Gian und Guadench auf den Tisch gelegt hatten. Zwei, auf die Verlass war. Er musste sich bedanken und ihnen einen neuen Auftrag geben. Er öffnete den Brief.

Es hatte tatsächlich einen Prozess gegeben. Eine Staschia Bezzola hatte gegen den Arzt geklagt, weil er sich an ihr vergangen habe. Nun war die Beweislage zu dürftig gewesen, ausserdem Frau Bezzola geschieden, man wolle da nicht in intimen Bereichen nachforschen, aber eben, hatte der Verteidiger gesagt. Herr Dr. Meng war jedenfalls freigesprochen worden. Mehr war nicht über Herrn Dr. Meng aktenkundig geworden. Moritz blickte auf die Uhr, schielte sehnsüchtig nach seiner Pfeife, wischte sich einige Stäubchen von der Uniform und ging in den Speisesaal.

Nach dem Essen setzte er sich vors Hotel, stopfte sich seine Pfeife, bestellte einen Kaffee und nahm eine Standortbestimmung vor. Was er abklären konnte, hatte er abgeklärt, aber es war noch nichts klar. Die Tatwaffe war gefunden, das hatte man in Chur bewiesen. Aber sie liess keinen Schluss auf den Täter zu. Und ob doch etwas mit Gian-Marchet Prevost, dem Tunnel und Luzi war, bezweifelte er. Guadench und Gian würden es herausfinden, wenn etwas herauszufinden war.

Etwas stand fest: Luzi Clavuot war ein unbequemer Zeitgenosse gewesen. Aber war das ein Grund für einen Mord? Ohne viel Hoffnung ging er zum Bahnhof, setzte sich in den Zug und fuhr in das nächste Dorf talabwärts, Lavin.

Lavin

Als Moritz aus dem Zug stieg, blieb er zuerst einmal stehen. Die Lärchenwälder an beiden Talseiten leuchteten golden, darüber spannte sich der tiefblaue Engadiner Himmel, in der Nacht hatte es ein wenig geschneit, die Bergspitzen waren überzuckert. Er unterquerte die Umfahrungsstrasse und ging ins Dorf, das unten am Hang lag. Lavin war etwas grösser als Susch, in der Mitte des Dorfes lag ein kleiner Platz, auf dem er jetzt stand. Rings um den Platz standen die Bauernhäuser, Weiss die Mauern, von kleinen, typischen Engadinerfenstern durchbrochen. Diese Fenster wirkten zwar aussen gross, gegen das Glas hin aber verengten sie sich, wurden schmaler und kleiner, um zwar viel Licht, aber so wenig Kälte wie möglich ins Zimmer zu lassen. An den meisten dieser schrägen Simse hatten die Bewohner Blumen festgemacht. Man hatte vom Restaurant zwei Tische aufgestellt, ein Brunnen plätscherte daneben. Er blieb stehen, um einem Bauern zuzusehen, der durch die Gassen seine Kühe vor sich hertrieb. Glockengebimmel tönte friedlich zu ihm hinauf. Er blickte das Dorf hinunter. Es war ein strahlender Tag, vielleicht konnte er seiner Frau eine Postkarte schicken, sicher hatte jemand eine solche Szene auf Zelluloid gebannt, hier war ein Ort für Touristen, die Leute, die hierher kamen, kannten dieses Leben nicht mehr; ihm weckten diese Eindrücke liebe Erinnerungen an seine Kindheit. Jenes Bild kam wieder, als er im Winter 1951 bei seiner Tante Anna-Chatrina in den Ferien gewesen war, im März auf der Strasse noch knietiefer Schnee gelegen hatte und seine Cousine Bigna ihren Eltern die undichten Schuhe hingestreckt hatte, die Mutter geweint, der Vater mit den Schultern gezuckt und gesagt hatte: "Wir sind arme Habenichtse, wir können dir keine neuen Schuhe kaufen." Aber abends waren sie dann alle um den Ofen herum gesessen und hatten gesungen, in diesem wundervollen, etwas schwermütigen Engadiner Stil. Es war eine karge Welt voller Entbehrung und Armut gewesen. In jener Nacht waren sie zusammengehockt, hatten Angst vor Lawinen gehabt, sie waren der Natur noch ausgeliefert gewesen, aber sie hatten einander geholfen und an wärmeren Tagen waren die alten Leute auf den Bänken vor ihren Häusern zusammengesessen. Hier stockte Moritz und ihm wurde bewusst, dass er heute so alt war wie jene alten Leute, die er als Knabe gesehen hatte. Mein Gott, wie hatten sich die Zeiten geändert!
Er sah auf seine Uhr, zog seinen Uniformrock zurecht und drückte punkt zwei Uhr bei Dr. Meng die Türglocke und wartete vor der Türe. Er hatte sich gegen einen zivilen Anzug entschieden, schliesslich würde der Arzt aller Voraussicht nach seine weisse Schürze tragen, wenn dieser seine Amtstracht trug, galt Gegenrecht. Er hätte sich gerne eine Pfeife angesteckt, aber während eines

Verhörs sollte man nicht rauchen. Er sah das Haus des Arztes und sofort begannen seine Gedanken, sich mit der kommenden Aufgabe zu befassen. Der Vollständigkeit halber musste er von Dr. Meng wissen, wie er über die Geschichte dachte, von der sie im "Raezia" gesprochen hatten. Auch Frau Clavuots Version war ihm bekannt, was aus den Gerichtsprotokollen zu erfahren war, hatten ihm Gian und Guadench mitgeteilt. Im Grund war es peinlich, für ihn, der über Intimes sprechen musste und das nicht gewohnt war, für den Arzt, der diese leidige Angelegenheit schon vor dem Gericht hatte ausbreiten müssen.

Er hatte das Haus des Doktoren erreicht und klingelte. Die Arztgehilfin öffnete. Augenfällig eine Dame von hier. Schwarze Haare und blaue Augen. Das sah man in Chur nicht oft. Sie führte Moritz ins Wartezimmer. Er musste nicht lange warten, Dr. Meng bat ihn gleich zu sich. Moritz schätzte ihn auf gegen vierzig. Er hatte ein glattes Gesicht mit dezenten Fettansätzen. Es erinnerte Moritz entfernt an den vor zwei Wochen geborenen Sohn seiner Nichte, nur war das Gesicht hier gealtert. Der Haaransatz floh von der Stirne weg Richtung Hinterkopf, ein Schnäuzchen klemmte sich scheu zwischen Oberlippe und Nase und Dr. Meng verbreitete eine Duftwolke, die an eine Herde schwitzender Büffel in einem Pfefferminzfeld erinnerte. Es befremdete Moritz, dass sich heutzutage auch Männer parfümierten. Zum Glück hatte er seine Uniform angelegt, sie passte zu Dr. Mengs weissem Jackett und dem Diplom an der Wand. Und trotz dieses Dokuments, das dem Ungebildetsten beweisen musste, dass Dr. Meng nicht nur dem Säuglingsalter entwachsen, sondern auch noch zu akademischen Weihen aufgestiegen war, hatte es den Doktor nicht davor bewahrt, in den Verdacht zu geraten, unbeherrscht zu sein.

Moritz trat mit ausgestreckter Hand auf den Arzt zu. Dieser wich etwas zurück, bis er Moritzens volle Grösse im Auge hatte. Dann bat er Moritz mit einer einladenden Geste ins Behandlungszimmer. Dieser deutete eine Verbeugung an und trat ein.

Das äusserlich einfache Haus, ein ehemaliges Bauernhaus, aus groben Steinen gefügt, war völlig ausgehöhlt und modern eingerichtet worden. Das Behandlungszimmer lag im ehemaligen Heustall, die Holzwände waren mit grossen Fenstern durchbrochen worden, das helle Licht beschien das säuglingshafte Gesicht des Arztes. Er thronte hinter einem massiven, wuchtigen Schreibtisch. Die Distanz zum Stuhl des Besuchers war immer noch zu klein; Moritz rückte den Stuhl etwas zurück, den Dr. Meng ihm angeboten hatte. Er konnte auf den Geruch von Büffelschweiss und Pfefferminze verzichten.

Er überflog rasch den Raum mit seinen Blicken. Die vielen Bücher über Ehe- und Familientherapie fielen ihm sofort auf. Musste man sich heute als Arzt damit beschäftigen? Er hätte nicht gewusst, wohin er sich mit Rosmarie hätte wenden müssen, wenn sie jemals Probleme gehabt hätten. Rosmarie hatte erzählt, dass eine ihrer Freundinnen zum Pfarrer gegangen war. Sie hatten bis jetzt ihre kleinen Meinungsverschiedenheiten selbst lösen können. Aber wie hatten sie in Basel gesagt? Man müsse Vertrauen schaffen. Vielleicht war es deswegen gut, Dr. Meng auf diese Bücher anzusprechen. Er fragte darum feststellend: "Sie interessieren sich für Beziehungen?".

"Wenn meine Patienten Probleme haben, will ich ihnen helfen," antwortete Dr. Meng bescheiden. Die Frage hatte ihn offenbar verunsichert, denn auf seiner glatten Stirn zeigte sich ein Schweisströpfchen.

"Sind Sie nicht Allgemeinpraktiker?," fragte Moritz verwundert. Hatte Dr. Meng einen Vorwurf gehört? Das wäre nicht seine Absicht gewesen, er hatte einfach nicht gewusst, dass sich ein Doktor im Dorf mit solchen Problemen befasste, aber ein zweites Schweisströpfchen hatte sich zum ersten gesellt.

"Ich will meinen Patienten umfassend helfen," sagte Dr. Meng überzeugt. Gewiss, hätte Moritz geantwortet, nie hätte er dies bezweifelt. Aber er sagte nichts, er wusste, dass man lieber schwieg, als vorschnell zu reden und beobachtete darum den Arzt. Dieser hatte sich in seinen Ledersessel gesetzt, einen jovialen Ton angenommen und gab Moritz zu verstehen, dass er diese Unterredung als verschwendete Zeit taxierte, indem er seine Agenda zur Hand nahm und in den Gesprächspausen darin blätterte. Aber die zwei Schweisströpfchen blieben.

"Was meinen Sie mit umfassend?," fragte Moritz, der sich nach diesem Gesprächsanfang noch nicht orientieren konnte. Warum schwitzte Dr. Meng? Wusste er, dass er etwas von Staschia Bezzola wusste? Wohl schon. War es ihm peinlich? Fühlte er sich schuldig, obwohl ihn das Gericht freigesprochen hatte? Oder hatte er am Ende doch etwas mit Luzis Tod zu tun?

Dr. Meng sprach weiter: "Ich will nicht nur die körperlichen, sondern auch die seelischen Nöte meiner Patientinnen lindern," sagte Dr. Meng. Seine Stimme klang etwas gequält. Warum? Es war doch schön, wenn ein Arzt seine Aufgabe so umfassend wahrnahm, und er durfte stolz darauf sein. Doch warum hatte Dr. Meng nur von "Patientinnen" gesprochen? Auch Männer hatten bisweilen seelische Probleme. Vielleicht war er der Mensch, der Dr. Meng bestärken konnte. Er sagte aufrichtig: "Wie uneigennützig."

Dr. Meng richtete sich auf, legte die Agenda auf den Tisch und bedankte sich mit einer angedeuteten Verbeugung.

Moritz fragte aus echtem Interesse: "Wie helfen sie ihren Patienten konkret?" Plötzlich änderte sich die Stimmung Dr. Mengs. Die Schweisströpfchen verschwanden und Moritz fand sich wieder als begriffsstutziges Kind, dem der gute Onkel Doktor alle Rätsel dieser Welt erklären musste. Betont nachsichtig sagte Dr. Meng: "Ich rede mit den Menschen."

Moritz war es in dieser Rolle unwohl. Ungehalten sagte er: "Ich rede auch mit den Menschen, aber ich nehme nicht an, dass ich jemandes Eheprobleme damit gelöst hätte." Der barsche Ton hatte die Schweisströpfchen wieder in Bewegung gesetzt.

Sofort beeilte sich Dr. Meng, das aufgewühlte Wasser wieder zu glätten. "Wir sind alle Spezialisten. Sie haben noch nie Eheprobleme gelöst, ich habe noch nie einen Mord aufgeklärt," sagte der Arzt verbindlich. Beinahe hätte er den eigentlichen Zweck seines Besuchs vergessen, der gute Herr Doktor erinnerte ihn dankenswerterweise daran. Er zog seine Augenbrauen hoch und fragte:

"Wer redet von Mord?" Die Schweisstropfen vermehrten sich rasant. Der Arzt wand sich: "Es heisst so im Dorf." In einem Dorf wusste man immer mehr als auf der Polizei. Aber wie? "In welchem Zusammenhang redet man im Dorf von Mord?", fragte er.

Dr. Meng beruhigte sich mit einem Schlag. Die Schweisstropfen verschwanden. Er legte die Hände auf die Beine, seufzte und erhob sich, ging zum Schrank, holte zwei Gläser und eine Flasche. "Ich brauche einen Schnaps. Sie auch?"

Eine kleine Pause konnte man immer brauchen, besonders, wenn sich die Rollen in diesem Gespräch verkehrten. Unter diesen Umständen konnte er sich sicher eine Pfeife erlauben. Also nahm Moritz seine Pfeife hervor, stopfte sie, zündete ein Streichholz an und steckte sie in Brand. Er zog zweimal kräftig daran und sagte: "Nein, ich brauche nichts. Aber wenn Sie mir trotzdem ein Gläschen anbieten, will ich nicht nein sagen." Als beide wieder sassen, jeder mit seinem Glas, fragte Moritz: "Wie Sie sicher vermutet haben, ermittle ich in Sachen Luzi Clavuot. Ich muss alles Mögliche über ihn erfahren. Nun war da diese Sache mit Staschia Bezzola..."

Unvermittelt wurde der Arzt wütend. Er schrie: "Immer diese verdammten Weiber! Nichts als Scherereien hat man mit ihnen. Kann ich etwas dafür, wenn sie zu mir in die Praxis kommen? Die ziehen sich doch gern aus, das sieht man ihnen an. Und dann legen sie sich bereitwillig auf den Stuhl und grätschen ihre Beine auseinander. Ja, ich gebe es zu, bei Staschia habe ich die Beherrschung verloren und habe sie gevögelt. Ja, blicken Sie nur entsetzt: Gevögelt hab ich sie, gevögelt, gevögelt, gevögelt." Während des doktoralen Ausbruchs hatte das Schnäuzchen versucht, sich aus seiner misslichen Lage zu befreien, es hatte wie wild unter der Nase gezuckt. Ganz erschöpft hielt Dr. Meng inne. Diesmal hatte die Anstrengung das Schwitzen verursacht.

Dieser Ausbruch erschütterte Moritz. Nicht seines Inhaltes wegen. Gewiss, das Verhalten des Arztes war sicher unziemlich. Aber alle waren Menschen, und ob er in dieser Situation...darüber hatte das Gericht abschliessend befunden. Aber dass ein Arzt, dazu noch unmotiviert, derart seine Contenance verlieren konnte, erschütterte ihn. Er konnte noch nicht reagieren. Dieser Mensch war Arzt!

Moritz war froh, nichts gesagt und still zugehört zu haben. Denn dieser unwürdige? bemitleidenswerte? Mensch ohne Rückgrat? fuhr kläglich fort: "Gefallen hat es ihr, das habe ich gesehen. Ich kenne die Frauen."

Moritz wollte nicht erfahren, woran der Doktor gemerkt hatte, dass Staschia Gefallen gefunden hatte, von Dr. Meng angefasst zu werden. Er brauchte Fakten und stellte darum fest: "Staschia wurde wütend und hat einen Prozess angestrengt."

Die Wut gab Dr. Meng Kraft. Zwischen den Zähnen presste er hervor: "Weil sie dieser Luzi Clavuot dazu angestiftet hat." Wie zur Bestätigung kippte er den Rest seines Glases herunter.

Und auf der Jagd? Hatte er auch dort seine Contenance verloren? Es könnte eine Spur sein. Er fragte: "Sie waren auch mit Herrn Clavuot auf der Jagd?" Der Arzt nickte und Moritz fuhr weiter: "Erzählen Sie mir, was sich am fraglichen Freitag abend abgespielt hat." Der Arzt wischte sich verschämt den Schweiss von der Stirn und sagte: "Ich bin vom Piz Murtaröl abgestiegen. Als ich zur Hütte gekommen bin, habe ich Gian-Marchet gesehen, der hilflos auf einen Toten wies. Voll düsterer Vorahnung bin ich zur Leiche hin und habe sie untersucht. Es war nichts mehr zu machen. Gian-Marchet ist es dann melden gegangen."

Erzählte er die Wahrheit? Hatten sich die beiden abgesprochen? Die Vorahnung war kaum "düster" gewesen - vielleicht solange, als er den Toten nicht erkannt hatte - "freudig" würde wohl eher den Sachverhalt treffen. Die Untersuchung brachte das nicht weiter. Er erhob sich, bedankte sich für den Schnaps und die Hilfe. Dann verabschiedete er sich.

*

Er musste Guadench (oder war es Gian gewesen?) ein Kompliment machen. Als er in sein Zimmer im "Raezia" kam, lag ein Briefumschlag da. Er setzte sich, knipste die Lampe an, (Herrgott nochmal, konnte man in diesem Dorf nie ohne Kunstlicht lesen?) und kontrollierte, ob auch die Informationen zu finden waren, die er suchte.

Tatsächlich: Auf dem ersten Blatt stand "Engadin Bank & Trust." Er riss den Umschlag auf und las, was man für ihn zusammengefasst hatte: *In regelmässigen Abständen hat die Bundesanwältin den Kanton um Auskünfte über dieses Institut erbeten. Serard Cadosch war kurz zuvor vom Advokaten zum Notar aufgestiegen.* "Das war auch seine Pflicht als Spross einer Familie, die seit vier Generationen in Graubünden ansässig war," fuhr es Moritz durch den Kopf. "Das war die Tradition. Er musste Jurisprudenz studieren. Heute lehnen es die Jungen ja oft ab, Traditionen fortzuführen."

Auch was jetzt folgte, leuchtete Moritz ein für einen initiativen Studienabgänger mit einem Flair fürs Unternehmerische. Weiter im Text: *"Als Notar hatte er eine Finanzgesellschaft gegründet, die mittlerweile Firmen in der Schweiz, Italien und Belgien vereinigte."* Was er weiter las, erschütterte allerdings sein Vertrauen in Herrn Cadosch. *Diese Gesellschaft ist in allerlei dubiose Immobiliengeschäfte verwikkelt gewesen."* Moritz las plötzlich genauer, er fasste die Briefbogen fester und las weiter: "*Diese Machenschaften haben Luzi Clavuot auf den Plan gerufen. Die "Engadin Bank & Trust" war in Belgien deswegen in die Schlagzeilen gekommen, darauf hatte man den dortigen Filialleiter ersetzt und das Aktienkapital verdoppelt, um das Vertrauen der Kunden zu festigen. In der Schweiz hat all das dem Ansehen des Finanzinstitutes und dem ihres Gründers, Serard Cadosch, nicht geschadet"* Ausser beim ewigen Stänkerer Luzi Clavuot, wie Moritz etwas verärgert innerlich anfügte, sich aber gleich korrigierte: "Wenn Herr Cadosch allerdings wirklich gegen das Gesetz verstossen hat, müsste man Luzi Respekt zollen."

Er blickte auf seine Uhr. Für heute hatte er genug gearbeitet. Auch Herr Cadosch hatte jetzt Ruhe verdient. Bevor er in den Speisesaal ging, blickte er noch einmal in seinen Notizblock. Noch immer stand der Anwalt dort und in Klammern "Frauengeschichte". Würde er das morgen durchstreichen, hoffentlich durch ein neues Wort ersetzen können, das ihn weiterführte? Oder war es wirklich nur "Getratsche", wie sich der Gnom ausgedrückt hatte? Ganz so harmonisch, wie sich die Natur hier präsentierte, war das menschliche Zusammenleben in diesem Tal jedenfalls nicht.

Zernez

Die Nacht war erholsam gewesen, der Fluss hatte ihn sanft in den Schlaf gelullt. Seine Frau wusste auch, wo er war, er hatte angerufen und sie über seine Pläne für den heutigen Tag informiert. Dass der Anwalt interessant war, weil dessen Frau in einer Liaison mit dem Getöteten - angeblich - gestanden war, hatte er nicht erwähnt. Sie hätte das sicher falsch verstanden.

Der Bahnhof lag etwas über dem Dorf. Als er hinkam, ging die Sonne hinter den Bergen der gegenüberliegenden Talseite auf. Wenn er den nächsten Zug, eine Stunde später, genommen hätte, hätte er sich auf der Bank vor der Station das Gesicht bescheinen lassen können.

Der Vorstand kam heraus, blickte um sich, grüsste - unter Uniformierten selbstverständlich, aber dieser hätte ihn sicher auch gegrüsst, wenn er im Zivil aufgetreten wäre - und ging wieder hinein, als er ihn gesehen hatte. Moritz nahm seine Pfeife aus der Tasche, stopfte und setzte sie in Brand. Der Zug fuhr ein. Der Bahnhofvorstand kam heraus, den Hut auf dem Kopf, die Kelle in der Hand. Als Moritz in den Zug stieg, die Wagentür hinter sich schloss, beim Fenster Platz genommen hatte und hinausblickte, sah er, wie der Vorstand mit der Kelle winkte. Er verspürte einen Anflug von Neid. Bahnhofvorstand müsste man sein! Jede Stunde ein Zug, in der Zeit, wenn die Pässe nicht schneebedeckt waren, und das war höchstens während dreier Monate im Jahr der Fall, hielt fünfmal am Tag ein Postauto auf dem Platz, mit dem man eigentlich nichts zu tun hatte. Friedlich hätte man es da, allerdings auch nicht sehr aufregend. Nur: war es interessanter, was er machte?

Er liess das Grübeln und konzentrierte sich auf die Begegnung mit Herrn Cadosch. Den Bauunternehmer und den Arzt hatte er schon befragt, mit dem Anwalt würde er alle Mitglieder der Jagdgruppe befragt haben. Aber was konnte er überhaupt erwarten? Bis jetzt hatte er nur rechtschaffene Anwälte kennengelernt, er hatte immer geglaubt, man müsse rechtschaffen sein, um überhaupt Anwalt werden zu können.

Nun war die "Engadin Bank&Trust", oder vielmehr das Zwielicht rings um sie, zum Anlass geworden, die Geldwäscherei zum Straftatbestand zu erklären. Herr Cadoschs Berufsstand war also selbst nicht ganz unbeteiligt, wenn sein Ruf etwas vom strahlenden Klang eingebüsst hatte. Und auch er, Moritz, überlegte sich, ob er nicht seinen traditionellen Respekt überdenken musste. Wenn er in dieser Bahn weiterdachte, dann könnte der Jurist...Nein, er verbot sich, weiter zu phantasieren. Er brauchte Fakten. Und wenn im Zusammenhang mit diesem Geldinstitut neue Paragraphen gefordert wurden, hiess das, dass Herr Cadosch nichts Illegales gemacht hatte. Und übrigens: Wenn am

"Getratsche" um eine Liaison zwischen Luzi Clavuot und Frau Cadosch wirklich etwas dran war, hatte das mit der "Engadin Bank&Trust" nichts zu tun.

Wie immer bestaunte er die kleine Ebene, in der Zernez lag, als er ausstieg. Der Bahnhof war grösser als der in Susch. Viel mehr hatte der Vorstand kaum zu tun, denn der Ofenpass, der hier begann, wurde von Postautos bedient. Sicher, mehr Güter gab es hier, sogar ein kleines Depot war da, aber das Ganze machte doch einen geruhsamen Eindruck. Er begab sich auf den Weg ins Dorf.

Er kam vor ein unscheinbares Haus, wo nur ein handtellergrosses Messingschild an der Türe verriet, dass dahinter dieses kleine Finanzimperium sein Zentrum hatte. "Engadin Bank & Trust" hiess es da.

Ein solches Unternehmen muss sich auch repräsentieren, sagte sich Moritz, als er von der Sekretärin in den grossen Suler hofiert wurde. Er überflog diese Eingangshalle, durch die früher die Pferde ihre Heufuder in die Scheune brachten. Im unteren Stock lag vermutlich die Anwaltspraxis, eine Treppe führte nach oben, dort wohnten die Cadoschs, stellte er sich vor. Nur kurz hatte diese Bestandsaufnahme gedauert, er wandte seine Aufmerksamkeit wieder der Sekretärin zu.

Sie begrüsste ihn mit einem schüchternen Lächeln, als sie ihm aus dem Mantel half. Ein wenig schlichter hätte es sein können, dachte Moritz und sah sein Büro vor sich, das mit grauen Metallhängeregistraturkästen beinahe ausgefüllt war. Schwere Möbel standen herum, kaum massiv Eiche, aber als solche wollten sie erkannt sein, diagnostizierte Moritz mit einem Anflug von Genugtuung. Als Cadosch den Uniformierten in sein Zimmer bat, war der Herr Anwalt die Anerbötigkeit in Person.

Sein Zimmer entsprach dem Entrée. Ein schwerer Eichentisch, viele ledergebundene Folianten, in einer Ecke sogar ein Gummibaum. Alles stand da, um den Klienten zu zeigen, dass sie sich wie zu Hause fühlen sollten und sich dem Herrn Advokaten ganz anvertrauen durften. Ein Mensch, der viel Mühe auf den Eindruck verwandte, den er bei den anderen machte. Dazu musste er sich auch viel Mühe geben, denn ohne weiteres wäre seine Physiognomie nicht gewinnend gewesen. Man sah zuerst einen riesigen Kiefer, dann die knollige Nase, die eine schwere, schwarze Hornbrille stützte und auf den riesigen Kiefer wurde das Augenmerk des Betrachters zusätzlich durch ein schütteres Bocksbärtchen gelenkt. Moritz wartete ab. Dass der Anwalt nicht gewinnend aussah, war nicht sein Fehler. Auch er, Moritz, konnte nichts für seine mächtige Statur.

Aber das Interieur dieser Praxis. Wie wollte der Jurist auf seine Klienten wirken? Er bat, ja hofierte ihn geradezu ins Zimmer. Ihm kam es vor, wie wenn dieser Anwalt an der Weiterbildung in Basel gewesen wäre, wo man gefordert hatte, man müsse ein Klima des Vertrauens schaffen.

Wieder dieser einschmeichelnde? werbende? verlogene? Ton, den Herr Cadosch jetzt anschlug: "Was darf ich für Sie tun?", fragte er, bot ihm einen Stuhl an und tänzelte auf den Seinen zu, seine Körperfülle in muntere Schwingungen versetzend.

"Ich bin wegen des ungeklärten Todes von Luzi Clavuot hier", sagte Moritz. Serard atmete tief ein, zog seine Augenbrauen hoch und sagte: "Ein schreckliches Ereignis. Fragen Sie mich, ich antworte ihnen, so gut ich kann."
"Soviel ich erfahren habe, waren Sie mit Herrn Clavuot in der Jagdgruppe, und waren einer der Ersten, die den Toten gesehen haben."
Der Anwalt blickte ernst auf die Tischplatte, wie um sich die Szene noch einmal genau zu vergegenwärtigen. Er holte tief Atem und sagte: "Ich kam gerade von der Pirsch zurück. Ich war den ganzen Nachmittag in den Bergen umhergewandert, in den Tagen, ja Wochen zuvor hatte ich ein Rudel Gemsen beobachtet, ihre Wildwechsel erkundet, an diesem Nachmittag folgte ich dem Gang der Jagd nur am Rand."
Warum? War Cadosch einer dieser vegetarischen Jäger, die nur Tal, Berg und Himmelswerk bestaunen wollten, welche die Jagd brauchten, um wieder einmal in die Natur zu gehen? Aber warum erwähnte er dann "an diesem Nachmittag" so betont? Er hatte es jedenfalls gehört und fragte weiter: "Was sahen Sie, als sie zur Hütte zurückkehrten?"
Der Advokat legte die Arme auf den Tisch, verschränkte die Hände und sagte, sich erinnernd: "An jenem Abend bin ich nach erfolgloser Pirsch - nicht ganz, ich habe ein Murmeltier geschossen - zur Hütte zurückgekehrt und habe dort Gian-Marchet gesehen, der hilflos auf einen Toten wies. Dann sah ich -voll düsterer Vorahnung- den Arzt, der den Toten untersuchte. Offenbar war nichts mehr zu machen. Gian-Marchet ist es dann melden gegangen."
Moritz wurde hellhörig. Genau diese Worte hatte der Arzt auch schon gesagt. Was steckte dahinter? Hatten die beiden etwas zu verbergen oder hatten sie sich gemeinsam auf diese Frage vorbereitet, die ja kommen musste? Vielleicht erfuhr er mehr, wenn ihm der Anwalt sagte, wie er Luzi erlebt hatte. Das tat er auch, worauf Cadosch ihn überraschend fragte: "Sie sind kein Engadiner?"
Das war eine überraschende Frage, und Moritz antwortete erstaunt: "Nein," und fragte im selben Atemzug: "Wie meinen Sie das?"
Cadosch lehnte sich in seinem Stuhl zurück und sagte wegwerfend: "Keiner, der Luzi Clavuot gekannt hat, ich meine: wirklich gekannt hat, wollte mit ihm in nähere Verbindung gebracht werden. Er war ein immer unzufriedener, pietät- und respektloser Nörgeler. Das hatte er von seiner Mutter. Schon sie verunglimpfte die Ehrenmänner bei uns in ihren Artikeln. Auch wenn ich seinen Tod bedaure: Sein Verschwinden ist ein Gewinn für das ganze Tal."
Das war massiv. Moritz' Reaktion kam beinahe automatisch: "Wie meinen Sie das?"
Der Anwalt breitete die Arme aus in einer gleichsam entschuldigenden Geste und erklärte: "Ich muss mich präzisieren. Luzi hatte auch durchaus gewinnende Seiten. Er war oft fröhlich und charmant." Aha, dachte Moritz und an die Bemerkung im Notizbuch, diese Eigenschaft war sicher verantwortlich für die ominösen Frauengeschichten. Es war furchtbar peinlich, darum wollte er das noch nicht ansprechen.
Seine Erklärung schien Cadosch nicht zu genügen, er fuhr fort: "Wir leben in einem Dorf. Wenn man nicht auswandern will, muss man sich ertragen." Und in abgeklärtem Ton hob er seine Überlegung ins Allgemein-Menschliche: "Wir

alle haben Seiten, die nicht allen gefallen. Und jetzt, da Luzi Clavuot so tragisch ums Leben gekommen ist, wollen wir seiner in Ehren gedenken."
Da konnte man dem Anwalt nur zustimmen. Der Notizblock in Moritz' Brusttasche wurde schwer. Stand der Jurist dem Verhältnis Luzis zu seiner Frau auch so abgeklärt gegenüber oder war es in der Tat nichts als "Getratsche"? Intime Angelegenheiten gingen auch ihn nichts an. Aber im "Raezia" hatte - wer schon wieder? - davon gesprochen, dass man als Mann reagieren müsse, und das hatte sicher nicht "weise Sprüche klopfen" gemeint. Wie also ansprechen?
Zum Glück hatte er seine Pfeife. Er fragte, ob er rauchen dürfe und nach einem zustimmenden Kopfnicken begann er, seine Pfeife zu stopfen, während es in seinem Gehirn fieberhaft arbeitete. Die Angelegenheit war ihm hochnotpeinlich. Er formulierte Fragen, verwarf sie, setzte sie anders zusammen, aber am Schluss begann er die Frage, wie er sie schon zu Beginn hätte stellen können. Er fragte: "Am Abend nach der Beerdigung war ich im "Raezia" dabei, als sich einige Dorfbewohner," mit einer um Verständnis bittenden Kopfbewegung fügte er ein: "- Sie werden verstehen, dass ich keine Namen nennen darf, obwohl sie mir inzwischen bekannt sind - Gedanken über den Tod Luzi Clavuots gemacht haben." Hier räusperte er sich ausgiebig, nahm sein Taschentuch hervor und putzte sich gründlich die Nase, bevor er, in betont nebensächlichen Ton fortfuhr: "In diesem Gespräch wurde auch angedeutet, ganz nebenbei, aber Sie wissen ja, wie wir Polizisten jeder - auch noch so abwegig erscheinenden - Spur nachgehen müssen, es kam also zur Sprache, dass Luzi Clavuot und Ihre Frau..."
Cadosch sprang auf, sein beräderter Stuhl schoss in die Wand, wo er umstürzte und liegenblieb. "Welches miese Schwein hat das gesagt?" In zwei Sätzen war er bei der Türe, drehte sich schnell zu Moritz um und zischte drohend: "Die ruf ich sofort herbei", riss die Türe auf und brüllte: "Barbla, vè nanpro, ma subit!" Nach einer Weile hörte Moritz eine Frau die Treppe heruntereilen, ihre Stimme, die schüchtern etwas fragte. Auch Moritz stand mittlerweile im Türrahmen, sah Cadosch, der mit wutverzerrtem Gesicht eine Frau am Ärmel hereinzerrte. Sie konnte sich nicht wehren, sie war klein, sehr klein sogar. Sie trug hohe Schuhe, das machte sie ein wenig grösser, aber trotzdem war sie klein, rundlich, pummelig hätte man sie wohl nennen können, und aus ihrem Gesicht blickten zwei grosse, braune, vor Erschrecken geweitete Augen. Moritz stand erschrocken da. Der Anwalt schämte sich anscheinend nicht, seine Frau so in seiner Gegenwart zu behandeln. Sie warf Moritz einen hilfesuchenden Blick zu, aber was hätte er tun sollen? Er wollte, ja musste etwas von Cadosch wissen. Dass sich diese Frau in die Arme eines anderen, vielleicht gerade dieses "oft fröhlichen und charmanten", wie sich der Anwalt ausgedrückt hatte, Luzi Clavuot hatte fallen lassen, war nachvollziehbar. Oder hatte sie sich nicht nur verguckt, was dann umgekehrt eine heftige Reaktion des Anwalts denkbar werden liess.
Er war wieder ins Zimmer getreten, der Anwalt stiess seine Frau vor sich her, hatte seine Frau an beiden Armen gepackt und schrie sie an: "Du elendes Luder. Du hast dich von ihm bumsen lassen, gib's zu!"

Die Frau schüttelte nur hilflos den Kopf, der Anwalt hielt sie an den Armen, riss sie hin und her und brüllte fortwährend: "Hast du ihn gebumst? Ja oder nein?"

Sie warf Moritz einen flehenden Blick zu. Dieser Frau war zu helfen, ganz klar. Aber da war ihr Mann und in Ehestreitereien wollte er sich nicht einmischen. Als aber der Mann seine Hand zum Schlag erhob, nahm Moritz die Pfeife aus dem Mund, machte einen Schritt auf die beiden zu, packte Cadoschs Arm und rief: "Einhalten!"

Cadosch hielt augenblicklich inne, blickte an Moritz hinauf und sah ihm in die Augen, wie wenn er ihn das erstemal sähe.

Er wandte sich wieder an seine Frau, fiel ihr um den Hals, begann erst zu schluchzen, dann weinte er hemmungslos und fing an, seine Frau um Entschuldigung zu bitten.

Moritz hatte einen Moment vorgehabt, Cadosch zur Raison zu bringen, von ihm Respekt vor seiner Frau zu fordern, aber in diesem Augenblick stand er fassungslos da, er brauchte einen Moment, sich zu orientieren. Die beiden waren dermassen mit sich selbst beschäftigt, dass sie ihn gar nicht beachteten. Moritz nahm seine Pfeife in die Hand und setzte sich wieder. Das Ganze war so schnell gegangen, dass sie nicht einmal erkaltet war. Er sah die beiden an. Die Frau schien nicht erschüttert zu sein, vielmehr strich sie ihrem Mann über den Kopf, der Gesichtsausdruck leer. Seine Schwester stand vor ihm, damals vor sieben Jahren. Sie steht vor ihm, mit zerrauften Haaren und einem blutunterlaufenen Auge. Es ist nicht das erste Mal. Die vorigen Male hat sie noch mit gekünsteltem Lachen erklärt, dass sie die Treppe hinuntergefallen oder sich an der Kante eines Möbels gestossen habe aber jetzt steht sie einfach stumm vor ihm und sagt tonlos: "Gut, dass du gekommen bist." Er vergisst jede berufliche Zurückhaltung - er ist in Uniform, das hätte ihn motivieren sollen, von seinen Gefühlen als älterer Bruder Abstand zu nehmen -, aber er verliert die Beherrschung, er stürzt fluchend und zeternd an seiner Schwester vorbei in die Wohnung, wobei er mit einem Schrank schmerzhaft streifkollidiert. Auf dem Stuhl sitzt ihr Mann. Weint er? Egal, er springt ihn an, packt ihn an dessen Krawatte - der geschniegelte Affe ist Vertreter -, er hat sich schon immer gefragt, wie seine Schwester einen solch aufpolierten Nichtsnutz hatte heiraten können, und schreit ihn an: "Was hast du mit meiner Schwester gemacht?"

Der andere wehrt sich nicht einmal, er bricht zusammen, weint, löst sich auf wie eine Kartonschachtel im Regen, verspricht es nie wieder zu tun, es sei über ihn gekommen, nie, nie, nie wieder soll dies vorkommen, er liebe seine Frau, lassen Sie mich los," bittet, nein, fleht er, "Sie tun mir weh", er lässt ihn los und dieses Mannsbündel sinkt zurück in den Stuhl, schüttelt andauernd den Kopf, den er mit den Händen stützt und sagt fortwährend: "Wie konnte mir das nur geschehen?"

Dabei hätte seine Schwester ihrem Mann durchaus Paroli bieten können, sie ist nur einen Kopf kleiner als er, Moritz, und kräftig gebaut, auch ihr Mann ist gross, aber nicht grösser als sie, nur sei diese "häusliche Gewalt" keine Frage der Kräfteverhältnisse, hatte er erfahren.

Ganz soweit war der Anwalt noch nicht, aber auf dem besten Weg dazu. Seine Schwester war damals noch einige Jahre bei ihrem Mann geblieben, aber als er sie spitalreif geschlagen hatte, war sie nicht mehr zurückgekehrt. Er hatte damals mit seinem Pfarrer darüber gesprochen und gelernt, dass bei Männern mit einer solchen Veranlagung sich dieser Vorgang von Tat und Reue steigernd wiederhole, bis die Frau sich entweder durch Wohnungswechsel oder durch Tod entziehe. Das war für ihn Grund genug gewesen, seiner Schwester von einer Rückkehr zu ihrem Mann abzuraten.

Nun, sein Schwager... Dass er seine Frau prügelte, hätte er nicht erwartet, weil er sich einfach nicht hatte vorstellen können, dass irgendjemand mit seiner eigenen Frau so umgehen konnte, aber als ihm dieses ganze Problem bewusst wurde, hatte er keine Mühe zu glauben, dass sein Schwager dazu fähig war. Aber der Anwalt? Ein studierter Mensch? Dass sein Schwager frustriert war, dem man jeden Tag ungezählte Male die Tür vor der Nase zuschlug, konnte er verstehen. Aber der Anwalt? Hier und jetzt? In seiner Gegenwart?

Sollte er gehen? Er beobachtete die beiden und wagte nicht, sie anzusprechen. Sie waren ruhiger geworden. Die Frau liess ihren Mann los und zog sich zurück. Ihr Mann strich sich das Haar glatt, zog das Jackett zurecht und sagte, betont beiläufig: "Sie haben gefragt?", und setzte sich wieder hinter seinen Tisch.

Man müsse den Menschen Zeit lassen, hatte man ihm in Basel gesagt, aber einfach tun, wie wenn nichts geschehen wäre, konnte Moritz auch nicht. In einem etwas lehrerhaften Ton stellte er fest: "Ich habe Sie überhaupt nichts gefragt. Ich habe nur Ihre Frau und Luzi Clavuot in einem Atemzug genannt." Cadosch hatte sich wieder hinter seinen Schreibtisch gesetzt, lehnte sich etwas zurück, inspizierte seine Krawatte und meinte: "Dann stimmt es also doch, wenn Sie es sagen."

Moment, wollte Moritz gerade rufen, er hätte nichts gesagt, aber Cadosch inspizierte jetzt nicht mehr die Krawatte, er hatte sein Augenmerk auf die Schuhe gerichtet und seine Haltung liess vermuten, dass ihn die letzten Minuten sehr mitgenommen hatten. Wenn er auch dieses zumindest eigene Benehmen dieses Mannes, dieses völlige Fehlen jeder Contenance, diesen Rückfall in pubertäre Verhaltensmuster nicht verstehen konnte, wollte er doch dem Menschen als Menschen mit Achtung begegnen. Aber etwas musste er doch richtigstellen: "Herr Dr. Cadosch, ich habe nur Gerüchte gehört, und Sie wissen ja, dass diese Gerüchte mit der Wahrheit oft nichts zu tun haben. Und dennoch muss ich jedem Hinweis nachgehen. Ich wollte Sie darum etwas fragen."

Die Inspektion der Schuhe nahm Cadosch zu sehr in Anspruch, als dass er hätte aufsehen können. Mit gesenktem Blick sagte er nur: "Dann fragen Sie." Jetzt gab es kein Zurück mehr. Also fragte Moritz: "Wie stand Ihre Frau zu Luzi Clavuot?"

Der Anwalt hatte sich wieder im Griff. Aber er schien immer noch einem unbegreiflichen Fatum nachzubrüten. Immer noch stierte er auf seine Schuhe. Das Ergebnis seines Brütens verbalisierte sich: "Ich bin selbst schuld."

Moritz war so erstaunt, dass er sich am Pfeifenrauch verschluckte. Er fragte verständnislos: "Woran schuld?" Der Anwalt sass immer noch mit weltabgewandtem Blick in seinem Sessel und sagte: "Ich habe sie in den Chor gehen lassen."

Was meinte er damit? Wir Bündner sind bekannt für die Qualität unserer Chöre, warum sollte es also ein Fehler sein, wenn sich eine Frau dazu beiträgt, am Erhalt dieser Tradition beizutragen? Er bekannte darum: "Ich sehe den Zusammenhang mit meiner Frage nicht."

Cadosch antwortete nicht direkt. Er dachte laut nach: "Frauen sollten zuhause bleiben und auf die Kinder achtgeben."

Was ging im Hirn dieser Menschen vor? Moritz fragte darum einfach: "Warum?"

Cadosch starrte ihn an und rief empört: "Weil sie überhaupt nicht gesungen hat, sondern nur diesen Luzi angehimmelt hat."

Noch bevor sich Moritz eine ausgewogene Antwort überlegt hatte, entschlüpfte ihm die Frage: "Waren Sie dabei?"

Ebenso schnell kam die Antwort: "Eben nicht. Man darf die Frauen nicht allein lassen."

Eigentlich musste Moritz einfach wissen, ob Luzi Clavuot und diese Frau ein Verhältnis hatten. Nur schienen die Fakten gar keine Rolle zu spielen. Wie hatte der Pfarrer damals diese Männer bezeichnet? Es tönte irgendwie nach "mies", aber es war ein kompliziertes Fremdwort gewesen. Vielleicht würde es ihm später wieder einfallen.

Er lehnte sich zurück, zog an seiner Pfeife und nickte mit dem Kopf, um dem Anwalt zu zeigen, dass er ihn verstanden hatte. Der würde es sicher so aufnehmen, dass er seine Meinung billigte. Das konnte er nicht ändern.

Er erhob sich. Mehr war von diesem Mann nicht zu erfahren. Er wusste jedenfalls, dass dieser Mann durchaus in der Lage war, einen Menschen im Affekt zu erschlagen. Ein Mörder kaum, vielleicht ein Totschläger, aber über diese feinen Unterschiede würden Juristen nachdenken. Er musste einfach wissen, ab wann Herr Cadosch den Bezug zur Realität - in der Beziehung zu seiner Frau - verloren hatte. Das konnte er ihn selbst nicht fragen und einen Grund, ihn in die Klapsmühle zu stecken, war es auch nicht.

Auch der Anwalt hatte sich erhoben, Moritz bedankte sich, Cadosch entschuldigte sich für den "unangebrachten Zwischenfall", er hoffe, es hätte kein schlechtes Licht auf ihn geworfen. Als Moritz auf die Strasse trat, rief Cadosch ihm noch nach: "Wir sind halt Männer", und Moritz fiel das Wort wieder ein, das der Pfarrer gebraucht hatte: "Misogyn."

*

Moritz konsultierte seine Uhr. Es war kurz vor elf. Es war kühl, schliesslich war es Herbst, man war in den Bergen, trotzdem stellte sich die Frage, ob man jetzt einen Kaffee draussen trinken sollte, da die Sonne eine jener wenigen

Lücken zwischen den Bergen gefunden hatte, durch die hindurch sie Susch und die Tische vor dem Hotel "Raezia" bescheinen konnte. In Anbetracht der Temperatur und der Notwendigkeit, seine weiteren Schritte zu überlegen, liess er sich den Kaffee aufs Zimmer bringen.

Serard Cadosch war ein Misogyner. Moritz war stolz, dass ihm dieses komplizierte Wort eingefallen war. Nur war das kein strafrechtlich relevanter Tatbestand. Was er gesehen hatte, war nichts als eine engagiert geführte Auseinandersetzung zweier Ehepartner. Nicht einmal ein blaues Auge hatte es abgesetzt und auch das könnte man ganz verschieden begründen. Während dieses Besuchs hatte er nur gehört, dass für den Anwalt ein Verhältnis von Luzi zu seiner Frau Tatsache war. Vermutlich auch, dass sie das Bett miteinander geteilt hatten. Die Menschen hier oben standen also der Verderbtheit der Städter in nichts nach. Vielleicht würde Frau Clavuot ihren Mann etwas detaillierter beschreiben, wenn er ihr die Szene im Hause Cadosch andeutete.

"Wer hat das gesagt?" fragte Frau Clavuot mit ärgerlicher? wütender? betroffener? Stimme, als ihr Moritz das Verhältnis von Luzi zu Frau Cadosch andeutete. Sie hatte ihn in die Stüva gebeten, wo sie nach einleitenden Höflichkeiten sofort zum Punkt gekommen waren. Es war früher Nachmittag, sie hatte ihm Kaffee angeboten und es war warm, der Ofen brannte anscheinend schon länger.

"Corrono voci", meinte er entschuldigend, er hoffte, mit diesem italienischen Ausdruck wieder etwas Vertrauen zu bilden.

Sie bedachte ihn mit einem erstaunten Blick, sie musste sogar etwas lächeln, sie schien sich in ihr Schicksal zu fügen und erklärte dann in distanziertem, kühlem Ton: "Die Stimmen haben recht, die beiden hatten etwas miteinander. Auch mir wurde es hinterbracht, aber ich konnte es gar nicht glauben - wollte vermutlich auch gar nicht. Mir gegenüber hat er es nie an Aufmerksamkeit fehlen lassen, er hat es auch zugegeben, als ich ihn darauf ansprach, aber wieweit, wie oft, wie genau sie das Verhältnis getrieben haben, weiss ich nicht, und das jetzt noch zu erfahren, ist müssig."

Von welchem Planeten kam diese Frau? War sie gefühlskalt, mehr noch: Kannte sie gar keine Gefühle oder waren sie schon erloschen?

Die gleiche Geschichte, und doch zwei Menschen, deren Reaktion unterschiedlicher nicht hätte sein können. Auch wenn das, was sie erzählt hatte, nicht stimmen sollte, stimmte doch der Ausdruck in ihrer Stimme mit diesen abgeklärten, distanzierten Worten überein. Moritz sah sie an. Sie nahm eine Zigarette aus der Schachtel, entzündete sie und begann zu rauchen, während sie mit matten Augen zum Fenster hinausblickte.

Diese Frau war verheiratet gewesen. Sie hatte ihren Mann geliebt. Der Mann hat sie - vielleicht, immer die Unschuld vermuten - betrogen. Und jetzt?

Sicher war es grossherzig von ihr, ihrem Mann nichts nachzutragen. Aber kann man - oder frau - edles Geschirr zerschlagen, ohne wenigstens ein Schimpfwort fahrenzulassen? War sie nicht wenigstens verletzt? Das hätte irgendwo anklingen müssen.

Moritz schauderte innerlich. Er musste sich immer wieder vergegenwärtigen, dass die Zeiten sich geändert hatten. Auch wenn er das, wie sich Cadosch

benommen hatte, zutiefst missbilligte, waren dessen Reaktionen für ihn verständlicher als dieser kühle Bericht Frau Clavuots.
War das wirklich möglich? Er musste sich noch einmal vergewissern und fragte darum: "Und es gab keine Auseinandersetzung zwischen Ihnen und Ihrem Mann?" Sie wandte sich ihm zu und zuckte mit den Achseln. "Sicher. Ich habe ihm gesagt, dass ich verletzt bin. Er hat sich entschuldigt, hat gesagt, wie diese Frau unter ihrem Mann litte, dass Frau Cadosch am liebsten weggehen würde, aber ihre Familie, das Dorf: kurz, sie wollte nicht allein dastehen und dann auch noch angeschuldigt und ausgestossen werden. Und in dieser Situation hat sie meinen Mann kennengelernt, der ist halt sympathisch, sie hat ihm schöne Augen gemacht, und er war trotz allem nur ein Mann."
Eine unbegreifliche Bemerkung! War er kein Mann, oder war er ein besserer Mann, eben kein "nur-Mann, weil er noch nie über den Zaun genascht hatte"?
Jemand, der vor der Entscheidung gestanden hatte, ein richtiger Mann zu sein oder nicht, war Serard Cadosch, jedenfalls in den Augen des Bauunternehmers. Wusste sie darüber etwas? Er fragte sie und sie antwortete: "Luzi kam eines Nachts völlig verstört nach Hause. Er wollte zuerst nicht sagen, warum, dann berichtete er, der Anwalt sei ausser sich gewesen, er habe ihn umzubringen gedroht, als ich dann weiterbohrte, kam die Sache mit Barbla 'raus."
Moritz brauchte Gewissheit: "Frau Cadosch?"
Frau Clavuots Augen lebten wieder. "Richtig", sagte sie.
Also doch. "Erinnern Sie sich noch, wann das war."
"Am Donnerstag ist jeweils Probe. Es war der Donnerstag vor der Jagd."
Der Anwalt als Todesschütze? Was genau geschehen war, an jenem Donnerstagabend, würde man nie mehr feststellen können. Laut den Aussagen von Dr. Meng und dem Bauunternehmer waren sie vor dem Anwalt am Ort des Geschehens gewesen. Nun war ihm die Ähnlichkeit ihrer Aussagen aufgefallen und die Sache mit dem gestohlenen Gewehr wurde verdächtig. Wann genau war es gemeldet worden? Was würde der Anwalt sagen, wenn er ihn mit diesen Tatsachen konfrontierte? Das waren jetzt wirklich einmal Tatsachen, und nicht blosse Vermutungen. Mit diesen Gedanken, verabschiedete er sich von Frau Clavuot, verliess das Haus und kehrte ins "Raezia" zurück, um die Sache mit dem Gewehr nachzuprüfen. Was er nie für möglich gehalten hätte, hier bei uns, in unserem Kanton, in dieser majestätischen Landschaft, war Tatsache geworden. Ein allseits geachteter Ehrenmann war in den Schatten des Verdachts geraten.

*

Am nächsten Morgen spielte sich genau das Gleiche ab - der selbe Zug, der selbe Vorstand, der sich mit der selben Geste den Hut aufsetzte und mit der selben Kelle das Signal zum Abfahren gab, der gleiche Weg zum Büro des Anwalts. Und doch war alles ganz anders. Er sah mit anderen Augen auf das kleine Messingschild der "Engadin Bank & Trust". Er nahm das schüchterne Lächeln der Sekretärin mit Befremden wahr - er erinnerte sich an die flehenden Augen der Ehefrau. Die einen falschen Eindruck heischenden Möbel waren zu potemkinschen Dörfern geworden, die vom Blick auf den Morast von Gewalt, Korruption und Betrug ablenken sollten.

Er wünschte, er hätte schon einen Haftbefehl in der Tasche und musste sich mit grösster Anstrengung bezähmen, eine freundliche Miene aufsetzen. Herr Dr. iur. Serard Cadosch rückte seine schwarze Hornbrille zurecht und bat Moritz mit bekannt anerbötiger Miene ins Zimmer.

In aufgeräumter Stimmung bot er Moritz einen Stuhl an und setzte sich selbst hinter den Schreibtisch. Er fragte den Polizisten: "Hat der Spürhund eine neue Fährte entdeckt?"

Die Zeit, Vertrauen zu gewinnen, war vorbei. Moritz sagte nur knapp: "Die Spur führt hierhin."

Cadosch erschrak nicht, er stutzte nur einen Augenblick, dann glättete sich sein Gesicht in einem breiten Grinsen, er meinte: "Ich war an jenem fraglichen Nachmittag auf der Jagd. Geschossen habe ich nichts," hier senkte er die Stimme und fuhr, wie sich entschuldigend, fort: "ausser einem Murmeltier, das ich einem Kürschner gab, weil ich das Fell meiner Nichte schenken will." Er richtete sich auf und riss dem Polizisten den letzten Trumpf aus der Hand: "Falls Sie mich wegen des Gewehrs meines Grossvaters hätten fragen wollen: Ich wusste gar nicht, dass er noch eines hatte."

Der Anwalt log. Er hätte ihm viel erzählen können, aber das nicht. Kein Jäger gab sein Gewehr fort. Und das sagte er auch dem Juristen. Aber der lächelte weiter, schob nur sein riesiges Kinn etwas vor, strich sich über das Bocksbärtchen, überlegte ein wenig und korrigierte sich dann: "Das stimmt natürlich nicht", gab Cadosch sofort zu, indem er das "ü" in die Länge zog, wie wenn diese Korrektur eine Bagatelle gewesen wäre, und fuhr weiter: "aber wo er sein Gewehr aufbewahrt hatte, erfuhr ich erst durch das Telephon, von dem mir meine Grossmutter berichtete, als ich am Freitag heimgekommen bin."

"Dann darf ich jetzt noch mit ihrer Frau sprechen?" fragte Moritz unvermittelt.

Der Anwalt stutzte wieder. Das Lächeln war wie weggeblasen. Es war ein Gemisch aus Drohung und Furcht, als er den Polizisten anherrschte: "Meine Frau hat damit überhaupt nichts zu tun."

Moritz blieb ruhig. Er war froh, in der Uniform gekommen zu sein. In der letzten Stunde hatte er die Hochachtung vor diesem studierten, wohlbestallten und in diesem Exemplar durchtriebenen Menschenschlag verloren. Emotionslos stellte er fest: "Ich möchte mit ihr allein sprechen."

Der Anwalt bäumte sich auf: "Es ist meine Frau. Ich darf dabei sein."

Moritz stellte nur fest: "Ich kann sie ins "Raezia" bestellen."

"Und wenn ich es ihr nicht erlaube?"

"Dann lasse ich sie holen."

Frau Cadosch kam auch ohne Polizeigewalt ins "Raezia". Wenn Moritz mit Frau Cadosch in deren eigenen Haus - notabene das Haus ihres Mannes - allein gesprochen hätte, wäre das einer Demütigung des Anwalts gleich gekommen, und das widerstrebte dem Polizisten dann doch. Ausserdem würde auch ihm eine Kaffeepause guttun. Er war auch nicht mehr der jüngste, und wenn heutzutage Hektik, Hast und randvoll ausgefüllte Terminkalender zum Mann von Welt gehörten, konnte er auf diese Weltmännigkeit verzichten. Uniform, Strickjacke, oder ein unauffällig grauer, ziviler Anzug, hatte er sich gefragt und sich dann für's Zivile entschieden. In diesem Augenblick war "Vertrauen gewinnen" angesagt.

Er blickte zum Fenster hinaus. Es juckte ihn, Arbeit Arbeit sein zu lassen und eine Wanderung durch den "god val Ota" zu machen, aber Dienst war Dienst und Pflicht war Pflicht, auch wenn Advokaten Schlitzohren und Nationalräte Nörgeler waren heutzutage.

Es klopfte. Er öffnete die Tür, liess Frau Cadosch herein und bat sie gleich, sich zu setzen, denn stehend war der Grössenunterschied unerträglich, sie reichte ihm nicht einmal bis zur Brust. Er wollte ihr Gespräch nicht als Verhör gestalten. Die Frau war anscheinend nervös, ihre Füsse erreichten den Boden nicht, sie baumelten unruhig hin und her. Vertrauen schaffen!, sagte sich Moritz und begann: "Behandelt Sie ihr Mann oft so, wie gestern morgen?" Offenbar hatte sie diese Frage nicht erwartet, denn sie hob ihre Augenbrauen erschreckt? erstaunt? zweifelnd?. Im nächsten Augenblick sank sie auf den Stuhl, ihre Beine hingen erschlafft, sie liess ihre Schultern hängen und antwortete: "Es wird immer schlimmer. Er tut mir so leid."

Seltsam. Sie war zu bemitleiden. Er sagte: "Er hat sie bedroht. Nicht umgekehrt."

Sie sah ihn mit elenden Augen an und hielt ihm entgegen: "Aber wenn er mich geschlagen hat, beginnt er zu weinen und entschuldigt sich. Es ist stärker als er. Ich bin seine Frau und habe ihn gereizt. Ich muss ihm helfen."

Es war wie bei seiner Schwester. Auch sie hatte alle Schuld auf sich genommen. Als der Pfarrer sie dann an einen Therapeuten weiterwies, der ihr Selbstvertrauen wieder aufgepäppelt hatte, war sie von ihrem Vertreter losgekommen. Er konnte ihr nicht helfen. Er musste ihr widersprechen: "Sie haben gar nichts gemacht."

Sie begann zu weinen. Sie schluchzte: "Ich bin einige Male sehr spät von der Probe zurückgekommen, weil ich noch mit Luzi zusammen war."

Aha! "Haben Sie mit ihm geschlafen?"

Sie sah ihn mit grossen Augen an und sagte verwundert: "Nein! Er hat mich einfach in die Arme genommen, und ich habe mich ausgeweint, weil mich mein Mann so oft geprügelt hat."

Und er, Moritz, hatte schon gemeint, die beiden seien miteinander im Bett gewesen, wenn schon der Arzt...

Dann hatte ihm seine Phantasie einen Streich gespielt. Und wohl auch dem Anwalt. Diese Frau sagte die Wahrheit. Auch wenn sie ihm das hier nur vorgespielt haben sollte, kam es wirklich nur auf die Reaktion ihres Mannes an. Er fragte darum: "Wie hat ihr Mann darauf reagiert, falls er es überhaupt wahrgenommen hat?"

Sie hatte den Kopf leicht abgewandt und sagte weinerlich: "Jeden Donnerstag abend musste er mich erwarten und mir eine Szene machen."

"War ihnen das die Stunde bei Herrn Clavuot wert?"

"Ja. Ich konnte nicht anders."

Sicher war das Verhalten dieser Männer nicht einfach durch vernünftige Handlungen zu beeinflussen. Trotzdem... Aber das war eine nutzlose Gedankenspielerei. Ihn interessierten Fakten. Er fragte: "Wissen Sie, wie sich ihre.... wie soll ich sagen, Verbindung mit Herrn Clavuot auf das Verhältnis der beiden Männer ausgewirkt hat?"

Sie wandte sich ihm zu, aber ihre Augen blickten in die Ferne. "Luzi hatte Angst. Das hätte er zwar nie zugegeben, aber ich habe es bemerkt."

"Ist Ihr Mann jemals tätlich geworden?"

Sie blickte auf ihre Hände, die sie im Schoss zusammengelegt hatte und ihre Beine begannen, zwar fest auf den Boden gestemmt, nervös zu zittern. Gepresst flüsterte sie: "Er hat den Mörder losgeschickt."

Das war ein starkes Stück. Das war eine ungeheure Beschuldigung. Auch wenn sie in einer schwierigen Situation lebte und ihrem Mann nicht mehr nur liebende Gefühle entgegenbrachte, musste er doch fragen: "Woher wollen Sie das wissen?"

Sie war jetzt ruhig, aber sie flehte ihn an: "Was ich Ihnen jetzt anvertraue, dürfen Sie ihm gegenüber mit keinem Wort erwähnen. Er weiss nicht, dass ich ihn beobachtet habe." Leise, insistierend fuhr sie fort: "Ich habe ihn gesehen, wie er einem kleinen, kräftigen, süditalienisch wirkenden Mann ein Gewehr gab."

"Aber das hätte irgend ein befreundeter Jäger sein können."

"Sicher. Aber es war Donnerstagmorgen gewesen. Und an jenem Abend ist Luzi erschossen worden."

*

Hatte er Guadenchs Botschaft nicht richtig gewürdigt? Dieser konnte ja nichts dafür, dass ihn, den Auftraggeber, Prevosts Arbeiten am Bau des Vereinatunnels nicht mehr interessierten. Dass von ihnen - nach Guadench vorliegenden Informationen - zwischen Luzi Clavuot und dem Bauunternehmer nie die Rede war und darum über ein mögliches Tatmotiv in diesem Zusammenhang nicht mehr spekuliert zu werden brauchte, entschuldigte seine Reaktion in keiner Weise. Schliesslich hatte der Mann seine Arbeit gewissenhaft und speditiv erledigt, und dafür dass er, Moritz, auf eine ganz neue Fährte gestossen war, konnte sein Untergebener wirklich nichts. Er wandte sich mit nicht ganz astreinem Gewissen dem Essen zu.

Es war Wildsaison. Aber obwohl er für Hirschpfeffer schwärmte und darum automatisch einen Teller bestellt hatte, wollte es ihm jetzt, beim Mittagessen im "Raezia" nicht so richtig schmecken.

Was bedeutete die Information, die er von Frau Cadosch erhalten hatte, für die Lösung des Falles "Clavuot"? Dass sie sich an jenen Donnerstag erinnerte, war plausibel. Zum einen, weil es der Todestag ihres Freundes war, mit dem sie eine nicht mehr zu klärende Beziehung hatte, zum anderen, weil Donnerstag der Tag ihrer tête-à-tête war. Den Unbekannten galt es zu finden. Aber wie?

Sonne in Susch, zu dieser Jahreszeit, musste man ausnützen. Also setzte er sich vors Hotel, schlürfte seinen Kaffee und überlegte, wer ihm weiterhelfen konnte. Er dachte an Gian-Battista. Auf einmal sitzt er, nach der Beerdigung, diesem gegenüber. Sein Bekannter erklärt ihm: "Wenn es jemanden in Susch gibt, die über jeden und jede alles und noch ein wenig mehr weiss, ist es Luisa. Wie ich gehört habe, sitzt sie den ganzen Tag am Fenster und sammelt Informationen." Das war die Frau! Er trank seinen Kaffee aus, knöpfte seine Uniformjacke zu, rief die Kellnerin, beschrieb Luisa, erfuhr Namen und Adresse und verliess den Platz. Das Haus war schräg gegenüber, an der Abzweigung Dorfstrasse - Flüelapass. Ein strategisch geeigneter Ort, um den ganzen Tag Informationen zu sammeln.

Er stieg die drei Stufen der steinernen Treppe empor und läutete. Er hörte schlurfende Schritte, quietschend öffnete sich die Türe, und Frau Zuan erschien. Ihre Augen konnte er im Dunkel des Hausflurs nicht erkennen, aber die hohe, etwas schrille Stimme erkannte er wieder. Auch sie erkannte ihn sogleich wieder. Es klang erstaunt, aber nicht unfreundlich. "Ah, der Herr Polizist. Treten Sie ein." Er folgte ihr durch den dunklen, schmalen Korridor in die Stüva, wo sie ihn auf einem Stuhl Platz nehmen hiess und nach einer Frage: "Sie nehmen doch mit mir eine Tasse Tee?", die nicht nach Antwort bat, wieder im Flur verschwand.

Moritz ahnte, dass diese rhetorische Frage der Auftakt zu ihrer Lebensgeschichte war. Er würde darin Anklänge an seine Jugend hören und vielleicht, allerdings ein unmässiger Lohn seiner Bemühungen, einen weiteren Schritt weiterkommen in seinem Bemühen, den "Fall Clavuot" zu lösen.

Als sie zurückkam, hatte sie ein Tablett mit einer Kanne Lindenblütentee und einem Teller Gebäck, die sie als "grassins" identifizierte. Es war nicht sein Lieblingsgetränk, aber da das Spiel Chancen bot, gut zu enden, machte er eine freudige Miene dazu.

Frau Zuan erzählte ihm aus ihrem Leben. Ihre Stimme war hoch, aber sie drängte sich nicht auf. In ihrem spitzen Gesicht leuchteten zwei lebendige blaue Augen. Moritz schätzte sie auf neunzig, und entsprechend würde ihre Erzählung, ihr Lebensbericht, ausfallen. Sie konnte sich noch schwach erinnern, als die Eisenbahn gebaut wurde. Dort war sie gerade in die Sekundarschule eingetreten und jetzt war sie über neunzig. Sie konnte sich noch erinnern, wie mit der Eisenbahn das elektrische Licht gekommen war und auch, dass das Auto erst nach mehreren Abstimmungen im Kanton zugelassen worden war.

Auf einmal wurde sie ganz fröhlich, als sie von einem Vorkommnis in den dreissiger Jahren erzählte. Ihr Schwager war nämlich ein guter Freund des Postchauffeurs gewesen, der zum ersten Mal mit einem Postauto ins Münstertal hatte fahren wollen. In Bivio, am Julierpass, hätten ihn die Bauern mit Mistgabeln, Schaufeln, Stangen, Sensen, Harken, Pfählen, Knüppeln, Zweigen und anderem, was sie in und um ihren Hof gefunden hatten, aufgehalten, sodass er zuerst übernachten und die Leute von seinen guten Absichten hatte überzeugen müssen. Frau Zuan erzählte von ihrem Bauernleben - hier tauchten in Moritz Bilder auf, wie er bei seinen Vettern und Basen Ferien verbracht hatte - und wie sie das aufgeben mussten, als der Mann starb und niemand von ihren Kindern den Hof übernehmen wollte.

Moritz benutzte die Zeit, um sich umzusehen und zu überlegen, wie er es am besten anstellen sollte, um etwas über einen Fremden zu erfahren, dem der Anwalt Dr. Cadosch ein Gewehr ausgehändigt hatte. Dass Frau Zuan wissen würde, von wem er sprach, bezweifelte er keinen Augenblick. Während Luisa erzählte, konnte er seinen Plan einige Male einschmelzen und neu schmieden. Während er das tat, blickte er sich im Zimmer um. Ein Bild des Generals hing an der Wand, eine alte Pendule tickte in der Ecke, alles war alt, aber auf dem Schiefertisch hatte Frau Zuan einen prächtigen Blumenstrauss stehen. Sie nahm einen Schluck Tee, merkte, dass Moritz leergetrunken hatte und bot ihm an, seine Tasse nachzufüllen. Moritz benutzte die seichte Stelle im Redefluss, um zu fragen:

"Frau Zuan, ich will meinen Neffen in die Jagd einführen. Ich selbst gehe nicht auf die Jagd, aber es ist eine hehre Tradition und Sie könnten mir sicher von früher spannende Geschichten erzählen."

Frau Zuan seufzte. Die Erinnerung schien sie nicht nur zu freuen. Sie sagte auch gleich, warum. "Was ich einst die Alp Grialetsch geputzt habe..."

Das war unerwartet. Er erinnerte sich noch gut an die Szene an der palorma im "Raezia", als sie Gian-Battista angefahren hatte, weil er etwas in ihren Ohren Despektierliches über die Jagd gesagt hatte. Und jetzt äusserte sie sich selbst so abschätzig über diesen Brauch. Aber er konnte ihr nicht überzeugt widersprechen, darum nur sein schwacher Einwand: "Ich meinte, Frauen hätten in den Jagdhütten nichts zu suchen."

Ihre blauen Augen blitzten vor Empörung, ihre Stimme drohte, zu überschlagen. "Während der Jagd schon nicht. Aber jemand muss nachher für die Herrschaften saubermachen."

Diese Frau war wütend, das hörte Moritz, aber warum hatte sie das mit ihrem Mann nicht geklärt? Rosmarie hätte ihm sicher gesagt, wenn er etwas verlangt hätte, das sie als unzumutbar empfand. Schade, dass Menschen in einem Alter zur Erkenntnis kamen, in dem es ihnen nichts mehr nützte, im Gegenteil: sie höchstens noch verbitterte. Indes musste er etwas anderes wissen. Er wollte sachte die Frage einleiten und fragte: "Ist das heute anders?"

Sie hatte sich beruhigt, trank ein wenig Tee und sagte: "Heute gibt es sogar vereinzelt Frauen, die mit dem Gewehr ausziehen."

Die Zeiten hatten sich geändert, da konnte ihr Moritz nur zustimmen. Aber er durfte sich nicht ablenken lassen, auf seinem Umweg das Ziel nicht aus den Augen verlieren, er fragte darum: "Frau Zuan, die Zeit ist - Gott sei's geklagt - nicht stehengeblieben. Ich muss meinen Neffen über die heutigen Jagdusanzen aufklären. Ich frage Sie darum: Ist Ihnen in letzter Zeit irgendetwas Ungewohntes aufgefallen?"

Sie hatte die Hände in den Schoss gelegt und musterte sie eingehend, als sie antwortete: "Heute geht jeder auf die Jagd. Am letzten Donnerstag habe ich doch tatsächlich Serard, den aus Zernez..."

Moritz wurde hellhörig. Hier könnte sich eine Fährte zeigen. Er fragte: "Serard Cadosch?"

"Genau. Also den habe ich auf dem Parkplatz vor dem Hotel "Raezia" gesehen. Er hat mit einem Fremden gesprochen. Der war klein und hatte schwarze Haare voller Pommade. Die wollten sicher zur Jagd gehen. Beide hatten ihr Gewehr geschultert. Und jetzt sagen Sie mir einmal: Was will dieser fremde Fötzel in unseren Bergen?"

Das war der Mann. Aber woher kam er? Wie sah er aus? Klein und schwarzhaarig traf auf viele Menschen zu. Sofort hatte er einen Plan gefasst, doch bevor er ihn in die Tat umsetzen konnte, musste er noch Einiges klären, aber zur Sicherheit würde er nach Guadench rufen.

Frau Zuan schien zu merken, dass ihre Aussage etwas bewegt hatte, ihre blauen Augen funkelten tatendurstig, und als Moritz nach einem Telephon fragte, wies sie ohne zu zögern auf einen Tisch in der Ecke, bot an, das Zimmer zu verlassen, als Moritz meinte, dass dies unnötig sei, blieb sie sitzen und starrte ostentativ woanders hin. Moritz bestellte den Wagen samt Chauffeur, wandte sich wieder Frau Zuan zu und fragte: "Entschuldigen Sie, ich will damit nicht sagen, dass ich Ihre Aussage in Zweifel zöge, aber um sicher zu sein und den Usanzen Rechnung zu tragen, muss ich mich versichern, dass der Mann, von dem sie erzählt haben, nicht aus dem Nachbardorf kam?"

Ihre blauen Augen blitzten verärgert auf, sie grummelte: "Ich kenne die Männer aus Lavin und aus Zernez. Das war keiner von denen. Ausserdem hätte sein Auto kein "V" auf der Nummer gehabt."

Ein Mietwagen? Dann war der Mann kaum von hier. Das komplizierte die Fahndung, aber es entlastete die Einheimischen. Das entlastete, obwohl er nie hätte glauben mögen, dass ein Hiesiger eine solche Tat begangen haben könnte. Zwar bestand der dringende Verdacht, der Anwalt hätte dem Mörder die Waffe geliehen. Doch sicher für einen anderen Zweck. Er konnte seine Idee verwirklichen, die alte Dame konnte er sicher zu einer kleinen Spritzfahrt überreden, sie würde ja sonst doch nur untätig herumsitzen und da ihre Beobachtungen ihm - und der Gerechtigkeit, nicht zu unterschlagen, - nütze waren, durfte er sie um diesen Gefallen bitten. Er sagte: "Frau Zuan, wir sollten wissen, nach wem wir fahnden müssen. Dazu brauchen wir ein Bild. Wäre es Ihnen möglich, uns nach Chur zu begleiten?"

Durch das Fenster hatte er das Polizeifahrzeug entdeckt. Das Zaudern von Frau Zuan schien einer Pflicht genügen zu müssen, eine jungmädchenhafte Empörung, von einem Mann zur Ausfahrt gebeten zu werden. Nachdem sie das gebotene Zögern genügend lange ausgedehnt hatte, stand sie auf und ging ihm voraus.

Chur

Sollte er die Uniform anziehen? Nein, damit hätte er sich bestimmt lächerlich gemacht, niemand hier im Amt trug die Uniform, vielleicht die am Schalter, manchmal hatte er schon gehört, dass man sich hier hinter seinem Rücken lustig machte, ihn einen "altmodischen Methusalem" nannte, ein dezent grauer Pullover tat es auch.

Kamen sie, um ihm zu danken? Vielleicht auch nicht Dank, nur ein anerkennendes Wort. Das wäre das erste Mal. Dabei hatte er wirklich nichts Ausserordentliches geleistet. Gut, dass Guadench und er gestern kurz vor Schalterschluss Frau Zuan gebracht hatten - Clà war gezwungen gewesen, murrend den Mantel wieder auszuziehen und sich hinter den Computer zu setzen, - damit sie ihnen half, ein Phantombild zu erstellen, war sicher ungewöhnlich und vielleicht Anlass, seine Dienstbeflissenheit zu erwähnen, aber da waren seine Kolleginnen und Kollegen, die auch Anrecht hatten, gelobt zu werden. Er blickte noch einmal auf den Zettel. Hoffentlich nahmen es ihm die Herren nicht krumm, dass sie den Termin hatten verschieben müssen, aber heute morgen hatte er mit dem Phantombild in der Hand am Zürcher Flughafen die Autovermietungsschalter abklappern müssen und war darum nicht dagewesen, als die Herren gekommen waren. Vielleicht hatten sie ihn zu erreichen versucht, aber er war schon am Morgen früh auf den Zug, voller Kribbeln, so gespannt war er gewesen.

Dafür hatte er jetzt etwas, das ihren Ärger bestimmt besänftigen würde. Vielleicht waren sie auch gekommen, um ihm weiterzuhelfen. Dieser Fall machte ihm je länger, je mehr Kopfzerbrechen.

Er leerte die Aschenbecher, stellte die Vase mit dem Blumenstrauss, den ihm Rosmarie mitgegeben hatte, in die Mitte des Tisches. Das Bouquet war nicht so schön wie das von Frau Zuan, aber er hatte seiner Frau nichts gesagt, Reden ist Silber, Schweigen ist Gold, denn ein Blumenstrauss war schöner als keiner, er war der einzige, der immer einen bei sich stehen hatte.

Er nahm das Phantombild und betrachtete es noch einmal. Die vollendet angezogene und geschminkte Frau am Alitaliaschalter hatte es identifizieren können. Ob sie auch wirklich schön war, hätte er nicht sagen können, sie hatte eine etwas grosse Nase und die Färbung der Haare war nicht zeitig erneuert worden, am Haaransatz sah man die dunkle Orginalfarbe, die ihr übrigens besser gestanden hätte als dieses Aschblond, auch zu ihren dunklen Augen, notabene, aber er war nicht gekommen, um Schalterbeamtete zu qualifizieren, besonders nicht äusserlich, sondern um das herauszufinden, was jetzt unten am Bild stand. Und was da stand, warf mehr Fragen auf, als dass es beantwortete.

"Lucio Tresanti, Do, 23. 9.89 von, Sa., 25.9.89, nach Catania, Alit. No. 804." Das war eine heisse Spur, denn dann hätte es Tresanti gereicht, am Freitagmorgen von Serard Cadosch die Büchse entgegenzunehmen, auf Grialetsch zu fahren, dort den ahnungslosen Luzi Clavuot zu erschiessen und am Samstag wieder den Rückflug in Zürich zu erreichen. Irgendwo hatte er übernachten müssen, das konnte er noch herausfinden, wenn die Herren das wünschten. Aber warum, um Himmels willen, sollte ein Sizilianer einen Bündner Jäger erschiessen?

Es klopfte. Moritz öffnete, wollte die Herren zu einer Tasse Kaffee?, einem Glas Weisswein?, einem Fingerhut Schnaps? einladen, vielleicht hätte er in einer derart lockeren Stimmung sich auch eine Pfeife stopfen können, worauf er jedes Lob mit Hinblick auf sein Dienstverständnis und mit Verweis auf den Teamgeist in ihrer Einheit abgewehrt hätte, aber vor der Miene der zwei Herren zerfielen seine Phantasiegebäude zu Staub, seine Gelenke versteiften sich unwillkürlich, er nahm eine stramm-formelle Haltung ein.

Auch die beiden Herren begrüssten ihn förmlich, Moritz hörte einen ärgerlichen Unterton und überflog rasch mit seinen Augen das Zimmer. Nein, daran konnte es nicht liegen, selbst bezüglich des Schreibtisches hatte er sich nichts vorzuwerfen, die losen Blätter hatte er in einem der zahllosen grauen Hängeregistraturkasten untergebracht, der Ordner, der aufgeschlagen auf dem Pult lag, bewies nichts anderes als seinen Diensteifer.

Sie waren zu zweit gekommen, der Vorsteher des kantonalen Polizei- und Justizdepartementes und der Kommandant der Kantonspolizei. Für einen Moment ahnte er Unheil bei diesem geballten Auftreten amtlicher Würdenträger, aber schon setzte sich Herr Feuerstein, der Regierungsrat, auf einen Stuhl, rückte dem Polizeichef einen Stuhl zurecht, stellte den Blumenstrauss ein wenig zur Seite und forderte Moritz auf, doch auch Platz zu nehmen.

Der Politiker kam gleich zur Sache: "Herr Cavegn, Sie scheinen während Ihrer Untersuchungen in die Privatsphäre unbescholtener Mitbürger eingedrungen zu sein. Es liegt eine Beschwerde vor."

Reflexartig fragte Moritz: "Darf ich sie sehen?"

Diese Frage brachte ihm einen missbilligenden Blick seines unmittelbaren Vorgesetzten ein und die Antwort: "Die Beschwerde ist telephonisch eingegangen."

Wer konnte das sein? Herr Prevost kaum - sie hatten zusammen Kaffee getrunken, und dass er die Art, wie der Bauunternehmer seine Frau behandelt hatte, innerlich missbilligt hatte, war nicht über seine Lippen gedrungen, auch hatte er sich von ihm in Frieden getrennt. Dr. Meng? Zwar hatte der Arzt seine Contenance und einiges an Körperflüssigkeit verloren, aber nach diesem reinigenden Gewitter hatten sie zusammen sogar einen Schnaps getrunken. Der Anwalt? Vermutlich, denn immerhin war er dazwischengetreten, als er seine Frau schlagen wollte. Das war zweifellos Einbruch in die Privatsphäre unbescholtener Bürger. Aber jetzt konnte er seinen Trumpf ausspielen. Moritz nahm das Phantombild, zeigte es den beiden und sagte stolz: "So schlimm wird es nicht gewesen sein. Auch wenn es gewisse Leute verletzt hat, müssen wir doch auf das Resultat sehen, und da habe ich eine weiterführende Spur entdeckt. Mit grosser Wahrscheinlichkeit kann uns dieser Mann weiterhelfen," und mit einem Anflug von Triumph schloss er: "Lucio Tresanti aus Catania." Statt des erwarteten Beifalls blickten sich die beiden Herren bestürzt an, der Polizeikommandant beugte sich vertraulich vor und sagte: "Moritz, verbrenn dir nicht die Finger. Lass gut sein."

Was sollte das heissen? Jetzt, da er endlich eine heisse Spur hatte? Aber schon erhoben sich die beiden. Herr Feuerstein schüttelte ihm die Hand und sagte: "Herr Cavegn, wir wissen Ihren Einsatz zu schätzen." Moritz dankte es ihm in seinen Innern. Er hatte sich doch nicht geirrt. Herr Feuerstein fuhr fort: "Unsere erste Pflicht ist es, unseren Mitbürgern Gerechtigkeit widerfahren zu lassen."

Die beiden Herren schritten zur Tür. Der Polizeikommandant blieb stehen und sagte: "Moritz, ich habe dir eine andere Aufgabe zugeteilt. In letzter Zeit sind in Chur eine Reihe von Läden bestohlen worden. Wir haben schon Reklamationen von Ladenbesitzerseite erhalten, sogar an Herrn Feuerstein," hier nickte der Regierungsrat voll bekümmerter Zustimmung, "sind die Reklamationen gedrungen. Ich fürchte - ohne dir nahetreten zu wollen -, du bist für das Engadin nicht der richtige Mann. Du passt viel besser nach Chur, das ist jetzt dringender. Im Engadin habe ich geeignetere Leute, die sich auskennen und denen die Einheimischen sicher bereitwillig Auskunft geben, ohne dass ihre Privatsphäre verletzt wird." Damit gingen die beiden zur Tür hinaus.

Moritz musste sich setzen. Das war unglaublich! Er starrte auf den Blumenstrauss, lief zum Zimmer hinaus, zu Lorenz, der immer etwas Hochprozentiges in einem dieser grau-metallenen Schränke hatte, borgte sich eine Flasche, ging, jetzt ruhiger, in sein Büro zurück, merkte erst jetzt, dass er kein Glas hatte, liess sich in einen Stuhl fallen und setzte die Flasche an seine Lippen. Gleich beim ersten Zug verschluckte er sich dermassen, dass sich die edlen Tropfen in einem heftigen Sprühregen auf den Boden ergossen. Er war es nicht mehr gewohnt. Früher, als er seine Lehre als Bauschreiner in Haldenstein gemacht hatte, da war er trinkfest gewesen, bei den allwöchentlichen Saufgelagen hatten nicht viele länger durchgehalten als er. Aber - wie lange war das her? Gegen vierzig Jahre. Und geübt hatte er seither selten.

Der nächste Schluck war behutsam. Es schmeckte ihm doch noch, und erst nach einigen, immer grösser werdenden Schlucken beruhigte er sich.

Noch einmal vergegenwärtigte er sich, was eigentlich vorgefallen war. Er hatte seine Arbeit recht gemacht. Er hatte sogar den Beginn einer neuen, wie er meinte, vielversprechenden Spur entdeckt. Vielleicht führte sie ins Nichts, aber das wäre nicht das erste Mal, dass dies geschähe.

Und dieser Satz, er sei nicht der richtige Mann, er "sei in die Privatsphäre unbescholtener Bürger eingedrungen". Was hiess das? Hier ging es doch darum, dass einer dieser Bürger vielleicht Dreck am Stecken hatte. Das musste man, wollte man "den Bürgern Gerechtigkeit widerfahren" lassen.

Moritz stutzte. Ein furchtbarer Verdacht kam ihm. Er nahm seine Pfeife samt Tabak heraus, entzündete sie, blies dicke Rauchwolken in die Luft und starrte in Gedanken den Blumenstrauss an. Er wollte sich das Denken verbieten, denn auf einmal stand er am Rand eines unüberblickbaren Sumpfes. Vielleicht hatten ja diese ominösen Telephonate aus dem Engadin bezweckt, den Menschen nicht Gerechtigkeit widerfahren zu lassen.

Er blickte auf den Boden, sah die Sprenkel, die sein Gepruste darauf hinterlassen hatte, dachte dass eine Putzfrau den Schmutz nicht untersuchen würde, nahm die Pfeife aus dem Mund und spie aus Leibeskräften auf die Fliesen. Musste er aufgeben? Hatten sich die Zeiten so geändert, dass für ihn kein Platz mehr war? Er hatte sich sein Leben lang für Recht und Gerechtigkeit eingesetzt, vielleicht wäre es mit Johannes nie zu dieser Episode mit jenem "AJZ" gekommen und sein Sohn hätte den Weg gefunden, wenn er sich mehr Zeit für ihn genommen, mehr mit ihm gesprochen hätte, mehr mit ihm gewandert wäre, statt andauernd, dieser Gerechtigkeit nacheifernd, fortgeblieben wäre. Er legte die Pfeife zur Seite und griff zur Flasche.

Als er sich wieder beruhigt hatte, stand er auf, nahm das Phantombild und ging, den Polizeikommandanten zu suchen. Vielleicht hatte er das Ganze falsch verstanden und überbewertet. Vielleicht nahm er sich zu wichtig, war gekränkt, dass man nicht mit ihm angestossen, ihm nicht auf die Schultern geklopft und keinen goldenen General Guisan überreicht hatte. Dabei musste es den Rechtsweg gehen. Der Mann war in Sizilien ins Flugzeug gestiegen, diese Spur führte ins Internationale und das wusste der Kommandant besser handzuhaben. Er drückte auf den Klingelknopf und wartete, eingelassen zu werden.

Sein Chef hatte offensichtlich jemand anders erwartet, denn sein Blick, der eben noch gespannte Erwartung ausgedrückt hatte, wurde augenblicklich matt, seine Muskeln, eben noch gespannt, sprungbereit, um dem Eintretenden entgegenzukommen, verloren jäh ihre Spannkraft, er sank förmlich in seinem Stuhl zusammen, nahm einen Ordner zur Hand, schlug ihn ostentativ auf, legte ihn dann seufzend zur Seite, nahm die Lesebrille von der Nase und begrüsste Moritz betont freudig überrascht: "Mein Bester, was kann ich für dich tun?"

Moritz war verwirrt. Was hatte das zu bedeuten? Die Worte passten nicht zu seinem Benehmen. Aber er wollte nicht glauben, dass sein Vorgesetzter irgend etwas anderes im Sinn hatte, als seine Pflicht bestmöglichst zu erfüllen. Unsicher streckte er dem Vorgesetzten das Phantombild hin. Er murmelte: "Du hast das vergessen, Gian-Max." Unwirsch? Verlegen? Verärgert? nahm der andere das Bild entgegen und fragte: "Und jetzt?"

Moritz sagte eifrig: "Gian-Max, die Sache ist jetzt international", und wie um seine Zweifel zu übertönen, fügte er hinzu: "Du hast Dir sicher schon überlegt, wie man jetzt weitergehen muss."

Die Stirn des Oberen glättete sich plötzlich, er nahm das Bild zu sich, legte es auf die Tischplatte, stand auf, reichte Moritz die Hand und schob ihn zur Tür hinaus, indem er sagte: "Moritz, du hast grossartige Arbeit geleistet. Dank Dir sind wir ein grosses Stück weitergekommen." War das nun die Anerkennung, die er eigentlich schon vorher erwartet hatte? Aber warum kam sie erst jetzt? Warum hatte er vorher den Eindruck gehabt, unerwünscht zu sein? Und

warum schob er einen solch wertvollen Mitarbeiter, wie der Chef selbst ge-
meint hatte, einfach so zur Türe hinaus? Der Chef gab selbst die Antwort:
"Entschuldige mich, mein Bester. Ich habe zu tun."
Er öffnete die Tür. Als Moritz in den Gang trat, rief ihm der andere nach:
"Das Phantombild werde ich baldmöglichst nach Italien weiterleiten. Gleich
morgen!"
"Der Mohr hat seine Pflicht getan, der Mohr kann gehen," dachte Moritz, als
er in sein Büro zurückging und versuchte, sich über diesen Gang ins Büro des
Kommandanten klar zu werden. Anscheinend ging die "Privatsphäre" einiger
"unbescholtener" Freunde über das Interesse des Rechtstaates.

Catania

Gian-Battista Janott stützte sich mit der rechten Hand auf die Reling, in der linken hielt er noch die leergetrunkene Kaffeetasse und sah abwechslungsweise ins Kielwasser und dem entschwindenden Reggio Calabria nach. Es war ein wunderbarer Morgen. Ab und zu kreischte eine Möwe, die Schiffsmotoren brummten, sonst war es still. Sein Entschluss war richtig gewesen, mit dem Schiff von Reggio nach Catania zu fahren. Dreissig Stunden Zug waren eine lange Fahrt, er konnte sich nun die Beine vertreten und Reisen im Schiff liess die Entfernung spüren.

Reggio wurde immer kleiner und verschwand allmählich. An seine Stelle traten die Bilder aus der Erinnerung. Warum war er damals, vor gut zehn Jahren, nicht in Bologna geblieben? Das Zimmer - zugegeben, eine schäbige Studentenbude, im siebten Stock, ohne Lift, dafür mit Ambiance samt Wirtin, die vor allem Haare auf den Zähnen gehabt hatte - hätten sie ihm nicht gekündigt, die Hitze hätte er auch ertragen können und die glutäugige Rosalba wäre gewiss keine schlechte Partie gewesen.

Er war wieder auf dem Weg nach Catania. Rosalba hatte ihm viel von Catania erzählt, sie hatte ihn auch einmal übers Wochenende mitgenommen. Es war etwa die Jahreszeit wie jetzt gewesen. Er hätte sich nur entschliessen, aus den vertrauten Gefilden ausbrechen, seinen geheimen Träumen einmal nachleben müssen. Aber er hatte gemeint, aus seinem Leben etwas ganz Besonderes, noch viel Besonderes machen zu können - und war nach Hause zurückgekehrt.

Danach die folgenschwere Reise nach Apulien, das Treffen mit Loredana, und sein Leben war stecken geblieben wie ein Ruderboot, das auf einen Sandstrand aufläuft. Weder die kurze Ehe mit Vreni Jäggi, noch sein Einsatz beim Katastrophenhilfekorps hatten sein Boot wieder flottgekriegt, und ob es die bevorstehende Habilitation schaffen würde, bezweifelte er.

Er blickte rasch um sich. Niemand war auf Deck. Er stellte die leere Kaffeetasse auf den Boden und machte ein paar Übungen, um seinen Körper wieder beweglich zu machen. Zum Glück hatte er sein Judo. Das waren die Momente, in denen er aufhörte, zu grübeln und ganz im Moment leben konnte.

Flatsch! Eine Möwe hatte gerade ihr Geschäft erledigt und ihn haarscharf verfehlt. Augenblicklich beendete er sein Übungsprogramm, sah, wie der Kellner drei Liegestühle aufs Deck stellte, zog sein Jackett zurecht, fuhr sich durch's Haar und über den Schnurrbart und legte sich auf einen der Stühle.

Die Möwe hatte ihn zurück in die Gegenwart plumpsen lassen. Er klopfte sich auf die Brusttasche. Der Brief an Tullio Lanfranchi war da. Mit dieser Bewe-

gung kam auch die Erinnerung an Moritz. Sie waren im von grauen Aktenschränken voll gestopften Büro von Moritz gestanden, und der Polizist hatte
andauernd mit einem Brief vor seinen, Gian-Battistas, Augen umhergewedelt.
War es zornig? wütend? verzweifelt? aus ihm herausgebrochen? Wie auch
immer, es war. "Nur diese Botschaft, nur einen solchen Brief, oder Fax, auch
ein Telephonat hätte vermutlich genügt, hätten sie abschicken müssen,
schliesslich geht es um Mord."
So hatte Gian-Battista Moritz noch nie erlebt. Dieser hatte seine Fassung
verloren, die Welt nicht mehr verstanden, vor einer widerlegten Überzeugung
gestanden. Ein verwelkter Blumenstrauss hatte die gedrückte Stimmung unter-
strichen. Aus seiner Verwirrung heraus hatte Gian-Battista Moritz ersucht,
sich zu setzen und ihm zu erklären, was sich genau zugetragen hatte.
"Bitte der Reihe nach. Wer sind "sie"? Worum handelt es sich in diesem Brief?
Und was habe ich damit zu tun?"
Moritz hatte sich beruhigt und ihm geschildert, wie er bei seinen Ermittlungen
in Susch zuerst bei Frau Cadosch, dann bei Frau Zuan auf eine heisse Spur in
Gestalt eines südländisch anmutenden Bekannten von Herrn Cadosch gestossen, mit Frau Zuan nach Chur gefahren sei, dort ein Phantombild machen und
dieses auf dem Flughafen Zürich habe identifizieren lassen.
"Als ich mit diesem Bild nach Chur zurückgekommen bin", hatte Moritz,
wieder erregt, berichtet, "haben mich mein Vorgesetzter und der zuständige
Regierungsrat im Zimmer erwartet und mir nahegelegt, die Nachforschungen
einzustellen."
"Das hast du gemacht?"
"Was blieb mir anderes übrig?" Moritz hatte merklich im Stuhl zusammengesunken gesessen und weitererzählt: "Ich Esel bin noch zum Chef gegangen,
in der Meinung, dieser wolle die Angelegenheit selbst in die Hand nehmen,
nun, da es international geworden ist. Ich habe geglaubt, er habe das Bild nur
vergessen, er hätte in Catania nachgefragt, aber nichts da, er hat nur ausweichend Antwort auf meine Fragen gegeben und gemacht, dass ich möglichst
schnell wieder verschwunden bin."
Was er damit zu tun habe, hatte er Moritz gefragt, die Post sei erfunden, das
Telephon auch, ein Faxgerät hätte die Polizei sicher auch, und Moritz hätte
sicher Zugang zu diesen Geräten.
Worauf Moritz geseufzt und gesagt hatte: "Vielleicht leide ich unter Verfol-
gungswahn, aber ich bilde mir ein, man überwache mich in letzter Zeit. Ich
könnte natürlich ausserhalb des Büros mit Sizilien Kontakt aufnehmen, aber
eine persönliche Begegnung würde die Dringlichkeit des Ersuchens unterstreichen. Ich bin noch in einer Zeit aufgewachsen, als Mord auf jeden Fall zu
ahnden war. Wenn du also Tullio Lanfranchi diesen Brief persönlich über-
bringen, ihm ein wenig von Luzi Clavuot erzählen könntest, würdest du mir
einen riesigen Gefallen tun. Schliesslich hast du in Anatolien einige Male von
Catania erzählt". Mit einem maliziösen Lächeln hatte er noch hinzugefügt:
"Ausserdem würde das Loredana sicher gefallen." Im Nachhinein sah Gian-
Battista klar, dass dies ein Trick gewesen war, aber Moritz hatte ihn gedauert
und er hatte sich damals, in Anatolien, in seiner altruistischen Stimmung

vorgenommen, seinem älteren Freund - Moritz war damals wie ein älterer Bruder für ihn gewesen - die Hilfe zurückzuzahlen, und in diesem Moment hatten ihn all seine Erinnerungen eingeholt, Apulien, Catania, Rosalba, Luzi, Loredana; alle standen sie stumm bittend vor ihm und sahen ihn an, als dann auch noch die Mutter erschienen war und ihn herausfordernd betrachtet hatte, war sein Entschluss - vielleicht auch nur aus Trotz - gefallen.

Jetzt war er also auf See, Richtung Catania. Es würde nur eine kleine Aufgabe sein, sagte er sich und schlief ein, als er erwachte, tauchte Catania am Horizont auf. Er erhob sich, streckte sich und liess sich den frischen Seewind ins Gesicht wehen. Zumindest wettermässig hatte sich die Fahrt gelohnt. Die letzten Tage in Basel waren schon herbstlich kühl, im Garten vor dem Haus kündeten die Astern und die fallenden Blätter den Herbst augenfällig, wie wenn die kürzer werdenden Tage nicht schon ausreichend deutliche Boten gewesen wären. Er genoss die südlich-lauen Lüfte. Das Horn des Schiffes meldete die Ankunft in Catania.

Er packte seine Sachen und ging an Land. Er wollte ins Hotel "Bella Luna". Das hatte ihm Rosalba empfohlen, wenn er jemals allein hierher kommen sollte, damals, als er mit ihr durch Catania geschlendert war und sie daran vorbeigekommen waren, aber er konnte sich beim besten Willen nicht mehr daran erinnern, wo das Hotel sein sollte. Als er jemanden ansprach, gab der ihm bereitwillig Auskunft. Das Hotel lag an einer Strasse, die zum Meer führte, ein weisses, einladendes, grosszügiges Haus in der Reihe mit anderen weissen, einladenden, grosszügigen Häusern.

Es sei ein bescheidenes, nettes kleines Hotel, hatte Rosalba gesagt, was sicher damals gestimmt hatte, vor zwanzig Jahren; jetzt hatte es offenbar den Besitzer gewechselt. Er zögerte einzutreten. Konnte er sich das leisten? Bahn-Schiffahrt und dieses Hotel? War das die Freundschaft mit Moritz wert? Nur für einen Botengang? Vielleicht lebten ja Rosalbas Eltern noch und so, wie er sich erinnerte, würden sie ihn mit offenen Armen empfangen. Ach nein. Er wollte schnell den Brief abgeben, vielleicht noch der Südküste entlang nach Marsala fahren, dort seinen Freund Giuseppe besuchen und zurück. Er betrat das Hotel. Diese eine Nacht würde ihn nicht zu armen Tagen führen.

Die Räume waren, wie er schon von aussen vermutet hatte, hoch und hell. Die Fassade hatte sich nicht verändert, im Innern war man rücksichtslos mit der Zeit gegangen. Ein Fernsehgerät, ein kleiner Kühlschrank in dezentem Nussbaumplastiküberzug und ein kunstlederbezogener, zitronengelber Lehnstuhl zeugten von dieser Aufgeschlossenheit. Das Telephon konnte er brauchen. Es stand auf einem ebenfalls nussbaumfurnierten Tischchen, neben dem hohen Fenster. Dieses war geöffnet und liess die angenehm herbstlich abgekühlte Luft Catanias herein. Er wählte die Nummer des Kommissars der örtlichen Carabinieri, die ihm Moritz mitgegeben hatte.

Der Kommissar sagte, er hätte schon mit Moritz telephoniert.

Ein Schwall salziger, nach Meer duftender Luft wehte herein und damit die Idee, Moritz hätte einen Vorwand gesucht, ihn in südliche Gefilde zu schicken. Mit halbem Ohr bekam er mit, wie der Carabiniere gutgelaunt fragte, warum sie sich nicht, punkt ein Uhr, zum Mittagessen im Restaurant "Garibaldi" an der Uferpromenade träfen. Gian-Battista legte sich noch etwas aufs Ohr, dann erschien er, wie abgemacht, punkt ein Uhr im "Garibaldi". Bevor er das Restaurant betrat, blickte er nochmals gewissenhaft auf seine Uhr. Ein Uhr, wie abgemacht. Im nächsten Moment machte er sich klar, dass er hier nicht in der Schweiz, sondern in Sizilien war. Vor vier Uhr war kaum mit dem commisario zu rechnen. Er ging darum zum nächsten Kiosk und kaufte sich einige Zeitungen. So bestückt, betrat er das Lokal und wusste, dass er genügend Zeit hatte, sie durchzulesen. Gian-Battista kaufte sich schon lange keine Kriminalromane mehr. Wenn er Lust hatte, etwas über dunkle Machenschaften zu lesen, kaufte er sich eine italienische Zeitung.

Il commisario - ein veritabler Sizilianer, wenigstens in seinen Augen, wie sich Gian-Battista eingestand, verfrühte sich. Sein Teint war dunkel, ein helles kaffeebraun, sein Schnurrbart schwarz und voll, von Statur war er nicht sehr gross, aber kräftig und bevor er sich setzte, bemerkte Gian-Battista den Ansatz eines Bäuchleins. Der Commisario strich die Seiten seines Jacketts zurück, bestellte sogleich einen Campari und führte sich als "Tullio Lanfranchi, Tullio genügt" ein. Schon um halb vier kam er, gut gelaunt, wie schon seine Stimme am Telephon verraten hatte. Gian-Battista tat es ihm gleich, nahm sein Glas in die Hand, sie begannen gleich ein Gespräch. Nachdem sie sich über Moritz, seine - Gian-Battistas - Mutter, seine Fahrt, Sizilien im Allgemeinen und seine Beziehung zu demselben im Speziellen unterhalten hatten, kamen sie zum Zweck des Besuches. Gian-Battista griff sofort an seine Brusttasche und wollte den Brief herausziehen, aber der Sizilianer blickte rasch um sich, gebot dem anderen, einzuhalten, winkte dem Cameriere, zahlte, selbstverständlich sei sein Besucher sein Gast. Er meinte, sie gingen besser ins Büro. Warum nicht; sie erhoben sich.

In diesen Strassen fühlte er sich wohl. Zum einen wegen der Erinnerung. Er sah sich wieder, wie er, den Arm um Rosalbas Schulter gelegt, mit ihr durch diese engen Gassen flanierte, hie und da in ein Schaufenster sah, einem abgestellten Auto auswich und sie dann in eine kleine Bar gingen und Aug in Aug ein gelato assen. Diese Lebensadern erlaubten in der Tat Leben. Die Häuser waren aus Natursteinen gefertigt, meist dreistöckig, die Fassaden, von hohen Fenstern durchbrochen, geradezu verspielt, mit Fensterbänken und Balkonen, flatternden Tüchern, Windeln, dazwischen auch Grünes und er stellte sich vor, wie dies alles von Leben, von Stimmengewirr und hupenden Autos erfüllt sein würde, wenn die Mittagszeit vorbei war. So würde seine Phantasie normalerweise spielen. Aber musste er heute wachsam sein? Bargen die Häuserecken Gefahren? Ach was! Er verscheuchte die Vorsicht, das Misstrauen, die Vorurteile aus seinen Gedanken. Man kannte ihn nicht, er hatte sich noch nicht geäussert, er war noch nicht aufgefallen, und vielleicht hatte Rosalba übertrieben, als sie von ihrem pistolen-polierenden Nachbarn erzählt hatte, ausserdem war das in Riesi gewesen, dieser Ort schien berüchtigt zu sein, er sah den Schalterbeamten wieder vor sich, den er auf seiner Sizilienrundfahrt, damals, nach dem Besuch bei Rosalba, nach diesem Ort gefragt und der geantwortet hatte: "Ich weiss nicht, wo Riesi liegt und auch wenn ich es wüsste, würde ich es niemandem sagen."

War er älter geworden? Ganz so leicht würde er diese Bemerkung heute nicht mehr nehmen, man las bisweilen abscheuliche Dinge. Er war ein wenig zusammengesunken, sprungbereit, um einem hervorbrechenden Wüstling die Stirn bieten zu können. Unsinn, neben ihm ging Tullio, er straffte den Rücken und die Häuser gewannen schlagartig ihr malerisches Aussehen zurück.

Die Polizeiwache war zehn Minuten entfernt; unter anderen Umständen wäre Gian-Battista gerne länger an Tullios Seite durch Catanias Strassen flaniert, aber im Moment wartete er nur darauf, den Brief abgeben und wieder heimkehren zu können. Wenn alles so rund lief, würde er schon bald an der Reling des heimkehrenden Schiffes stehen.

Beim Eingang der Polizeiwache sass eine etwas pummelige Beamtin - in der dekorativen Uniform der Carabinieri - in einem mit allerlei elektronischen Geräten ausgestatteten, mit Panzerglas gesicherten Empfangs- und Kontrollkabäuschen. Sie nahm sofort Haltung an, als Tullio und Gian-Battista das Gebäude betraten. Tullio ging geradewegs in sein Büro und nahm hinter dem schlichten Schreibtisch Platz. Es war ein geräumiges Büro mit grossen Fenstern, die, wenn sie geöffnet waren, wohl auch die sommerliche Hitze ertragen liessen. In einer Ecke sass ein Untergebener Tullios, den Rangabzeichen nach zu schliessen.

"Und jetzt erzählst du mir bitte, warum du eigentlich hier bist," begann er, diesmal ohne Umschweife.

Gian-Battista griff an seine Brusttasche, entfaltete den Brief, schalt sich, dass er ihn nicht vor dem Zuliegegehen im Zug an einen knittersicheren Ort gesteckt hatte, und gab ihn Tullio.

Tullio nahm den Brief, legte ihn vor sich auf den Tisch und begann, sich mit einem Brieföffner die Fingernägel zu säubern, während er den Brief las.

Er fragte, ohne aufzublicken: "Wer ist ermordet worden?"

Gian-Battista, dem seine Fahrt immer unnötiger vorgekommen war, sagte darum dankbar: "Mein Freund."

Tullio schien den Brief jetzt mit gesteigertem Interesse zu lesen. Er beendete seine Lektüre und fragte: "Warum hat dein Kollege dich hierher geschickt?" Er war nicht Moritz' Kollege, er war sein Briefträger. Sollte er sich geschmeichelt fühlen? Item: Wie sollte er antworten? Er konnte nicht gut sagen, dass Moritz seinen sizilianischen Kollegen unterstellte, Post nur flüchtig zur Kenntnis zu nehmen. Und wenn er den Gesichtsausdruck des Carabiniere richtig gedeutet, hatte sich diese Einschätzung ja bewahrheitet. Er sagte darum: "Moritz hatte Schwierigkeiten mit seinen Vorgesetzten."

Das war eigentlich keine Antwort, aber Tullio schien zu verstehen, er legte den Brieföffner beiseite und murmelte: "Wie sich die Herren über die Landesgrenzen hinaus gleichen." Er fuhr laut fort: "Wenn ich die Sache richtig erfasst habe, ist dein Freund am letzten Donnerstag getötet worden", er sah das angeheftete Bild an, "von diesem Mann, wie Moritz Cavegn vermutet." Tullio erhob sich, nahm den Brief und gab ihn dem Beamten, der auf einer Schreibmaschine geklappert hatte. Dieser nahm das Papier und steckte es in einen Aktenschrank. Später, am Abend würde Gian-Battista wissen, dass ihm zu Recht ein erkennendes Aufblitzen in den Augen des Beamten aufgefallen war.

Tullio trat auf ihn zu, streckte ihm die Hand hin und sagte: "Tut mir leid. Ich werde machen, was ich tun kann." Er legte den Brieföffner in die Schublade, streckte sich, gähnte und sagte: "Jetzt brauche ich einen Kaffee." Beide standen auf. Tullio klopfte dem andern leicht auf die Schultern. "Irgendwie werden wir diesen Menschen schon finden."

Im Hotel gönnte sich Gian-Battista zuerst die Siesta, die ihm durch die Unterhaltung mit Tullio Lanfranchi entgangen war. Er hatte auf der Fahrt doch nicht so himmlisch geschlafen, wie das in den Annoncen versprochen worden war. Die Geschäfte würden frühestens um fünf öffnen, eine Weile offen bleiben; er wollte sich einen Stadtplan besorgen. Er legte sich aufs Bett und schloss die Augen. In der Erinnerung stieg er mit Rosalba den Ätna empor, aber dieses Bild wich bald dem Loredanas, zuerst die Witwe Loredana an der Beerdigung, dann das schimpfende Mädchen Loredana, das im strömendem Regen dem Fiat Panda Fusstritte versetzte. Er schlief ein.

Kaum erwacht, trat er vors Hotel und ging zum Lungomare, um den Sonnenuntergang in sich aufzunehmen und sich das Gesicht streicheln zu lassen von der kühlen Brise, die vom Meer her kam. Er hing seinen Gedanken nach, während er die Steine am Strand betrachtete, die im Licht der untergehenden Sonne aufleuchteten, bevor sie das zurückströmende dunkle Wasser wieder bedeckte.

Plötzlich spürte er einen harten Gegenstand in der Hüfte. Er drehte sich unwillig um und blickte in ein breit grinsendes Gesicht. Das Gesicht gehörte einem Mann, der sicher Sizilianer war, jedenfalls sah er so aus, wie sich Gian-Battista einen Sizilianer vorstellte. Er war klein, kräftig, hatte schwarze Haare, die er, die wenigen, die ihm noch verblieben waren, nach hinten gekämmt und pomadisiert hatte. Der Mann glich auffallend dem, den er auf dem Phantombild gesehen hatte. Der Gegenstand, der Gian-Battista in die Hüfte gestossen worden war, war eine Pistole. Gian-Battista hob automatisch die Hände und drehte sich seinem Widersacher zu. Dessen schwarze, kugelrunde Augen funkelten vor Häme. Fort, fliehen, flüchten fuhr ihm durch den Kopf und er wollte einen Schritt machen, aber sofort verstärkte der Grinsende den Druck mit der Pistole. War das das Ende? Jäh jagten sich Bilder. Loredana, Rosalba, Loredana, Moritz, Loredana, Luzi, Loredana, Anatolien, Vreni, die Mutter, Braida, und wieder Loredana. Dann die Wut. Warum hatte ihn Moritz hierher geschickt? Reichte ein Toter denn nicht? Vielleicht hatten Moritz' Vorgesetzte ihn genau vor einer solchen Gefahr verschonen wollen, dass sie ihm den Fall entzogen hatten. Kaum hatten sie das Phantombild und seinen wahrscheinlichen Ursprung erkannt, hatten sie sofort gemerkt, dass mit solchen Dingen nicht zu spassen war. Das hatten sie Moritz nicht erklären brauchen. Dieser sture Bock!

In der Stille hörte man das Wasser über die Steine plätschern. Der Mann mit der Pistole sprach kein Wort. Nur ein vorbeifahredes Auto war zu hören. Dieses Auto muss mich doch sehen," schrie es in Gian-Battistas Innern auf. Sofort die Frage: "Will er mich abknallen? Kommt nur noch mein Sarg zurück?" Er sah sich im Krematorium bei der Leiche seines Vaters. Würde er so zurückkehren? Stille. Er musste etwas sagen. Ohne die Pistole explizit an-

zusprechen, und um das handelte es sich, das wusste er, fragte er, einfach, um diese drückende Stille zu durchbrechen: "Eine Smith&Wesson?"
"Das wird der Leichenbeschauer feststellen," sagte der Andere. Er nahm die Waffe von Gian-Battistas Hüfte weg und betrachtete sie beinahe zärtlich. Dann fragte er mit gespielter Neugierde: "Nimmt es dich nicht wunder, wer ich bin?"
Gian-Battista fürchtete, etwas falsch gemacht zu haben. Er beeilte sich zu sagen: "Natürlich. Die Frage ist mir einfach so herausgerutscht. Bitte sagen Sie mir, wer Sie sind." Der andere steckte die Pistole in seinen Hosenbund und sagte sachlich, mit kalten Augen, ohne irgendeinen Gefühlsausdruck in der Stimme: "Ich heisse Lento. Ich habe deinen Freund - der Mann auf der Jagd war doch dein Freund? - getroffen."
Gian-Battista erschrak. Der Mörder stellte das ganz sachlich fest und so erlaubte sich der Bedrohte, die Hände wieder herunterzunehmen. Er fragte unsicher: "Sie haben ihn erschossen?"
Der andere sagte mit einem ausdruckslosen Lächeln: "Wenn es dich beruhigt, ja."
Gian-Battista versuchte, die aufsteigende Panik hinunterzukämpfen. Er war noch nie einem Mörder gegenüber gestanden.
Wieder Stille. Nur das nicht. Also fragte Gian-Battista: "Aber warum?"
Lento antwortete ungerührt: "Ich weiss nicht. Das interessiert mich nicht. Ich habe den Auftrag erhalten. Ich frage nie nach Gründen."
Er nahm die Pistole wieder in die Hand und trieb Gian-Battista vor sich her. Es war die Strasse, in der auch sein Hotel lag, und Gian-Battista war sicher, dass sie zum Hotel gingen und dieses nur eine Basisstation für Lento und seine Vordermänner war.
Aber das Haus lag auf der gegenüberliegenden Strassenseite. Lento dirigierte Gian-Battista wortlos zu einem Hauseingang. Wohl unnötig, dachte Gian-Battista, als er die Hausnummer las. Sie betraten einen kahlen Flur mit Steinfliesen. Er sah, wie Lento den Revolver beim Lauf packte und zum Schlag ausholte.
Kälte war das erste, das er spürte, als er wieder etwas spürte. Er lag auf dem Fussboden und stöhnte leise. Seine Hände lagen auf einer kalten, harten Fläche. Langsam kehrten seine Gedanken wieder zurück, er hörte, wie Wasser aus einem Hahn in etwas Blechernes floss. Ein Mann kam - wohl Lento - und er hörte, wie sich dieser hinsetzte und etwas trank. Dieses Getränk war anscheinend heiss, denn Lento schlürfte nur vorsichtig.
Offenbar wollte ihn Lento noch einmal sehen, sonst hätte dieser ihn gleich erschossen. Vermutlich wollte er ihn sehen, wie er auf die Knie fiel und um sein Leben bettelte. Aber Angst spürte Gian-Battista nicht mehr. Er wollte sehen, ob er nicht nur klug reden, sondern auch kämpfen konnte. Die Zeit, die Lento noch trank, blieb ihm, um wieder voll dazusein.
Lentos Schlürfen wurde jetzt inständiger. Er war an den Boden des Trinkgefässes angelangt. Lento erhob sich und verliess den Raum. Sollte er, Gian-Battista, nun aufstehen und davonlaufen? Er entschied dagegen, weil ihn Lento, wenn dieses etwas, mit dem er ihn zu Boden geschlagen hatte, seine

Waffe war, unschwer abgeknallt hätte. Er hörte, wie Lento zurückkam. Er hörte auch, dass Wasser auf den Boden klatschte.

Wieder stieg in Gian-Battista Panik auf und er versuchte, sie niederzukämpfen. Er spürte nichts, nur Wasser, das sein Gesicht überflutete und seine Kleider tränkte. Er blinzelte und schlug die Augen auf. Er sah den schmalen Korridor, nur schwach beleuchtet von einem Fenster, dessen Licht durch eine halboffene Türe hereinkam. Er rieb sich den Kopf und fragte, wie wenn er eben erst einen Teil seines Bewusstseins wieder erlangt hätte: "Wo bin ich?"

"Bei mir, Blödmann." Lento stand vor ihm, Häme in den Augen, in der einen Hand einen Wassereimer, den er über Gian-Battistas Kopf entleert hatte, in der anderen eine Pistole.

Mental war Gian-Battista voll präsent, aber er sagte mit unsicherer, verwirrter Stimme: "Könnten Sie mir aufhelfen?"

Diese Bitte schien Lento zu belustigen. Ein böses Grinsen spielte um seinen Mund. Er sagte: "Wenn du lieber stehend sterben willst...", schob die Pistole in den Hosenbund und streckte dem am Boden liegenden gönnerhaft beide Arme hin.

Weiter kam er nicht. Blitzschnell stemmte Gian-Battista seinen Fuss in Lentos Bauch und riss dessen Arme gegen den Boden. Lento beschrieb ein Salto über Gian-Battistas Kopf hinweg, öffnete die Hand, wie wenn er irgendwo Halt finden könnte, die flüchtig in die Hose gesteckte Waffe glitt heraus und schlug krachend auf die Fliesen auf. Gian-Battista sprang auf und machte einen Schritt zur Pistole hin. Lento hatte das Bewusstsein nicht verloren, vielmehr fluchte er, drehte sich auf den Bauch und riss Gian-Battista von den Beinen. Dieser stürzte, konnte sich mit den Händen aufstützen, aber Lento zog so stark, die Steinfliesen waren glatt, dass Gian-Battista nun flach auf den Steinen lag. Lento rappelte sich wieselflink auf, stürzte sich auf Gian-Battista und umklammerte dessen Kehle mit kräftigen Händen. Unwillkürlich versuchte Gian-Battista, die Hände von seinem Hals zu ziehen, aber Lento lachte nur verbissen und drückte noch stärker zu. Lento war stark und hatte riesige Hände. Wieder begann, ganz tief im Bauch Panik aufzusteigen. Gian-Battistas Hirn arbeitete fieberhaft. Die Gedankengänge verlangsamten sich schon, als die rettende Idee kam. Er griff Lento zwischen die Beine, dieser schrie auf und begann, wieder zu fluchen, lockerte aber seinen Griff. Das genügte. Gian-Battista packte mit seiner linken Hand Lentos rechten Arm über seinem Rücken und drehte diesen neben sich auf den Rücken. Lentos Augen funkelten in ohnmächtigem Zorn. Nach einem kurzen Unterbruch fluchte er wieder. Gian-Battista packte ihn an den Haaren und stiess den Kopf dreimal hintereinander auf den Boden. Lento hörte auf zu fluchen.

Aber Lento war nicht nur schnell, er war auch zäh. Kaum war Gian-Battista aufgestanden und hatte die Pistole behändigt, als Lento auf ihn zustürzte. Seine Augen glommen vor Hass. Gian-Battista warf die Pistole hinter sich an die Wand. Sie schepperte über den Boden und blieb bei der Wand liegen. In Lentos Augen leuchtete eine bösartige Siegesgewissheit auf. Gian-Battista machte einen Schritt nach vorn, packte Lento am rechten Arm, drehte sich und liess den Mafioso über die Schulter auf den Boden krachen. Lento fluchte nicht mehr. Er sah friedlich aus, und Gian-Battista konnte ihn sich gut in einer Pizzeria vorstellen, wie dieser, die weisse Schürze um einen runden Bauch gebunden, den Teig in die gewünschte Form zog und für die Touristen ein sizilianisches Volkslied pfiff.

Gian-Battista atmete tief durch. Der Kampf hatte ihm keine Zeit für Gedanken gelassen. Was sollte er in dieser Situation tun? Jetzt hätte er sich eine Zigarette gewünscht, die er sich wie Humphrey Bogart in den Mundwinkel hätte stecken können. Sicher wäre ihm dann eingefallen, was er in dieser Situation hätte machen können.

Moritz würde es gefallen, wenn er ihm etwas von Lento mitbrachte. Er wüsste sicher, etwas damit anzufangen. Er benutzte also dessen friedlichen Zustand, um in dessen Taschen nach etwas zu suchen, von dem er nicht wusste, was es sein konnte. Er fand ein Stellmesser, ein Stück Draht, das man zum Rosen aufbinden oder Menschen erdrosseln brauchen konnte, und ein Taschentuch. Das half nirgendwo hin. Gian-Battista sah auf den friedlich schlafenden Gangster. Das würde nicht ewig dauern und er wollte sehen, ob er nicht doch noch etwas fand, was er Moritz mitbringen konnte. Er nahm das Stück Draht und fesselte Lentos Arme.

Nun konnte er in Ruhe das Zimmer durchsuchen. In einer Ecke stand ein Tisch mit einem Telephon. Er trat zum Tisch und durchsuchte die Schubladen. In den Schubladen war nichts zu finden, was ihn irgendwie hätte weiterweisen können. Dann sah er einen Kleiderständer, an dem eine abgetragene Lederjacke hing. Schnell trat er dazu, nahm die Jacke vom Haken und durchsuchte sie. In einer Seitentasche fand er ein Taschentuch, einen Kugelschreiber und einige abgegriffene Lirescheine. Er suchte weiter. In einer kleinen Brusttasche fand er etwas, was weiterweisen könnte. Eine abgegriffene, speckige Visitenkarte. Er würde sie Moritz bringen.

Er steckte alles ein und wandte sich dem erwachenden Schläfer zu. Dieser stöhnte, erwachte plötzlich, als er an den Fesseln zog und begann zu fluchen. Die Türe wurde aufgestossen und ein Mann trat ein. Er sah zum auf dem Boden liegenden Lento und ein Wortschwall aus sizilianischem Dialekt ergoss sich über den Wehrlosen. Gian-Battista sprach den Eindringling an. Dieser drehte sich zum Schweizer, schaltete auf Italienisch um und erklärte wortreich, warum er gerade jetzt und ohne anzuklopfen gekommen sei. Er stellte sich als Freund von Lento vor. Gian-Battista, eben noch von der herzlichen Art des Mannes eingenommen, wurde vorsichtig. Er musste sich um Lento kümmern, auf das Stück Draht wollte er sich nicht blindlings verlassen.

Dieser wand sich und versuchte, den Draht loszuwerden. Es war ein sinnloses Unterfangen, befand Gian-Battista zwar, wollte aber doch seine bis anhin unbekannte Position als Pistolenbesitzer ausnützen, wedelte mit der Pistole und befahl Lento: "Schweigen Sie, Lento. Ihre Meinung interessiert niemanden." Er überwachte aus den Augenwinkeln den Freund. Dieser schien völlig erstaunt beim Anblick der Pistole und machte immer wieder Anstalten, etwas zu sagen. Es hätte Gian-Battista furchtbar gereizt, einmal abzudrücken. Der Nachbar begann gerade ein Gespräch mit Lento. Gian-Battista wurde es ungemütlich. Am liebsten wäre er in sein Hotelzimmer verschwunden. Es musste ihm etwas einfallen. Zu Beginn des Gesprächs mit Lento hatte der Tonfall des Nachbarn vorwurfsvoll geklungen, aber je mehr die beiden miteinander sprachen, um so mehr schienen sie sich einig zu sein. Einmal sogar hatte Lento gelacht.

Gian-Battista musste Tullio verständigen. Er wies auf Lento und sagte zum Nachbarn: "Der hat meinen Freund umgebracht."

Es schien nicht gespielt, als dieser sich abrupt von Lento abwandte und zu Gian-Battista sagte: "Er hat mir etwas ganz Anderes erzählt. Ich weiss nicht, wem ich glauben soll."

Der Schweizer nahm diesen Satz befriedigt entgegen. Trotzdem war er sich nicht sicher, ob er dem Nachbarn wirklich vertrauen konnte, oder ob dieser nicht vielleicht doch nur gespielt hatte. Er bedankte sich beim Nachbarn, ohne zu wissen, wofür und schob ihn mit zwingender Freundlichkeit zum Zimmer hinaus. Er hatte Lento nie aus den Augen verloren, aber der Draht hatte sich renitent gegen Lentos Befreiungsversuche gezeigt. Er trat zum Gangster, drückte ihm den Pistolenlauf in die Hüfte und zwang ihn, mit ihm ins Hotel zu kommen. Dort musste er zuerst die Angestellten besänftigen, dann rief er Tullio an.

Er wich nicht mehr von Tullios Seite, als dieser kam. Einen zweiten Lento würde er wohl kaum überleben. Ökologische Bedenken hin oder her, liess er sich zum Flugplatz fahren und nahm die erstbeste Maschine. Sie flog nach Rom. Mit einem flüssig verkehrenden Taxifahrer reichte es sogar auf den Nachtzug nach Zürich. Von dort rief er Moritz an und gab ihm die Nummer durch, die auf der speckigen Visitenkarte stand.

Chur

Ob er sich Vorwürfe machen müsse, fragte sich Moritz, als der den Blumen-strauss in die Mitte des Tisches rückte, dann zu den Aktenschränken ging und überall die Schubladen hineinschob - eine an sich unnötige Massnahme, denn darauf achtete er peinlich genau, wenn er ein Aktenstück entnahm. Gian-Battista hatte nicht sehr erfreut getönt, als er ihn zuhause angerufen hatte, und darum sollte er nicht noch in seinen Vorwürfen optisch unterstützt werden. Moritz setzte sich, stopfte sich seine Pfeife und schaute auf seine Uhr. Sein Besucher musste bald hier sein. Was er am Telephon erzählt hatte, war eine Ungeheuerlichkeit gewesen. Man konnte in Sizilien nicht vorsichtig genug sein! Er wollte seinem sizilianischen Kollegen nicht zu nahe treten, aber dass der Inhalt dieses Briefes so leicht durchsickern konnte. Nun, es war gutgegan-gen, nur dass, wenn er...

Es klopfte und Moritz ging sofort öffnen. Gian-Battista kam herein, übernäch-tigt. Moritz fragte sich, ob er früher auch so robust gewesen war. Beruhigt stelle er fest, dass von Übellaunigkeit beim ersten Anblick nichts zu sehen war. Er konnte nicht anders, er war so glücklich, Gian-Battista wieder unversehrt zu sehen, dass er seine Hände väterlich auf die Schultern des jungen - er getraute sich die Bezeichnung Freundes - legte. Gian-Battista schien ihm das zu erlauben, erst nach einer Weile entzog er sich und liess sich in einen Stuhl fallen.

Moritz war besorgt und meinte in fragendem Ton: "Du scheinst müde zu sein."

Das schien Gian-Battista doch ein wenig zu viel Väterlichkeit zu sein, etwas scharf antwortete er: "Nicht weiter verwunderlich. Immerhin habe ich einen harten Judokampf, einen Flug Catania-Rom und eine Bahnreise Rom-Zürich-Chur hinter mir."

Moritz verwünschte sich. Er erlag immer wieder der Versuchung, in Gian-Battista einen Sohn zu sehen.

Er schluckte und forderte den anderen auf, noch einmal ausführlicher über sein Erlebnis in Catania zu berichten.

Dieser berichtete von Tullio, von Lento und von jenem anderen Beamten, der dort im Zimmer gesessen hatte, und von dem er annahm, dass er Lento be-nachrichtigt habe.

Es war still im Büro. Moritz paffte hin und wieder eine Qualmwolke in die Luft. Ihn beschäftigte vor allem eins, er fragte darum: "Bist du mir jetzt böse?"

Der andere lächelte ein wenig und antwortete: "Als ich da dem Meer zusah und plötzlich die Pistole an meiner Hüfte spürte, ja. Aber dann war ich so mit

Überleben beschäftigt, dass ich keine Zeit mehr hatte. Und jetzt", er rückte den Blumenstrauss etwas zur Seite, zwinkerte einige Male mit den Augen und sah Moritz voll in die Augen, "will ich wissen, wie's weitergeht."

Es war nicht zu fassen. Der Junge war beinahe umgebracht worden, und jetzt nimmt es ihn wunder, wie's weitergeht. Er wollte doch nicht etwa... Moritz war erleichtert, zutiefst erleichtert, seine Stimme war ruhig und sachlich. Nun konnte er seinem Helfer? Freund? Partner? zeigen, dass er nicht untätig gewesen war in der Zeit seit dessen Anruf. Er legte die Pfeife auf den Tisch, nahm den bereitgelegten Notizblock zu Hand und berichtete: "Du hast mir am Telephon eine Nummer aus Catania genannt, die du Lento abgenommen hast. Ich habe nachgeforscht und etwas herausgefunden. Zwar benutzen diese Gangster heute meist ein handy. Aber man kann wenigstens herausfinden, wer mit wem wann telephoniert hat,

Gian-Battista warf ein: "Schliesslich will die Post etwas daran verdienen."

Moritz dachte, dass dieser Einwand seinem Sohn Johannes gefallen hätte, der immer darauf aus war, ein Haar in der Suppe zu finden, er hätte seinem - wie sollte er ihm jetzt sagen - Bekannten gern gesagt, dass alle irgendwie ihren Lebensunterhalt verdienen müssten, aber heute zogen sie ja alles in Zweifel, und wenn er an seine Behandlung durch den Chef dachte, hatten sie vielleicht nicht Unrecht, und am Ende konnte ihm dieser Draufgänger helfen, im Fall Clavuot weiterzukommen. Moritz liess sich also nichts anmerken und fuhr fort: "Diese Nummer gehört einem Geschäftsmann in Mailand. Ich habe nun versucht, etwas über diesen Mann in Mailand herauszufinden. Das tat ich auch: Dieser Mann heisst Alfredo Compagnoni und hat ein Treuhandbüro. Lento hat mit ihm einen Tag vor dem Mord an Luzi telephoniert."

Moritz machte eine Pause, um seiner Neuigkeit das richtige Gewicht zu geben und fuhr dann fort: "Den Anschluss von Alfredo haben die aus Mailand auch aufgezeichnet. Interessanterweise hat dieser Alfredo drei Tage vorher mit Serard Cadosch telephoniert, mit dem er übrigens regen telephonischen Kontakt unterhält."

Gian-Battista atmete hörbar aus, griff in sein Jackett, nahm einen Stift und Papier hervor und kritzelte etwas darauf. Ihn musste diese Nachricht wie ein Hammerschlag getroffen haben. Das warf doch irgendwie ein schräges Licht auf die Intervention der beiden Herren. Aber zuviel wollte er nicht darüber nachdenken, er wollte wissen, warum dieser Lento einen Mann in den Bündner Bergen erschiessen sollte.

Wieder sassen sie schweigend da. Wieder stiess Moritz ein paar Qualmwolken in die Luft, während Gian-Battista seine Augen periodisch zukniff und sich, den Arm auf die Stuhllehne gestützt, mit der Hand über den Schnurrbart strich, bis er unvermittelt fragte: "Hat Signor Alfredo noch weitere illustre Telephonbekanntschaften?"

Moritz schreckte ein wenig aus seinen Gedanken hoch und beeilte sich zu antworten, indem er wieder seinen Notizblock konsultierte: "Verschiedene Kunden, verstreut über ganz Italien. Sie sind in Verbindung mit Mafiafällen aufgefallen, wie mir mein Kollege aus Mailand mitgeteilt hat. Die Nummern verschiedener Callgirls, einen C. Janott aus der Schweiz..." Gian-Battista hatte anscheinend aufmerksam zugehört, er unterbrach: "Der Bau-Tycoon?" Diese Zwischenfrage störte Moritz. Er schnappte: "Es gibt mehrere C. Janotts in der Schweiz. Schliess nicht vorschnell auf unbescholtene Bürger. Schliesslich ist der im Nationalrat, und dorthinein wird man nicht einfach so gewählt." Er wandte sich wieder seinen Notizen zu und fuhr fort: "...und zweimal hat er mit einem Don Giuseppe aus Riesi telephoniert. Dieser soll der Pate des..." Der Einwurf seines Kameraden hatte ihn aus der Bahn geworfen, und er hielt inne. Warum hatte er das diesem Jungen nur erzählt? Das war doch Polizeisache und ging sein Gegenüber gar nichts an. Moritz begann, sich vor sich selbst zu rechtfertigen.

Zum einen hatte er den Jungen in eine unvorhergesehene Situation gebracht. Zum zweiten war ja der Junge gar nicht mehr so jung, er hätte sich vorsehen können. Zum dritten hatte ihm Gian-Battista auch viel anvertraut, und er hatte dieses Wissen nie missbraucht und auch so würde dieser jetzt sicher nicht sein Wissen so mir nichts dir nichts weitergeben, viertens erinnerte ihn dieser Mann an seinen Sohn Johannes und schliesslich und endlich waren diese seine seltsamen Obermänner ganz selbst schuld, wenn er es mit dieser ihrer Ordnung nicht mehr so genau nahm. Überhaupt...Eigentlich war er denen nichts schuldig. Die würden staunen, wenn er diesen Fall trotz ihrer Obstruktion lösen würde.

Plötzlich verstand er seinen Sohn Johannes, der überall verfilztes Establishment gewittert hatte. Das war's! Filz! Die beiden hohen Herren waren gekommen, um ihren Sauf-, Jagd-, Partei-, oder sonstwelchen Kumpanen von Unannehmlichkeiten zu schützen. Zum Glück hatte er das begriffen. Früher war das sicher nicht so gewesen, aber heute... Er tat seinem Sohn innerlich Abbitte. Er blickte zu Gian-Battista. Dieser starrte ihn immer noch erstaunt an.

Plötzlich sah Moritz die Möglichkeit, wie er Licht in diese dunkle Geschichte bringen konnte. Konnte er nicht Gian-Battista...? Vorsicht! Heiligte der Zweck die Mittel? Durfte er das für seine Zwecke einsetzen, was ihm sein Kompagnon in Anatolien anvertraut hatte, und wovon er bei der Beerdigung Zeuge geworden war? Vielleicht war dieser gar nicht so traurig, dass Herr Clavuot nicht mehr war. Dann war es nicht so schlimm, diese Gefühle für seinen Nutzen zu gebrauchen. "Denkst du immer noch an Loredana?"

Der andere riss die Augen auf und fragte gereizt: "Wie kommst du darauf?" Moritz gab seiner Stimme etwas betont Beiläufiges, zog, um diese Wirkung zu unterstreichen, noch einmal an seiner Pfeife, und sagte: "Ach, ich dachte, diese Reise hätte Erinnerungen geweckt."

Etwas musste er getroffen haben, denn Gian-Battista gab traurig zu: "Ja."

Nein, das durfte er nicht. Er durfte nicht Gian-Battistas Gefühle dazu missbrauchen, für ihn seine ureigenste Aufgabe zu übernehmen, auch wenn diese ihm unter zweifelhaften Gründen untersagt worden war. Er stand abrupt auf und machte Anstalten, sich zu verabschieden. Steif und formell sagte er: "Entschuldige, Gian-Battista, wenn ich dir Unannehmlichkeiten bereitet habe. Aber ich muss jetzt weiterarbeiten." Der andere sprang augenblicklich auf, streckte den Arm aus, wie um Moritz zu hindern, die Tür zu erreichen und befahl:

"Setz dich wieder und erkläre mir, wie du weitermachen willst. Ich will erfahren, wer Luzi umgebracht hat."

Um etwas zu erfahren, muss man fragen. Nicht alle Menschen geben gerne Auskunft, und die Menschen, die Luzi auf dem Gewissen haben, gehören vermutlich zu jenen, die nicht gern Auskunft geben. Aber das wusste Gian-Battista. Moritz war auf der einen Seite froh, einen Helfer gefunden zu haben - auf der anderen hatte er Hemmungen, diesen sicher Willigen, aber doch unerfahrenen, gewiss auch durch emotionale Stränge gebundenen Phantasten eine Aufgabe zu geben. Er fragte: "Willst du mir wirklich helfen?

Gian-Battista antwortete nur: "Andere benutzen ihre midlife-crisis für Dümmeres."

"Aber sie machen das, weil sie leben wollen. Bei diesem Unternehmen winkt nicht unbedingt das Leben. Ich denke, ein Toter reicht."

"Wir sterben alle einmal. Aber die sollen ihre Drecksarbeit nicht einfach machen können, weil wir Angst haben."

Das war zwar etwas grossspurig, aber dieser Mensch schien wirklich entschlossen. Kleinlaut meinte Moritz: "Schlaf noch einmal darüber."

Milano

Am Morgen des folgenden Tages quälten Moritz noch immer Gewissensbisse. Zum einen, weil er Gian-Battista auf eine Reise mit zumindest ungewissem Ausgang schicken würde. Zum andern, weil das nun wirklich nicht dem Dienstweg entsprach. Aber hatte es dem Dienstweg entsprochen, als ihn die Vorgesetzten- und es war ja nicht von ungefähr, dass sie Vorgesetzte waren, - ihn, Moritz, von dieser Aufgabe abzogen? Er musste nicht mehr zu Lorenz hinüber gehen, jetzt hatte er sich einen eigenen Vorrat angelegt. Es hatte seinem Dienstverständnis widersprochen - oder war er einfach beleidigt, wie dieser Engadiner Obermacho? -, dass man ihm diesen Fall entzogen hatte? Dazu kam die Ungewissheit, als Gian-Battista in Catania war und jetzt dieser ungestüme Helfer: Die Flasche im Schrank war schon halbleer, und er griff wieder dazu.

Als Gian-Battista vor ihm stand, war die Sache für ihn klar. Er hatte geschworen, den Gesetzen dieses Landes zu dienen. Das war wichtiger als der Gehorsam den Vorgesetzten gegenüber. Er begrüsste seinen Freund und fragte ihn, zwar besorgt, dennoch hoffend, keine bejahende Antwort zu erhalten: "Hast du dir's überlegt?" Als sein Gegenüber mit leichtem Vorwurf "Natürlich" antwortete, fühlte sich Moritz, trotz des Alkoholkonsums, genötigt, gleichsam als Entschuldigung anzufügen: "Ich bin mit dieser Ladendiebstahlaffäre voll beschäftigt, mein Chef ruft mir jeden Tag mindestens zweimal an, wohl weniger aus Interesse für die Ladendiebstähle, als aus Furcht, ich könnte hinter seinem Rücken weiter im Mordfall Luzi Clavuot ermitteln."

Aber Gian-Battista schien sich gar nicht für diese Erklärung zu interessieren. Er wischte sie mit einer Armbewegung zur Seite und sagte herausfordernd: "Nun?"

Moritz wusch innerlich seine Hände in Unschuld. Er erzählte dem Tatendurstigen vom dortigen Carabinieri-Hauptmann, gab ihm eine Empfehlung für ihn mit, letzte Ratschläge, einen Schluck seines beseeligenden Tropfens und entliess Gian-Battista mit wirklich von Herzen gemeinten guten Wünschen. Dieser ging an den Bahnschalter und kaufte sich eine Fahrkarte nach Mailand.

*

Durch's Telephon konnte ihm niemand etwas anhaben, ausserdem vertraute er seinen Italienischkenntnissen, dass diese ihn nicht sofort als Schweizer zu erkennen geben würden. Also ging er, in Mailand angekommen, in eine Telephonzelle und wählte die Nummer des geheimnisvollen Alfredo.

Eine Frau mit betörender Altstimme nahm den Anruf entgegen. Ihr würde er vermutlich eine Parzelle neben einer Autobahn mit Blick auf qualmende Fabrikschlote für ein Ferienhaus abkaufen. Er wollte die Frau zur Stimme kennenlernen, und darum machte er auch gleich einen Termin mit ihr aus, als er mit ihr sprach. Am Telephon gab er sich als Besitzer einer Tankstelle in Como aus, deren Namen er vom Wagenfenster aus erspäht hatte. Er fragte, ob sie in der Nähe des Gardasees Bauland zu verkaufen hätten und als die Dame bejahte, machte er mit ihr gleich einen Termin am frühen Nachmittag aus und bat um Auskunft, wie er den Ort erreichen könne.

Das Büro lag in der Nähe des Bahnhofs. Er verpflegte sich dort und machte sich auf den Weg. Nicht nur die Stimme, auch das Aussehen der Sekretärin zog ihn an. Sie war einen Kopf kleiner als er, hatte dichte schwarze Haare und eine Figur, deren Formen ihn nichts zu wünschen übrig liessen. Er schätzte sie auf Mitte dreissig, vielleicht eine Spur zu üppig, aber kleinlich wollte er nicht sein. Er kniff seine Augen zusammen. Die Erinnerung an Loredana half ihm, seine aufkeimenden Phantasien zu ersticken und den vorgetäuschten Zweck seines Besuches anzusteuern. Die Sekretärin bedachte ihn mit ihrem gewinnensten Lächeln, blickte ihm aus ihren mandelförmigen Augen tief in die Seinen, zu mehr als der Entgegennahme von Prospekten liess er sich indes nicht überreden, sondern ging, als der Chef persönlich vorbeischaute. Von dessen spitzer Nase, den nach hinten gekämmten Haaren, dem sich auf seiner Oberlippe festgesetzten dünnem Schnauzbart und den stechenden Augen, die kurz aufblitzten, als sie Gian-Battista sahen, würde er später Moritz erzählen.

Von dort ging Gian-Battista zum Domplatz. Er wollte sich nach den Vorkommnissen der letzten Tage ein wenig italianità gönnen. Das meinte er, am besten tun zu können, indem er vor dem Dom sass und sich gelati von "motta" einverleibte.

Er setzte sich also in ein entsprechendes Café, bestellte sich einen espresso und ein gelato, mimte Landesverbundenheit und verschanzte sich hinter einer rosaroten "gazetta dello sport".

Viel nahm er von der Lektüre nicht auf. Er dachte an das, was ihm Moritz an jenem Abend in Chur gesagt hatte. Er hatte eben doch zuviel Filme mit Humphrey Bogart gesehen, hatte sie verinnerlicht und diese unbewusste Seite in seiner Seele hatte ihn angehalten, sich als Helfer des mattgesetzten Moritz anzubieten, ja ehrlich gesagt, aufzudrängen, statt von Zürich den Zug zurück nach Basel zu nehmen, die Sache Sache sein zu lassen, Loredana nach Bari zurückkehren zu lassen und Braida wieder anzurufen. In diesem Moment zog sein innerer Humphrey Bogart tadelnd seine Augenbrauen zusammen, zog noch einmal an der Zigarette, warf sie zu Boden, zertrat sie beiläufig und ging davon.

"Genau", hörte er eine andere Stimme neben sich sagen. Er musste nicht um sich blicken, um die leere Bank zu sehen. Ärgerlich kniff er die Augen einige Male zusammen. Die Stimme kam von einer anderen Seite seiner Seele und gehörte seiner Mutter. Sie wartete auch nicht, ob er etwas zu erwidern hätte,

sondern fuhr gleich fort: "Du bist eben doch ein Mann. Du beschäftigst dich zwar mit Literatur, aber tief innen leiten dich ganz andere Motive." Langsam ging ihm die Mutter auf die Nerven. Er fragte gereizt: "Und die wären?"
"Du lebst deinen Bildern nach!"
Vermutlich hatte sie recht. Aber er gab sich nicht geschlagen: "Zum Beispiel?"
"James Bond. Der unwiderstehliche Frauenheld, der du auch gern wärest."
Prompt antwortete das trotzige Kind in ihm: "Stimmt nicht. Mein Vorbild ist Humphrey Bogart. Und der ist ein aufrichtiger Mensch und behandelt die Frauen korrekt. Die Mutter verstummte und verschwand. Ein Teilerfolg, aber höchstens ein Etappensieg auf seiner steinigen Tour zur Selbstbestimmung.
Gian-Battista dachte an sein Treffen mit Luciano de Giacomi, das ihm Moritz vermittelt hatte. Moritz hatte ihm versichert, dass er schon oft mit Luciano zusammengearbeitet habe, Luciano sei auch über Alfredo im Bild, er solle sich an Luciano wenden, bevor er etwas auf eigene Faust unternehme.
Er kam sich nicht wie Humphrey Bogart vor, eher wie ein schlüpfriger Vertreter. Er beschloss, in ein gediegenes Nachtlokal zu gehen, sich gewöhnlichen Männerphantasien hinzugeben und sich tüchtig zu besaufen.
Zuerst wollte er aber ein Zimmer suchen, damit er nicht auf einer Parkbank seinen geplanten Rausch ausschlafen musste. Gleich in der Nähe fand er das Hotel "Napoli". Im Zimmer zog er seine Bankdirektorenhose an, denn auch in einem Nachtclub musste man etwas darstellen.
Das dazugehörige Restaurant machte ihn nicht an, er würde für sein leibliches Wohl anderswo sorgen. Er ging vom Dom zurück Richtung Bahnhof, dort hatte er ein gediegenes Fischrestaurant erspäht, in dem sicher kein Wild serviert werden würde. So früh am Abend konnte man noch nicht in einen Nachtclub gehen, er wollte sich die Zeit mit einem Film vertreiben. Er sah sich einen Actionfilm an, in dem viel geschossen, wenig geredet, und endlos mit wechselnden Autos hinter ebenfalls wechselnden Autos hinterhergejagt wurde. Am Schluss hatte der Gute den Bösen und er selbst die Zeit totgeschlagen.
Mittlerweile war es Nacht geworden. Die Schaufenster beleuchteten schwach die Strassen. Der Himmel hatte sich bewölkt; die Menschen waren nurmehr als Schatten wahrzunehmen. Wie gut, sagte sich Gian-Battista, als er den Nachtclub betrat, war wenigstens die Tänzerin auf der Bühne hell erleuchtet. Sonst war es nämlich äusserst schummrig im Lokal, und hätte man beim Eintreten nicht bezahlen müssen und wäre der Temperaturunterschied nicht gewesen, hätte man kaum bemerkt, dass man den Ort von draussen nach drinnen gewechselt hatte.
Auf der Bühne ragte ein senkrechtes, blankpoliertes Phallussymbol, eine Art vertikaler Kleiderstange empor, um die die Tänzerin ihre körpereigenen Schaustücke drapierte. Langsam gewöhnten sich Gian-Battistas Augen an die Dunkelheit. Er sah dass sich inmitten der bunt blinkenden Lichterschlange eine Tanzfläche befand, die jetzt allerdings verlassen dalag, weil sich die Besucher der artistischen Darstellung auf dem Bühnchen zuwenden wollten. Einige Tischchen standen herum, an der Wand eine Bar, hinter der ein ge-

langweilter Keeper auf Kundschaft wartete. Gian-Battista bekam Bedauern mit ihm, setze sich zu ihm und bestellte ein "bloody Mary". Die Nummer war zu Ende, die Tanzfläche bevölkerte sich langsam. Nicht alle zog es dorthin, zwei Männer setzten sich an die Bar, eine Frau kam zu Gian-Battista. Sie bestellte ein Bier und wandte sich um: "Sie sind nicht von hier."

Gian-Battista war ein wenig gekränkt. Seine Haare waren zwar nur dunkelbraun, aber das gab es auch unter Italienern. Zudem bildete er sich etwas auf seine Italienischkenntnisse ein.

Etwas gereizt kniff er die Augen zusammen und fragte darum: "Woher wollen Sie das wissen?"

Sie lächelte spöttisch und blickte auf ihre sorgfältig manikürten Fingernägel. "Ich weiss es nicht. Ich vermute es."

Auch Gian-Battista blickte auf ihre Fingernägel, dann liess er seinen Blick zu ihrem Gesicht gleiten. Alfredos Sekretärin! War sie ihm gefolgt? Wusste sie, wer er war? Jedenfalls wollte er ihr jetzt noch nicht sagen, dass er sie erkannt hatte. Darum sagte er mit einem leisen Vorwurf: "Sie kommen herein, setzen sich neben mich und stellen Vermutungen an."

Sie sagte in kumpelhaftem Ton zum Barmann: "Giovà, er ist beleidigt, weil ich gemerkt habe, dass er keiner von hier ist."

Um ihre Mundwinkel huschte ein verspieltes, aber gleichzeitig abschätziges Lächeln. Gian-Battista betrachtete sie genauer, als er das am Nachmittag getan hatte.

Ihre Augen hatten vielleicht einmal gefunkelt, jetzt waren sie wie erkaltet, und ihr Blick war hart geworden. Er wollte etwas sagen, aber die Musik liess eine Unterhaltung nicht zu. Die vorgeblich Unbekannte bemerkte es und wies auf einen Tisch in der Ecke, wo es vielleicht ruhiger, sicher aber noch schummriger war.

Die Dame schob Giovà eine Note auf die Theke und Gian-Battista einen aufmunternden Blick zu. Dann ging sie ihm voraus zum bezeichneten Tisch. In der Tat war es ruhiger in der Ecke, man hätte etwas reden können, aber dazu hätte man wissen müssen, worüber man reden wollte. Gian-Battista war froh, dass seine Gegenüber sein ratloses Gesicht nicht sah, er beugte sich ausführlich über seinen Drink. Das Scheinwerferlicht ging wieder an und eine andere Dame assortierte sich um den Phallusstab. Seine Frage, zugegebenermassen nicht sehr originell, mischte sich in den verebbenden Applaus. "Wie kommen Sie darauf, dass ich ein Fremder bin?" Das Wort "Fremder" hatte durch Loredanas Berichte aus ihrem Leben im Engadin etwas Abschätziges und Entwertendes bekommen. Insgeheim erwartete er von seiner Zufalls(?)bekanntschaft, dass sie sich entschuldigte. Das tat sie aber nicht, sondern stellte fest: "Ich kenne Sie nicht." Log sie, oder erkannte sie ihn wirklich nicht?

"Immerhin sind wir in Mailand, es wäre denkbar, dass Sie den einen oder anderen in dieser Stadt nicht kennen," schlug Gian-Battista vor.

"Ich komme oft genug in dieses Lokal, um zu sehen, wer nicht hierher gehört."

"Sollte ich verschwinden?", fragte er mit beleidigter Stimme.
"Aber nicht doch." Sie schenkte ihm etwas, was früher wohl ein atemberaubender Augenaufschlag gewesen war. "Lass uns nochmals etwas trinken."
Sie bestellten Champagagner. Sie legte ihre Hand auf seinen Arm: "Du musst dich nicht sorgen. Heute ist mein Glückstag. Ich lade dich ein."
"Es ist mir ein Ehre, wenn du mich duzst. Ich bin Gian-Battista." Er streckte seine Hand aus, aber sie bog seinen Arm zur Seite, beugte sich vor und sagte: "Und ich Serena. Gib mir einen Kuss und dann gehen wir tanzen."
Grosszügig bemessen hätte man die Tanzfläche nicht bezeichnen können. Aber die gemütstriefende Musik war schliesslich nicht für einen kristallbelüsterten Saal vorgesehen, es reichte, um seine Glieder im Takt hin- und her zu schlenkern und als die Musik langsam und innig wurde, schmiegte sich Serena an ihn. Er spürte den Druck ihrer Brüste und roch den Duft ihres Haares. Das gedämpfte Licht, die sentimentale Musik und die beseeligende Wirkung des Champagners lockerten seinen Blick auf die Wirklichkeit. Er liess sich seinen Hals von Serena hinab beugen und bot so seine Wange ihren Küssen. In seinem Kopf tauchten schwach Bilder von Loredana auf. Unwillkürlich zog er seine Wange zurück. Musste er das aus einem überspannten Treuegefühl ihr gegenüber? Nein. Im Grund war er wegen Loredana hier. Nicht direkt in ihrem Auftrag, aber er hatte Moritz nur zugestimmt, weil dieser Loredana erwähnt hatte.
"Komm zu mir", hauchte Serena in sein Ohr. Irgendwo, ganz hinten in seinem Hirn, leuchteten Warnlampen auf, aber der Champagnerkonsum wirkte wie mehrere Milchglasscheiben, sodass er diese Lampen nur mit äusserster Konzentration hätte wahrnehmen können.
Engumschlungen verliessen sie den Club. Sie musste sich wohl auf den Weg konzentrieren, dachte Gian-Battista, als er sie von der Seite ansah. Ihre Züge waren hart geworden, aber das lag sicher am kalten Neonlicht, das die Strassenlampen auf das Paar warfen.
Es wurde zu einem langen und ausgedehnten Marsch durch das nachtdunkle Mailand und je länger der kühle Nachtwind um seinen Kopf fächerte, umso mehr liess die beseeligende Wirkung des Champagners nach. Sein Blick für die Wirklichkeit gewann an Schärfe, allerdings nicht derart, dass er die Situation richtig hätte einschätzen können. Er sah die Strassenschilder wieder und war in der Lage, sich ein Bild davon zu machen, wo er sich befand. Er konnte sich ausmalen, wie der Spaziergang enden würde und mit einem kurzen Blick auf ihren sinnlichen Körper vergewisserte er sich seiner Vorfreude.
Plötzlich herrschte ihn in seinen Gedanken wieder einmal ganz unpassend seine Mutterseelenseite an: "Du mieser, blöder Durchschnittsmacho."
Gian-Battista zuckte zusammen und fragte: "Darf ich mich nicht amüsieren?"
In seinem Innern bellte es weiter: "Klar darfst du dich freuen. Sie will, dass du dich freust. Und du dankst ihr das mit deinen ekligen, geifernden Blicken. Die hättest du in diesem widerlichen Nachtclub lassen können."
Es war die alte Leier. Es war zwecklos. Die verinnerlichte Mutter war in Fahrt und die Masse der bewegten Vorurteile war nicht zu bremsen.

Und dennoch verteidigte er sich: "Ich kann die Welt nicht ändern." In diesem Moment machte er sich bewusst, dass er für Loredana unterwegs war, nur für sie und er wirklich seiner Mutter keine Rechenschaft schuldig war. Er herrschte seine Mutter an, sie solle endlich einen Punkt machen, er sei in diesen Club gegangen, um sich die Zeit zu vertreiben. Dabei habe sich diese Frau an ihn herangemacht. Er habe sie nicht bedrängt, er habe sie nicht gerufen. Sie sei ganz von alleine gekommen. Wieder wünschte er, sich selbst entrinnen zu können und bat sie - sich - ihn endgültig in Ruhe zu lassen.

Die Erscheinung verblasste. Erst jetzt merkte er, dass sie stehengeblieben waren. Serena sah ihn fragend an. Sie fragte: "Warst du in Gedanken?" Sie bedachte ihn mit einem schmachtenden Blick und nahm in an der Hand: "Komm, wir sind da."

"Da" war vier Stockwerke höher. Es war ein Haus der Jahrhundertwende. Sogar ein Lift in einem Drahtgestell im Treppenhaus war vorhanden, leider infolge technischen Defektes im Moment ausser Betrieb, wie man einem vergilbten Zettel an der Tür entnehmen konnte. Seine Vorfreude liess den Gang treppauf als billiges Angeld erscheinen.

Serena schloss die Türe auf, sie traten in die Wohnung. Sie war schon längere Zeit nicht mehr gelüftet worden, man hätte wegen der stickigen Luft ungehalten sein können, aber Gian-Battistas Sinn stand nach anderem. Serena hatte ein Licht angeknipst, aber im Licht dieser Lampe sah Gian-Battista nur, dass die Räume hoch waren und dass es noch wenigstens ein anderes Zimmer gab. Seine Aufmerksamkeit konzentrierte sich sowieso auf Serena, die ihn in einer heissen Umarmung fest an sich drückte. "Ich will dich jetzt," hauchte sie.

Sie zog ihn in die Stellung, auf die er sich während des langen Treppensteigens gefreut hatte. Gian-Battista machte sich an Serenas Bluse zu schaffen. Er hatte schon immer Mühe mit Hemdknöpfen gehabt. Serena merkte das und wies ihn mit erregter Stimme an, ihr doch einfach die Bluse vom Leib zu reissen. Um seine Knöpfe kümmerte sie sich mit beeindruckender Behändigkeit. Als er an ihrem Büstenhalter zu nesteln begann, entfuhr ihr ein Schimpfwort, sie packte seine Hände, drückte sie aufs Bett, streifte sich das Ding selbst vom Busen und warf sich neben ihn.

Gian-Battista beugte sich über sie und schloss die Augen. Sein Mund und seine Lippen erkundeten die Linien ihres Körpers. Sein Mund glitt von ihrem Mund über ihre Brüste zum Bauch und verweilte ein wenig bei ihrer Scham, um von dort wieder die Reise zurück anzutreten. Serena wimmerte leise und durchwühlte sein Haar mit ihren Händen. Als er wieder beim Mund angelangt war drehte sie ihn auf den Rücken und hockte sich rittlings auf ihn. Sie packte sein hart gewordenes Glied und führte es in ihren sich senkenden Leib. Gian-Battista wollte das, was er spürte, nun auch optisch geniessen und schlug die Augen auf.

Er ernüchterte schlagartig. Es wäre zwar in der Tat der Anblick eines imposanten Busens gewesen, in dessen Mitte ein farbiger Stein an einer ledernen Schnur hing. Aber sie umklammerte in der linken Hand ein spitzes Messer. Er griff sofort nach diesem linken Arm und riss ihn neben dem Bett hinunter, Serena stürzte mit einem Aufschrei hinab und lag rücklings auf dem Boden.

Seine sexuelle Erregung war jäh verflogen; jetzt sass er rittlings auf ihr, die Beine auf ihren Armen, die Hände hatten übers Kreuz das neckische Lederbändelchen mit dem Ethnoschmuck gepackt. Er stemmte die Ellbogen immer mehr nach aussen. Ihr Aufbäumen wurde zunehmend schwächer. Die Hand mit dem Messer war unters Bett geraten und zuckte nur noch schwach. Ihm war es egal, was mit der Matratze geschah, die sie mit dem Messer aufschlitzen mochte.

Der Würgegriff war effektiv gewesen, aber Serena zeigte sich nicht gesprächig. Er fragte sie: "Warum hast du mich um die Ecke bringen wollen?" Er verstärkte den Druck. Bei Stufe rot schüttelte sie noch immer, wenn auch matt, den Kopf. Bei Stufe lila verlor sie das Bewusstsein.

Gian-Battista liess die Schnur los, nahm ihr das Messer aus der erschlafften Hand und schnitt sich damit von einer Vorhangsschnur ein tüchtiges Stück ab. Damit band er Serenas Hände auf ihrem Rücken zusammen. Sie war in einen tiefen Schlaf gefallen, wie er feststellte, als er vorsorglich ein Lid aufklappte.

Gian-Battista Hände zitterten, seine Augen kniffen sich von selbst unkontrolliert zu, als er das Hemd anzog. Irgendwo würde Serena sicher etwas Hochprozentiges haben, er fand, er könne das jetzt brauchen.

Hatte er nicht Zeit, sich die Wohnung und Serena anzusehen, die friedlich schlummerte? Die Wohnung hatte vier grosse und hohe Zimmer. Sie war sparsam eingerichtet. In diesem Zimmer stand ein Bett, ein Sessel beim Fenster und zwei Zimmerpflanzen. Der Boden war mit Parkett ausgelegt, der Sturz musste Serena demnach weh gemacht haben. Er ging zu ihr und sah sie an. Sie war kräftig gebaut, um die Hüften hatte sich etwas Fettpolster abgelagert. Sie hatte mandelförmige Augen, schwarz, wenn sie diese wieder öffnen würde, volle Lippen, die er vor einigen Augenblicken hingebungsvoll geküsst hatte.

Er musste etwas Klares suchen. Fündig wurde er schliesslich im Zimmer nebenan. Er stiess auf eine gut eingerichtete Hausbar; er knipste die Lampe an, das helle Licht schmerzte in den Augen. Ein Gläschen beruhigte seine immer noch flatternden Nerven. Nun suchte er ein Telephon. Ein Blick auf die Schlafende liess ihn vermuten, dass er in nützlicher Frist von ihr nicht erfahren würde, an welchem Ort eines zu finden war. Er durchwanderte die hallenartigen Zimmer, bis er es auf einem Tischchen sah.

Mit diesem Telephon konnte er herumspazieren, um zu der immer noch schlafenden, aber gewiss einmal erwachenden Serena zurückzukehren. Er wählte die Nummer Luciano de Giacomis. Er stellte sich vor, erwähnte seine Verbindung mit Moritz und dass er gerade einem Mordanschlag entgangen sei. "Dann leben sie also noch," stellte de Giacomi lakonisch fest. Gian-Battista erwartete, dass die Unterredung irgendwie weiterginge, wurde aber enttäuscht und meinte hilflos: "Richtig."

Das schien den anderen ein wenig zu beleben. In ärgerlichem Ton jedenfalls fragte er: "Wissen Sie eigentlich, wie spät es ist?"

Gian-Battista blickte auf seine Uhr: "Es ist drei Uhr morgens," fügte aber sofort hinzu: "Wir haben uns im Nachtclub getroffen, darum wurde es etwas später."

"Wann und wie sie sich getroffen haben, interessiert mich nicht. Fesseln Sie die Dame und kommen Sie morgen ins Büro, meinetwegen gleich bei Schalter-öffnung. Ich werde Sie dann gleich drannehmen."

"Ich würde mich sicherer fühlen, wenn Sie gleich vorbeikämen."

"Wenn Sie die Frau gut vertäuen und knebeln, können Sie sich getrost zu Bett legen. Das möchte ich nämlich auch wieder tun."

"Sie sieht fabelhaft aus. Und sie trägt nur eine Fessel ums Handgelenk. Wenn ich sie morgen ins Büro mitnehmen sollte, müsste ich ihr etwas anziehen."

"Ich bin gleich bei Ihnen."

Gian-Battista blickte auf die schöne Schläferin. Der Grappa, den er gefunden hatte, hatte seine Nerven beruhigt. Nachdrücklich kniff er die Augen zweimal zusammen. Serena erwachte, zerrte an ihren Fesseln, sah Gian-Battista und fauchte: "Mieses Schwein! Binde mich los."

Die Erregung, der Schrecken, die Sorge waren verflogen. In seinem Innern herrschte eine grosse Leere. Er zuckte mit den Schultern, holte einen Stuhl, setzte sich neben sie und sagte: "Wir erwarten Besuch."

"Dann mach die Fesseln los, verdammt noch mal! Ich muss etwas anziehen."

"Ich habe meinem Besuch versprochen, dass er dich nackt sehen kann."

In seinem Innern tauchte wieder einmal die Mutter auf und schrie zornig: "Du benützt sie wie eine preisgekrönte Kuh."

"Sie hat mir eher wie eine läufige Hündin nachgestellt. Mama, davon verstehst du leider gar nichts. Lass mich jetzt endlich in Ruhe."

Mutter war manchmal eine Nervensäge. Aber sie inspirierte ihren Sohn immer wieder aufs Neue. Er hätte Serena wohl ein Blumenkränzchen auf den Scheitel legen sollen.

Die Türglocke schrillte. Serena kochte vor Wut und zerrte an der Vorhangs-schnur. "Ich bringe dich um," keuchte sie.

"Das hast du soeben versucht."

Vor der Türe waren Schritte zu hören. Gian-Battista ging und öffnete. Ein untersetzter, beleibter Mann in Uniform schnaufte herein, gefolgt von einem jüngeren, vierschrötigen, langnasigen Gehilfen. Serena drehte sich sofort auf den Bauch. Der Polizist warf Gian-Battista einen Blick zur Begrüssung zu, dann ging er schnell zu Serena und wälzte sie unsanft auf den Rücken. Er streckte die Hand zu Gian-Battista aus und stellte sich als Luciano de Giacomi vor. Dann sagte er: "Gratuliere. Wir kennen sie, aber bis jetzt konnten wir ihr nichts vorwerfen."

"Wenn sie mich abgemurkst hätte, hätten Sie mehr in der Hand gehabt", sagte der Andere und mass die wütende Serena mit einem abschätzenden Blick.

"Machen Sie sich keine Vorwürfe", sagte der Carabiniere. "Sie hätte sich kaum gestellt und jetzt haben wir immerhin einen versuchten Mord." Er wandte sich wieder Gian-Battista zu, lächelte ein wenig und meinte: "Zu dieser Tageszeit und unter diesen Umständen keine Formalitäten. Ich bin Luciano."

"Und ich Gian-Battista." Die beiden schüttelten sich die Hand.

"Löst mir endlich die Fesseln. Ich will mich anziehen", meldete sich Serena.

Gian-Battista erschrak einen Moment und kniff die Augen zusammen. Er hatte den Kleiderschrank von einem Polizisten im Hintergrund noch nicht richtig wahrgenommen, dem Luciano jetzt einen Wink gab. Der löste die Schnur von Serenas Armen, schaute ihr eingehend und gebannt zu, wie sie sich die knopflose Bluse anzog, was ihm eine gehörige Portion Spucke einbrachte. Er ersetzte die Schnur nach dieser Vorführung durch ein Paar Handschellen.

"Irgendwo hier müsste man Kaffee kochen können. Ich schlafe sonst ein," sagte Luciano und blickte prüfend umher. Gian-Battista führte den Polizisten in die Küche, wo sie das nötige Rüstzeug fanden, um sich mit zwei Tässchen an den Tisch zu setzen.

"Sollten wir Serena auch einen Kaffee anbieten?", fragte Gian-Battista.

"Nein", antwortete Luciano. "Sie hat genügend Adrenalin produziert. Aber mein Kollege könnte einen vertragen."

Gian-Battista anerbot sich, den Kellner zu spielen. Nachher setzten sie sich an den Küchentisch.

"Du kennst sie?" begann Gian-Battista. Luciano antwortete nicht sofort. Er stand auf, durchsuchte die Einrichtung, bis er Zucker gefunden hatte. Dann setzte er sich mit zufriedener Miene und sagte: "Sie arbeitet bei einem gewissen Alfredo Compagnoni, dessen Bücher wir immer wieder durchsuchen; immer wieder ist er bei Geschäften beteiligt, in deren Umkreis Menschen verschwanden, aber wir konnten ihm noch nie etwas nachweisen."

"Der geborene Treuhänder. Ich war heute nachmittag bei ihm."

Luciano blickte erstaunt hoch. "Das erklärt, warum ihr euch zufällig im Nachtclub getroffen habt. Erzähl mir mehr."

Gian-Battista berichtete von seinem Nachmittagsprogramm und vergass auch nicht, wie ihm ein Blitzen in Alfredos Augen aufgefallen sei.

"Offenkundig hast du heute abend tüchtig gebechert, so dass dir diese Zusammenhänge nicht aufgefallen sind," sagte Luciano. "Erzähl mir von Anfang an, wie du auf Alfredo gestossen bist."

Gian-Battista erzählte Luciano von Luzis Tod, von Moritz und der anschliessenden Fahrt nach Catania.

Luciano blickte etwas erstaunt auf: "Ich will deine Geschicklichkeit nicht in Frage stellen, aber warum hat Moritz die Sache nicht selbst in die Hand genommen?"

Gian-Battista seufzte. Er erzählte nichts von Loredana und Humphrey Bogart, das wäre zu intim gewesen. Er kniff die Augen ein paarmal zusammen und erzählte, dass man Moritz mit einer anderen Aufgabe betraut habe, als er eine heisse Spur entdeckt hatte, also die Ermittlungen von offizieller Seite auf ein Stumpengleis gestellt habe. Darum habe er die Initiative ergriffen, damit nicht nichts geschehe. Schliesslich sei das Mordopfer sein Freund gewesen. Die Angelegenheit mit Loredana verschwieg er, gedachte ihr nur mit einem wehmütigen Augenzukneifen, und schloss: "Wenigstens weiss ich jetzt, in wessen Auftrag mich Serena abstechen wollte."

Luciano hatte eifrig an seinem Kaffee geschlürft und versuchte, scharf zu denken, denn jetzt sagte er: "Die Mafia steckt also mit drin. Dann muss es um etwas Grosses gehen." Er fügte hinzu: "Der Mafia geht es um Macht oder Geld. Dass sie im Engadin Macht anstrebt, kann ich mir nicht vorstellen. Also wird es um Geld gehen. Um viel Geld. " Er dachte nach und saugte die leere Kaffeetasse trocken. Dann sagte er: "In St. Moritz werden Drogen gehandelt, das ist bekannt. Aber als Absatzmarkt ist das Engadin zu klein. Vielleicht etwas mit Geldwäscherei? Könnte man sich in der Schweiz vorstellen." Er setzte die Tasse ab und wandte sich an Gian-Battista: "Hast du eine Idee, wie man Geld zum Vorschein bringen kann?"

Gian-Battista dachte kurz nach: "Immobilien, Drogen: Nichts aussergewöhnliches."

"Richtig. Aber deswegen muss man niemanden umbringen. Wenn ein Bankier Magengeschwüre bekommt, daran dann stirbt, ist das seine Sache. Ich denke es geht um mehr."

"Vielleicht kann uns Serena etwas sagen."

"Probieren wir's. Das Problem dieser Menschen ist nur, dass sie nie gelernt haben, auf anständige Fragen anständig zu antworten."

Luciano stand auf. "Die Kaffeetassen muss sie selbst aufräumen. Sie hat uns nicht einmal bewirtet." Gian-Battista folgte ihm.

Serena unterhielt sich angeregt mit Lucianos Untergebenen, als Gian-Battista mit dessen Chef hereinkam. Sobald sie die beiden sah, verschloss sie ihren Mund und blitzte die beiden feindselig an.

Gian-Battista sah erst jetzt, dass Luciano irgendwo eine Flasche "Sanbuco" samt passenden Gläsern aufgetrieben hatte. Er mimte den galanten Cameriere und bot Serena einen Schluck an.

Sie gab zuerst vor, eine Bestechung zu erkennen, nachdem ihr Luciano aber erklärt hatte, dass es keine Rolle spiele, wie sie sich jetzt verhalten würde, nahm sie das Glas an, ganz offenkundig war sie immer noch wütend.

"Wieso versuchten Sie eigentlich, diesen galanten Mann neben mir abzustechen?", fragte Luciano

"Es war Notwehr. Er versuchte, mich zu vergewaltigen," sagte Serena und gab sich Mühe, verzweifelt auszusehen.

Luciano zog die Augenbrauen hoch. "Eine interessante These. Grundsätzlich möchte ich alle Frauen ermutigen, Vergewaltigungen zu melden. Könnten Sie mir aber noch den Tathergang beschreiben? Insbesondere nähme mich wunder, woher und wie Sie in den Besitz des Messers gekommen sind, warum Sie Herrn Janott in die Wohnung genommen haben und warum Sie gefesselt dagelegen sind."

Serena blickte trotzig zur Seite. "Er ist ein Sado-Maso-Schwein. Das Messer lag am Boden und ich habe es genommen, weil es gerade dalag." Luciano fuhr in einem Ton weiter, der keine Widerrede zuliess: "Ihre Vergewaltigungsthese ist nicht sehr wahrscheinlich. Warum sollte ein solch grosses Messer," er wog das Messer in der Hand, "einfach so am Boden liegen? Das leuchtet mir überhaupt nicht ein." Lucianos Gehilfe hatte ihr den einzigen Stuhl organisiert. Luciano hatte die ganze Zeit auf sie hinabgeblickt. Auch er besorgte sich einen Stuhl, um Serena besser in die Augen sehen zu können. Sie drehte ihren Kopf zur Seite. Luciano sprach sie an: "Signora, wir wissen, wer Sie sind. Wenn wir Sie jetzt laufen liessen und Sie zu ihrem Arbeitgeber zurückkehren und ihm erzählen würden, dass der noch lebt, der Lento ausgeschaltet hat..."

Serena beeilte sich, ihre Sicht der Dinge kundzutun: "Nichts würde ich sagen, gar nichts."

Luciano zog die Augenbrauen hoch, deutete mit dem Kopf eine kleine Reverenz an und bestätigte: "Ich danke ihnen, dass Sie mitdenken. Sicher werden wir so eine einvernehmliche Lösung finden." Dann legte er seine Stirn in Falten und seufzte bekümmert: "Das habe auch ich mir überlegt. Nur mache ich mir Sorgen, wenn Sie keinen Beweis liefern können, dass Sie Ihren Auftrag erfüllt haben."

Serenas Blick, gerade noch voller ungläubiger Hoffnung, füllte sich unversehens mit Hass.

Sie sagte zu Luciano: "Ich hatte nie irgendeinen Auftrag."

Wieder zog Luciano die Augenbrauen hoch und fragte: "Wirklich?"

Gequält sagte Serena:"Ich habe mich zu diesem Mann hingezogen gefühlt."

Luciano begann zu strahlen, packte die Armlehnen mit beiden Händen, schickte sich an, aufzustehen und sagte: "Dann war alles nur eine kleine Rauferei zweier Liebenden, bei der Mann die Frau zu vergewaltigen sucht und sie ihn als "Schwein" bezeichnet."

Serena hatte Luciano offenbar gründlich missverstanden. Sie meinte anscheinend, Luciano glaube an diese Version des Tatherganges.

Sie lächelte unsicher und sagte mit hoffnungsvollem Blick: "Genau. Kann ich gehen?"

Luciano war aufgestanden, blieb aber unschlüssig stehen und sagte: "Noch eine letzte Frage, mehr aus polizeilicher Neugier."

Die Hoffnung in Serenas Blick wandelte sich zunehmend in erregte Zuversicht. Eifrig sagte sie: "Fragen Sie nur. Ich sage Ihnen alles, was ich weiss."

Luciano liess sich wieder in den Stuhl fallen und sagte, jetzt mit leiser und drohender Stimme: "Haben Sie gehofft, mit diesem Messer Herrn Janotts Liebeseifer anzustacheln?"

Serenas Kiefer klappte nach unten, sie wollte sprechen, dann kamen ihr die Tränen, sie schluchzte: "Ich wollte gar nicht. Er zwang mich dazu."

Luciano lehnte sich im Stuhl zurück, zündete sich eine Zigarette an, bot auch Gian-Battista eine an, der dankend ablehnte. Er rauchte schweigend und wartete, bis Serenas Tränen versiegt waren. Dann bot er auch ihr eine Zigarette an und stellte trocken fest: "Dann war es doch ein Auftrag." Er rauchte schweigend. Serenas Schluchzen verebbte langsam und ihre Augen begannen, ruhelos zwischen Gian-Battista, Luciano und dessen Gehilfen hin- und herzuwandern. Gian-Battista fragte sich, ob Tränen vielleicht doch lügen konnten - anders als der Schlager behauptete. Luciano aber hatte weniger grundsätzliche Fragen. Er wandte sich Serena zu: "Wie wird sich das Wiedersehen mit Alfredo gestalten?"

Serenas Augen waren während des Wartens ruhelos umhergewandert. Jetzt hielten die Augen erschrocken inne. Sie sagte mit unsicherer Stimme: "Ich weiss es nicht."

Luciano meinte ruhig: "Ich kann mir grundsätzlich zwei Möglichkeiten vorstellen. Eine unwahrscheinliche", er breitete die Arme aus und sagte mit einem breiten Lächeln: "Alfredo sagt: Schwamm drüber, jeder macht Fehler. Oder aber eine eher wahrscheinliche, er wird Sie endgültig zum Schweigen bringen, weil er annimmt, Sie hätten uns etwas erzählt."

Serena widersprach verzweifelt: "Aber ich habe gar nichts gesagt."

Luciano wiegte den Kopf und sagte: "Ich würde an Ihrer Stelle nicht auf Alfredos Vertrauen setzen." Er nahm das Messer und gab es ihr. "Vielleicht können Sie das brauchen. Er soll eher ein Sado als ein Maso-Typ sein." Dann stand er auf. "Sie entschuldigen die kleine Unordnung in der Küche. Wir haben nicht abgewaschen."

Die drei Männer schickten sich zum Gehen. Serena schien zunehmend beunruhigt. Sie presste ihre Hände im Schoss zusammen, die Knöchel wurden langsam weiss. Luciano wollte soeben die Türe öffnen, als sie rief: "Moment. Gehen Sie noch nicht. Ich möchte noch etwas sagen."

Luciano sah zufrieden aus, als er wieder Platz nahm. Er holte Papier und etwas zum Schreiben heraus. Er sagte: "Schiessen Sie los." Serena erzählte ihre ganze Lebensgeschichte, wie sie als armes Bauernmädchen in Sizilien aufgewachsen war, dann bei einem Don Giuseppe gedient habe und der ihr eine Arbeitsstelle in Mailand bei Alfredo Compagnoni vermittelt habe. Dort arbeite sie schon seit mehr als zehn Jahren. Weil sie eine verschwiegene und zuverlässige Sekretärin sei, habe sie Alfredo auch in sein Geschäftsleben Einblick nehmen lassen.

"Interessant", warf Luciano ein. "Wie war denn sein Geschäftsleben?"

"Offenbar einträglich. Er hatte immer die elegantesten Kleider und fuhr die potentesten Autos."

Luciano setzte sich bequem hin und sagte mit verbindlicher Stimme: "Natürlich kann auch ein Mann, der sein Geld auf legitime Art verdient, sich einen solchen Lebensstil leisten. Aber Sie haben mir noch nicht erklärt, warum Ihr Arbeitgeber Ihnen ein Messer in die Hand gedrückt hat."

Serena nahm das Messer und warf einen entschuldigenden Blick auf Luciano: "Ich stelle nie Fragen, wenn er etwas anordnet. Ich kann Ihnen keine Auskunft geben." Auf einmal schien sie einen Entschluss zu fassen und stand ruckartig auf. "Jetzt gehe ich." Sie packte ihre Handtasche und drückte die Zigarette aus. Mit einem Schlag fiel die Verbindlichkeit von Luciano ab wie Schnee von einer Tanne im Tauwetter. Er sagte scharf: "Missverstehen Sie Ihre Situation nicht, Signora. Wenn Sie mit einigermassen intakten Überlebenschancen dieses Zimmer verlassen wollen, und noch mehr: Wenn Sie das Zimmer Alfredos mit ebensolchen betreten wollen, brauchen sie meine Hilfe. Und die ist nicht gratis."

Serena erschrak, fasste sich aber sofort wieder, hörte sofort auf, die Bluse zusammenzuhalten und legte dagegen ihre Hände auf den Rücken. Sie blickte Luciano herausfordernd an und fragte: "Willst du in Naturalien bezahlt werden?"

"Reden Sie keinen Blödsinn. Knöpfen Sie die Bluse wieder zu und erzählen Sie. Geschah die heutige Aktion auf Geheiss Alfredos?" Sie nickte stumm. Dann fragte Luciano wieder: "War das Ihre erste derartige Aktion?"

Sie lächelte dünn und sagte: "Sie erwarten doch nicht, dass ich Ihnen darauf eine Antwort gebe?"

Luciano schmunzelte nun seinerseits und lenkte bereitwillig ein: "Eigentlich nicht." Er holte eine Zigarette hervor, zündete sie an und fragte dann: "Aber Sie können uns sicher erzählen, warum Sie Herrn Janott erstechen wollten." Gian-Battista kniff in der nochmaligen Erinnerung die Augen zusammen, dann aber klopfte er sich innerlich auf die Schultern und sagte sich, dass er sich gar nicht übel aus der Affäre gezogen hatte, dachte an Moritz und nahm sich vor, erstmal weiterzumachen.

Serena indes seufzte leicht und sagte: "Viel weiss ich nicht. Alfredo sagte nur, es gehe hier um sehr viel Geld. Unsere Route könnte auffliegen."

"Welche Route?"

"Ich weiss nicht. Männer erscheinen bei uns, bekommen die Adresse eines Hotels in Livigno, eines Velohändlers in Tirano, eine Wanderkarte und die Anschrift der Zielbank in Zernez."

"Warum?" fragte Luciano etwas verwirrt.

"Ich weiss es nicht," sagte Serena nur.

Luciano dachte nach. Plötzlich glättete sich seine Stirn und er sagte drohend: "Wir hätten genügend Druckmittel. Wir wissen jetzt einiges, und Sie wissen, dass Alfredo das nicht zu wissen braucht." Er machte eine Pause. Dann sagte er gönnerhaft zu Serena: "Ihnen werden wir ein faires Angebot machen." Er richtete sich an Gian-Battista und sagte: "Ich hoffe, du erträgst eine kleine Velotour."

Gian-Battista hatte dem Gespräch aufmerksam zugehört, gegen Schluss allerdings nicht mehr ganz verstanden, was die beiden anscheinend ohne viel Worte begriffen und war darum überrumpelt und kniff die Augen nervös zusammen, als Luciano das Wort an ihn richtete. Es gab etwas zu tun. Humphrey Bogart würde stolz sein. Er fragte: "Was soll ich?"

Luciano antwortete nicht direkt, sondern sagte, während er immer wieder fragend zu Serena blickte: "Wir haben es vermutlich mit Geldwäscherei zu tun. Konkret sieht das so aus: Das Geld wird in diesem Hotel in Livigno deponiert. Der Bote - um einen solchen handelt es sich bei den Männern, die Serena erwähnt hat, - fährt über den Chaschauna-Pass ins Engadin, eben nach Zernez. Ob das so stimmt, und was dort geschieht, sollst du herausfinden." Das war vielleicht etwas viel und Gian-Battista blickte erschrocken zu Luciano. Dieser fügte sofort hinzu, eine Spur verteidigend: "Wenn du dich in der Lage fühlst und bereit bist. Uns sind die Hände gebunden. Man kennt unsere Agenten. Ausserdem kennst du das Gebiet."

Er wurde einfach so herumgeschoben, eine freie Valenz, die man einsetzen konnte, wenn man sich nicht selbst die Finger verbrennen wollte. Und so unbekannt war er in diesen Kreisen anscheinend nicht mehr, wie ihn ein Blick auf Serena und die Erinnerung an vorhin belehrte. Er wandte betont gleichmütig ein: "Mich kennt man auch. Seit ich Lento fertiggemacht habe."

"Ho, ho. Mister Universum ist berühmt geworden," spottete Luciano.

Gekränkt gab Gian-Battista zurück: "In Ordnung, man kennt mich nicht. Aber doch kennt man mich so gut, dass man, respektive frau, mich umbringen wollte." Luciano überging den Vorwurf, breitete die Arme aus: "Wir werden es so veranstalten, als ob es ihr gelungen wäre."

Erschrocken sagte Gian-Battista: "Du willst mich abschlachten wie einen Hund, nur damit du irgendwem irgendetwas beweisen kannst?"
Luciano lächelte und sagte beruhigend: "Keine Angst. Ich brauche dich als Velofahrer."
Jetzt war es an Gian-Battista, zu spotten: "Wie tröstlich. Ich gehe morgen in Alfredos Büro und bitte ihn, mir alles Nötige zu geben, was er bitteschön für mich bereithält. Vielleicht sagt er mir auch, woher er das Geld hat, wenn ich höflich darum bitte."
Jetzt war es an Luciano, verärgert zu reagieren. Er sagte: "Natürlich nicht. Hör mir zu. Mein Kollege hier wird in unsere Zentrale gehen. Er wird alles Nötige mitbringen, wir werden dich so präparieren, dass die Zeitungsreporter, die sofort aufkreuzen werden, wenn wir mit Blaulicht und Sirene hierhin kommen, uns unsere Geschichte glauben werden. Niemand wird daran zweifeln, dass du einer grässlichen Bluttat zum Opfer gefallen bist."
Gian-Battista war nicht überzeugt. Er schüttelte den Kopf und Serena fragte erschrocken: "Und ich?"
Luciano war ganz Regisseur, als er mit der Hand auf ein Nebenzimmer wies und sagte: "Sie gehen mit einem Beamten dort hinein. Wenn wir merken, dass uns die Journalisten alles abkaufen, können Sie," er sah Serena an, "gehen und morgen Herrn Gian-Battista Janott das Geld, die Karte und die Adressen geben."
"Aber Alfredo?", fragte die Angesprochene zweifelnd und auch ein wenig verzweifelt.
"Wir werden dafür sorgen, dass auch ein Fernsehsender dabei ist. Und wenn alles erst mit einem Bild dokumentiert ist, wird niemand mehr zu zweifeln wagen."

Chaschauna

Gian-Battista hätte sich gerne auf der Titelseite des "Corriere della sera" gesehen, aber er musste bis zum Regionalteil durchblättern, um sich in einer grossen Blutlache zu finden, Kopf nach unten. Das sei wichtig, hatte Luciano gesagt, Kenner hätten vielleicht auch auf einer schlechten Schwarz-Weiss-Photographie erkannt, dass er noch lebte, ausserdem hätte ihn das Blitzlichtgewitter blinzeln gemacht, das sicher einsetzen würde, wenn die Journalisten kämen.

Angenehm war es jedenfalls nicht gewesen, Nase unten im Blut zu liegen. Er müsse so daliegen, hatte Luciano befunden, damit auch ein kritischer Photograph an der Tatsächlichkeit seines Todes nicht zweifeln könne. Danach hatte er ein schier endloses Blitzlichtgewitter über sich ergehen lassen müssen und auch danach war nicht fertig gewesen, da der Photograph der "unità" besonders lange auf sich hatte warten lassen. Zum Glück hatte Luciano die Reporter nachher in ein Nebenzimmer geführt, um ihnen in Ruhe alle Fragen zu beantworten, ohne dass sie diesem grässlichen Anblick ausgesetzt waren; so hatte er sich wieder aufsetzen und ein wenig Blut abwischen können. Er sass in der Bar, schlürfte seinen Capuccino, las den Bericht über seine Ermordung und wartete auf Serena. Die Ermittlungen seien erst am Anfang, berichtete die Zeitung. Die Polizei gehe von einem Beziehungsdelikt aus. Man hätte Gian-Battista gesehen, wie er eng umschlungen mit einer Frau kurz vor der vermuteten Tatzeit im Haus verschwunden sei. Man sei daran, dessen Beziehungsnetz auszuleuchten.

Serena kam. Sie hatte den Kontaktmann in Livigno verständigt; dort wartete eine Satteltasche mit Geld auf ihn. Sie gab ihm noch letzte Anweisungen: "Das Geld musst du nach Zernez bringen, in die Filiale der "Engadin Bank & Trust". Dort verlangst du einen Herrn Capaul. Niemand anderen! Verstanden?" Der Befehlston überlagerte die Sorge, die aus ihren Augen sprach. Sie sagte: "Herr Capaul wird dich fragen: "Für wen?" Du wirst antworten: "Janott"."

Gian-Battista stutzte einen Augenblick. Sollte er sich zu erkennen geben? Aber dann erinnerte er sich, dass der Name "Janott" bei Loredana gefallen war und dieser Janott im Nationalrat sass, beim Bau des Vereinatunnels mitmischte und sicher kein Freund Luzis gewesen war.

Lauerte hier eine Falle? Er fragte misstrauisch: "Wie geht es weiter?"

Serena sagte ohne hörbare Gemütsbewegung: "Herr Capaul wird das Geld akzeptieren und dir einen Bogen zum Unterschreiben geben. Unterschreib mit S.Cadosch."

Gian-Battista war verblüfft: "Das ist der Anwalt. Ich weiss nicht, wie er unterschreibt."

Serena lächelte beruhigend: "Herr Cadosch unterschreibt auf vielerlei Art." Sie gab ihm einen flüchtigen Kuss. "Mach's gut," sagte sie und verliess die Bar. Der herbe Geruch ihres Parfums hing noch einen Augenblick in der Luft, die Erinnerung an die letzte Nacht in Gian-Battistas Hirn, dann übertönten die Rufe der Barbesucher seinen kurzen Abstecher in die Erinnerung.

Jemand brachte einen frischen Luftzug herein; die Gegenwart hatte Gian-Battista wieder im Griff. Er verliess die Bar und setzte sich Richtung Bahnhof in Marsch. Er überlegte, was er zu tun hatte. Das Velo würde er sich in Tirano kaufen. Die Boten vor ihm hatten es jeweils nach Erledigung des Auftrages irgendwo stehen lassen, das wenigstens hatte Serena erzählt. Wenn es ein gediegenes Mountain-Bike wäre, das ihm die Mafia sponsorte, würde es ihn schwer ankommen, es irgendwo stehen zu lassen. Vielleicht konnte er es mitnehmen. Ob er das Fell mit einem Unbekannten würde teilen wollen, sähe er dann. Nur war der Bär noch nicht gejagt.

Zuerst, wurde ihm in einem Anflug von Schrecken bewusst, musste er die ganze Übung überstehen. Es waren noch einige Unbekannte vor ihm. Er kratzte sich unruhig am Schnurrbart und kniff die Augen zusammen. Wie würde sich der Mann in Livigno verhalten? Käme er ohne Probleme ans Geld? Und Serena? Würde sie dichthalten? Er hatte zwar zu Luciano Vertrauen. Und der hatte gesagt, er lasse Serena überwachen. Sie hatte viel zu verlieren. Aber Lucianos Gehilfe? Er musste an Tullios Sekundanten denken, der sicher das Treffen mit Lento in die Wege geleitet hatte, damals, in Catania. Auch Lucianos Gehilfe hatte viel gesehen und wusste, dass Gian-Battistas Ermordung nur eine Finte war.

Er war ins Grübeln geraten. Und er machte sich Sorgen. Hatte Serena wirklich genügend Angst vor Alfredo, um dichtzuhalten, wie ihm Luciano versichert hatte? Er erinnerte sich auf einmal, wie er als zwanzigjähriger allein in die USA geflogen war, in New York hatte übernachten müssen, weil die Maschine den Anschluss verpasst hatte und das war das gleiche Gefühl gewesen: Als er ins Freie trat, hatte er hinter jeder Hausecke mindestens fünfzig Gangster erwartet, die mit entsicherten Gewehren verschiedensten Typs nur auf ihn gewartet hatten. Und als er um sich blickte, schien ihm die jetzige Angst weit begründeter.

Er versuchte, nicht an die nahe Zukunft zu denken. Er fing mit der nahen Vergangenheit an. Er hatte einem Killer ins Auge geschaut und war einer Messerstecherin entkommen, aber er sah sich immer noch nicht als Humphrey Bogart; die Angst war immer noch da. Er probierte es mit der ferneren Zukunft. Was würde er machen, wenn er diese Mission überstehen würde? Langsam wich die Angst und machte einem trotzigen Selbstbewusstsein Platz. Was würde er machen? Besser jetzt überlegen. Wenn er es nicht überleben sollte, würde er es sich nie mehr überlegen können. Er war jetzt just im Alter, wo er sich eine Midlife-Crisis zulegen konnte. Wie wäre es mit einer Privatdetektei? Er verwarf den Gedanken. Für eifersüchtige Ehepartner anders süchtigen Ehepartnern nachspionieren, schien ihm nicht das Höchstmass beruflicher

Selbstverwirklichung. Er war unterdessen im Bahnhof angelangt und stieg in den Zug nach Tirano. Noch einmal schlug er die Zeitung auf und bewunderte seine Rückenansicht in der Blutlache.

In Tirano besorgte er sich ein Velo samt dazugehörigem Outfit, nahm dann aber doch den Zug bis zur Berninapasshöhe, ein wenig Abfahren liess eine Velotour besser anrollen.

Das Vergnügen war nur kurz, bald bog linker Hand die Strasse nach Livigno ab. Diese Strecke schien ihm endlos, die Strasse zwängte sich durch ein baumloses Bergtal hindurch. Es gab keine Brunnen, keine Bäche, nicht einmal markante Felsen. Es gab einfach nichts, nur eine Betonpiste, von der sich links und rechts die kargbegrasten, bald nacktem Geröll stattgebenden Hänge hinzogen. Es war keine Ewigkeit bis zum Ziel - es waren etwa zwanzig Kilometer -, aber es kam dem strampelnden Gian-Battista wie eine solche vor. Als die ersten Häuser die Strasse zu säumen begannen, dauerte es nochmals eine gute Weile, bis sie sich zu jenem grellen Einkaufsparadies verdichteten, in dem sich viele Schweizer der Zollfreiheit wegen begierig tummelten. Serena hatte vorausgesehen, dass er es kaum noch am selben Tag ins Engadin schaffen würde. Sie hatte ihm empfohlen, den Depositor des zu transportierenden Geldes nach einer Bleibe für die Nacht zu fragen. Er sollte einen Mann namens Ettore im Restaurant "da Giulio" treffen.

Wer immer das "Da Giulio" betrieb, war ein hervorragendes Kind dieser Zeit. Er wollte möglichst viel Geld in möglichst kurzer Zeit mit möglichst geringem Aufwand machen. Und er scheute sich nicht, seine Dienstleistungen flexibel auszuweiten. Gian-Battista blickte auf seine Satteltaschen und fragte sich, wieviel Ettore für seinen Sevice bekam.

Ettore war Neapolitaner, stellte Gian-Battista fest. Das Bild Maradonas im Dress Neapels, verschiedene Clubphotos schmückten die Wände, anstelle von Blumen hatte man Wimpel der Mannschaft auf die Tische gestellt. Vermutlich wäre es zu teuer gewesen, die Stühle in den Vereinsfarben zu kolorieren; sie standen dumm in rotem und gelbem Plastik herum, alles übergossen von einem kalten Neonlicht. Das Lokal war leer, das Mittagessen vorbei, zum Nachtessen war es zu früh.

Ettore kam. Gian-Battista hätte ihm sofort den Preis als "Mister Napoli" verliehen. Sein Gewicht war das eines normalgebauten Hünen, er mass aber kaum einssiebzig. Lebhafte Augen blitzen unter buschigen Augenbrauen hervor, eine knollige Nase beherrschte das weiche, etwas schwammige Gesicht. Er breitete seine Arme aus und begrüsste Gian-Battista herzlich. Er bot diesem einen Hocker an der Bar an. Gian-Battista setzte sich, seine Hände zum Greifen der Kante bereit, um einen durchaus möglichen Hockereinsturz ohne grössere Schäden zu überstehen. Ettore zeigte auf den Poster Maradonas. "Ein aussergewöhnlicher Spieler," sagte er. "Kennst du Neapel?" "Flüchtig", sagte Gian-Battista.

"Schade. Eine herrliche Stadt." Dann fragte er kumpelhaft: "Hat sie dich geschickt?" Gian-Battista fragte unsicher: "Serena?" Ettore zwinkerte verschwörerisch und es fiel auch dem anderen wieder ein, dass Serena ihm gesagt hatte, sie hätte den Verbindungsmann anvisiert.

"Du willst aber nicht heute abend schon aufbrechen?"
Die kleine Spritzfahrt sass Gian-Battista noch in den Knochen, es war noch
ein saftiger Bergpreis zu holen, und er hatte sich auf etwas Ruhe gefreut.
"Nein,"sagte er darum und fragte gleich, ob ihm Ettore ein Bett hätte.
"Mit oder ohne Bettflasche?", fragte Ettore mit einem schmierigen Lächeln.
"Du meinst eine mit zwei Ohren?" Gian-Battista sah kurz zum anderen, dieser
grinste zustimmend, das Ganze gefiel ihm nicht, er dachte an den Abend mit
Loredana und sagte dann: "Nein, besten Dank."
Ettore spendierte ihm noch einen Drink. Er bedankte sich artig, dann nahm
er sein Zimmer in Beschlag. Für die Ausstattung des Zimmers hatte man mehr
Holz als im Restaurant verwendet, meist von der Art rustikal gebeizter Span-
platten. Es besass einen Schrank, einen Stuhl mit plastifizierten Lederkissen,
eine Stehlampe und das Bild eines röhrenden Hirsches. Gian-Battista warf
seinen Rucksack aufs Bett und setzte sich in den Stuhl. Er blickte zum Fenster
hinaus. Viel Himmel war nicht zu sehen, es würde keinen Aufpreis für die
Aussicht geben. Möglicherweise wäre es doch besser, wenn er gleich aufbrechen würde. Es würde eine klare Nacht geben, was für einen sofortigen
Aufbruch spräche. Auf der anderen Seite hätte Serena schon geredet, wenn sie
hätte reden wollen. Er machte seinen Entscheid von der Qualität des Schlosses abhängig.
Das Schloss sah nach sofortigem Aufbruch aus. Und auch wenn es das
Schloss eines Panzerschranks gewesen wäre: Ein mittelstarker Fusstritt gegen
die Türe hätte das Aufbrechen des Schlosses erspart. Die Angst kroch wieder
in ihm hoch. Dieser Anblick liess die Beinmuskeln auf einen Schlag wieder
erstarken.
Er suchte Ettore auf und bat ihn um die Satteltaschen. "Es ist schon später
Nachmittag," sagte dieser. "Du willst noch über den Berg kommen? Warte
noch zwei Stunden. Dann kommen die ersten beohrten Bettflaschen. Vielleicht gefällt Dir eine. Du könntest dann die Meinung ändern."
Will er mich hinhalten? Hat er das Messer schon bereit?, durchfuhr es Gian-
Battista. Er sagte: "Deine Gastfreundschaft beschämt mich. Trotzdem will ich
gehen. Alfredo könnte sonst nachfragen." Das war ein Schuss ins Blaue. Aber
er sass. Ettores Jovialität, seine entspannte Haltung, sein Mund, der immer zu
lachen bereit geschienen hatte, erlosch auf einmal. Er murmelte etwas und
verschwand.
Als er wieder zurückkam, hatte er zwei offenbar schwere Satteltaschen in der
Hand. Er war kurz angebunden. Er sagte nur: "Lass dich nicht erwischen,"
dann half er Gian-Battista die Satteltaschen festzumachen und verschwand
wieder in seinem Reich.
Gian-Battista hatte die Karte studiert. Es waren etwa 800 Höhenmeter, ziemlich direkt bergan, oben würde wohl ein frisches Lüftchen wehen, es wäre
wohl angebracht, wenn er sich im Einkaufsparadies einen paradiesisch warmen
Wollpullover leisten würde. Das war zwar Zusatzgewicht, aber es konnte sich
bezahlt machen. Für die Spesen konnte er sich sicher in den Satteltaschen
bedienen. Er hätte sich doch eine beohrte Bettflasche leisten sollen. Oder
besser gleich zwei. Mit dem Wechselgeld hätte er sich noch immer einen

Pullover leisten können. Denn mit einem Hundertausendlireschein einfach in einer Bank aufzutauchen, hätte gewiss Argwohn geweckt, und das war zu riskant. Er kramte in seinem eigenen Portemonnaie. Es könnte für eine billigere, nicht designergezeichnete Faserpelzjacke reichen. Seine Habseligkeiten legte er oben auf die Bündel der Banknoten und erstand sich noch eine Flasche Wein, die er auf der Alp Chaschauna leeren wollte.

Die Abzweigung zum Bergpreis ging erst etwa drei Kilometer unterhalb des Dorfes in die Höhe mit einer leichten Neigung. Dass der Asphalt aufhörte, musste das Herz jedes Bergfreundes entzücken, ihn allerdings weniger, denn erstens musste er mit einem erheblich höheren Reibungskoeffizienten rechnen, zum anderen verunmöglichte es eine Gleitphase, dann hätte er die Menge der Lirebündel kaum bemerkt, so hingen sie schwer hinten an seinem Fahrrad.

Doch war es vergleichsweise angenehm gewesen, musste er zugeben, als es nach der Abzweigung wirklich bergauf ging. Hier glitt das Rad keinen Millimeter mehr von selbst, jeden musste er seinem Gefährt hart abringen. Das Drogengeld war buchstäblich belastend. Die Abendkühle wurde zur Abendkälte. Den Wald hatte er im Tal zurückgelassen, langsam wichen auch die letzten Grasbüschel, nur nacktes Geröll blieb übrig. Und immer noch die Lirebündel in den Satteltaschen. Keuchend sah er unter sich Skilifte, all in einer Reih', maximierte Gewinnabschöpfung. Die Luft wurde dünner, der Herzschlag schneller. Er begann, zwischen zwei Lungenzügen, sich zu fragen, wieder zwei Lungenzüge, ob eine Nacht, drei Lungenzüge, vielleicht sogar in Begleitung, jetzt troff ein wenig Speichel aus seinen Mundwinkeln, nicht doch aus Akklimatisationsgründen, zwei Lungenzüge, vernünftig gewesen wäre. Er hielt für einen Moment an und betrachtete, schwer atmend, die Hütte, zuerst das Dach, ein lockender Rastplatz. Dann ein genauerer Blick. Zwei rastende Grenzbeamte. Er konnte keinen klaren Gedanken, geschweige denn, einen Plan fassen. Er konnte nur die kathartische Wirkung angestrengter Muskelbetätigung auf sich wirken lassen und versuchen, nicht an die nahe Zukunft zu denken. Er trat wieder in die Pedale. Er kam nur langsam vorwärts, doch näherte er sich den beiden auf unerbittliche Weise.

Er hielt und begann sogleich zu frösteln. Die beiden Beamten waren auch aufgestanden und kamen auf ihn zu. Er nahm einen breiten schweizerischen Akzent hervor und begrüsste die beiden aufs Zuvorkommendste. Dann bedeutete er ihnen stehenzubleiben und holte umständlich seine Faserpelzjacke hervor.

"Kalt", sagte er und machte die Bewegung des Fröstelns.

Der Beamte lachte: "Sie müssten früher im Tag fahren."

"Ich hatte Angst, es würde zu heiss."

Der Beamte wurde misstrauisch und sagte: "Zu dieser Jahreszeit wird es hier nicht mehr heiss." Er machte einen Schritt auf das Velo zu.

Gian-Battistas Muskeln spannten sich. Mit einem Sprung könnte er das Fahrrad erreichen und bergab flüchten. Es waren keine Bäume da. Er würde ein formidables Ziel abgeben, wenn die beiden schiessen wollten. Die Sache war verloren. Jetzt würden sie die Taschen öffnen und das Geld finden. Der Zöllner begann, an den Verschlüssen zu nesteln. Wenn sie das Geld fänden und ihn einlochen würden, wäre das an sich nicht schlimm. Dort wäre es wenigstens geheizt. Schon wollte er sich gehen lassen, aber eine jüdische Maxime hielt ihn zurück: Solange auch nur der Schimmer einer Hoffnung besteht, so lange muss man alles wagen. Kein Humphrey Bogart erschien, aber Loredanas Augen sahen ihn traurig an.

Gian-Battista rief dem Zöllner schnell zu - er versuchte, sich seine Verzweiflung nicht anmerken zu lassen-: "Wollen Sie wissen, was drin ist? Ich sage es ihnen. Wenn ich lüge, spendiere ich eine Flasche Wein."

Der Beamte stutzte und blickte auf. Die Flasche Wein liess ihn zögern. Er beendete seinen Versuch und richtete sich auf. Gian-Battista redete flüssig, die Angst trieb ihn an. "Diese Satteltaschen sind randvoll bepackt mit Hunderttausendlirescheinen. Und wisst ihr, was ich damit mache? Der andere war dazugetreten, sie starrten Gian-Battista ungläubig an. "Erzähl uns", forderten sie ihn auf.

"Ich schmuggle das Geld in die Schweiz. Und was macht man im saubersten Land der Welt? Geldwaschen natürlich."

Die beiden lachten.

Gian-Battista holte die Weinflasche hervor, die er eigentlich für die Nacht auf Chaschauna geplant hatte. Er entkorkte sie und bot den beiden an. "Gläser habe ich leider keine," sagte er.

Der eine nahm die Flasche, prostete Gian-Battista zu und stellte sich als Salvatore vor. "Hast du irgendetwas zum Beissen mitgebracht?"

"Nichts als wertlose Banknoten."

Sie lachten wieder und Salvatore holte aus seinem Rucksack einen saftigen Salami und etwas Brot hervor.

Leicht beschwipst und mit vollem Bauch wollte sich Gian-Battista wieder aufmachen, aber die beiden hiessen ihn stehenbleiben. Gian-Battista erschrak. Salvatore nahm die Satteltaschen wie eine Kinderpuppe vom Velo. Er sagte: Weiter oben kannst du nicht mehr fahren. Du musst das Velo tragen, der Weg wird so schmal. Du wirst am Velo genug haben." Er schlug den Weg zur Passhöhe ein, Salvatores Kollege und Gian-Battista folgten. Der schweisstreibende Angstanflug war einer magenumwühlenden Grundbesorgnis gewichen.

Der Weg wurde in der Tat schmal, an Fahren war nicht zu denken. Gian-Battista schulterte sein Velo. Der Wein hatte die zwei Beamten redselig gemacht. Gian-Battista konnte am Geplauder nicht teilnehmen, ein erhöhter Atemrhytmus machte das Sprechen mühsam. Auch fehlte die nötige Gelassenheit; er liess das Spötteln der andern geduldig über sich ergehen.

Auf der Passhöhe verabschiedeten sich die beiden Italiener. Sie bedankten sich wortreich für den Wein und klemmten die Satteltaschen wieder aufs Velo. Sie seien froh, einen so netten Kumpel auf ihrer einsamen Streife getroffen zu haben und Salvatore meinte, wenn er jemals nach Neapel komme, solle er ihn besuchen, sein Dienst hier würde in zwei Monaten enden; sie tauschten Adressen aus.

Erleichtert schwang sich Gian-Battista aufs Velo. Die Nacht war ganz hereingebrochen, es war eine klare Nacht. Der Weg hob sich wie ein helles Band

vom Geröll und Gras ab, links von ihm konnte er einen kleinen Bach mur-
meln hören, er würde seinen eventuellen Nachfahren etwas erzählen können.
Er stieg ab. Im Bereich der Alphütte war das Fahren mühsam. Er war froh,
hier angekommen zu sein. Der Weg zwängte sich zwischen dem Stall und dem
Haupthaus durch. Er kollidierte spürbar mit einem Drehkreuz, das er nicht
gesehen hatte. Das Fahrrad wäre mühelos untendurch passiert. Sein heftiger
Atemstoss klang gespenstisch in der nächtlichen Stille. Während er sich durch
die Balken schob, überlegte er sich, ob er den Weg ins Tal antreten sollte,
schliesslich war es eine klare Nacht. Andererseits begann weiter unten der
Wald, es würde dunkel sein. Dort hatte der Bach auch ein veritables Tal
entstehen lassen, wenn er die Strecke nicht sah und sich nur dunkel an die
Topographie erinnerte, konnte das zu schmerzhaften, wenn nicht sogar
endgültigen Unterbrüchen führen. Er stellte sein Fahrrad an die Wand und
ging einige Schritte ins Haupthaus.
Es war friedlich und still in der Hütte. Wenn immer hier Jäger gewesen sein
sollten, - wie es ihm Moritz weisgemacht hatte -: jemand hatte hier tadellos
aufgeräumt. Loredana tauchte in seinen Gedanken auf. Sie hatte immer be-
hauptet, in den Engadiner Jagdhütten müssten die Frauen saubermachen. Sie
hatte ihre Erfahrung wohl mit der Hütte Grialetsch gemacht, aber vermutlich
galt das auch hier.
Zu den Schlafkammern musste Gian-Battista die Treppe hinaufsteigen. Er
freute sich auf ein Bett und eine Wolldecke. Nur: die Zimmer waren abge-
schlossen. Er erinnerte sich dunkel, dass ihm ein alter Milchkontrolleur einmal
gesagt hatte, er hätte jeweils in einem Zimmer über dem Stall geschlafen.
Vielleicht hatte man diese Zimmer offengelassen.
Viel hatte Gian-Battista nicht geschlafen, als er am Morgen aus der Hütte trat.
Träume hatten ihn geplagt, die sich an Erinnerungen an seine erste Landung
in New York angelehnt hatten, allerdings hatten die Finsterlinge nicht aus
halbautomatischen Gewehren geschossen, sondern mit sandgefüllten Wein-
flaschen zugehauen oder mit Hirschgeweihen zugestochen.
Er wusch sein Gesicht am Brunnen, der hinter der Hütte friedlich sprudelte.
Das kalte Wasser vertrieb die düsteren Gedanken. Die klare Sonne, der tiefblaue Himmel liessen die Ahnung wirklichkeitsfremd erscheinen, dass irgend-
wer irgendwann irgend etwas Böses machen könnte. Auch die Velofahrer
nicht, die an ihm vorbeifuhren, den umgekehrten Weg machten und ihm fröhlich zuwinkten.
Beim Abfahren sah er einige Stellen, die durchaus angetan gewesen wären, ihm
in der Dunkelheit Unannehmlichkeiten zu bescheren. Immerhin ging es
bergab.
Er kam aus dem Wald heraus. Die Strasse überquerte die ova Varusch, dieser
musste er nur folgen, sie würde ihn ins Engadin führen. Er bog nach links. Die
Strasse führte dem Bach entlang. Die letzte Strecke war geteert, was das
Velofahren durchaus erleichterte. Im Dorf S-chanf erreichte er die Strasse
nach Zernez.
Mit Recht war dieses Tal berühmt für seine Schönheit. Links und rechts die
Flanken der Berge, deren Spitzen in dieser Jahreszeit schon verschneit waren,

der Wald wuchs höher hinauf als anderswo; die Lärchen waren gelb, sie als golden zu bezeichnen, war nicht einmal übertrieben. Dem Inn hatte man eine Schnellstrasse zugesellt, die das Tal etwa im gleichen Mass verändert hatte wie vor geraumer Zeit dieser Fluss. Dieser unbestreitbare Vorzug der Kultivierung kümmerte ihn wenig; er wollte sein Geld loswerden. In Zernez ging er sofort zur Niederlassung der "Engadin Bank&Trust".

Zuerst bekam er aber nur einen seelentriefenden Augenaufschlag der Sekretärin des Herrn Capaul, denn die leider namenlose Sekretärin sagte ihm, Herr Capaul sei erst morgen wieder zu sprechen. Gian-Battista fuhr sich über den Schnurrbart und kniff die Augen einigemal zusammen; er war sicher, dass jeder Zeitverlust für ihn Gefahr bedeuten könnte. Alfredo konnte etwas vermuten, wenn Serena nicht mehr auftauchte. Auch Ettore könnte Alfredo mitgeteilt haben, dass ein Geldkurier aufgetaucht war. Vielleicht gab es noch andere Möglichkeiten, er musste einfach Herrn Capaul sofort sprechen.

"Frau..."

"Gianola", sagte die Sekretärin, diesmal mit unwirschem Augenaufschlag.

"Man hat mir gesagt, Herr Capaul sei für mich jederzeit zu sprechen."

"Lassen Sie sich etwas besseres einfallen."

"Ich bin mit dem Fahrrad hierher gefahren, nur um..."

"Dann ruhen Sie sich am besten aus." Die Sekretärin begann, sich mit ihren Papieren zu befassen.

"Herr Compagnoni schickt mich."

Die Sekretärin zuckte zusammen, ihre Augen weiteten sich - all dies nur in einem Bruchteil einer Sekunde, kaum wahrnehmbar. Sie sagte: "Einen Augenblick."

Sie besprach sich via Gegensprechanlage mit ihrem Chef, als sie in eindringlichem Ton den Namen Compagnoni erwähnte, ging es sehr schnell. Sie erhob sich und gab Gian-Battista ein Zeichen. Dieser griff nach den Satteltaschen und folgte ihr.

Herr Capaul begrüsste Gian-Battista, indem er die Arme ausbreitete und ihm umgehend einen Kaffee anbot.

"Sie bringen Geld", sagte Capaul und griff, ohne die Antwort abzuwarten, in eine Schublade seines präsidialen Schreibtisches. Gian-Battista war unsicher. Wann kam die Frage, von der Serena gesprochen hatte? In diesem Moment fragte Herr Capaul: "Für wen?" Der andere antwortete erleichtert: "Janott". Er wies auf seine Satteltaschen.

"Bitte", forderte ihn der andere auf und holte ein Formular heraus und füllte es aus. "Hier unterschreiben." Gian-Battista setzte ein verschnörkeltes "S. Cadosch" darunter. Das schien etwas glatt zu gehen. Unsicher fragte er darum: "Das reicht?"

Herr Capaul lächelte, klopfte ihm auf die Schultern und sagte ungefragt: "Sie müssen auf diesem Formular nur bestätigen, dass Sie, Herr Cadosch, wirtschaftlich berechtigt sind, in Vertretung eines von Ihnen nicht zu nennenden Kunden die Anleihen zu kaufen." Er zwinkerte Gian-Battista verschwörerisch zu.

Gian-Battista lächelte. Herr Capaul machte keine Anstalten, ihm etwas für sein schwer getragenes Geld zu geben. Er gebot Gian-Battista zu warten, zählte das Geld. Mittlerweile hatte man - sie - den Kaffee gebracht und der Bankier stellte eine Quittung aus. "Nicht dass Alfredo meint, Sie wären mit leeren Händen gekommen," sagte Capaul.

Gian-Battista liess das Geld stehen, gab dem freundlichen Bankier die Hand, nahm einen neuerlichen Augenaufschlag entgegen und verliess die Bank. Er freute sich auf eine Dusche und ein warmes Bett. Er fuhr nach Susch ins "Crusch Alba".

Chur

Moritz rückte den Blumenstrauss in die Mitte des Tisches. Sollte, konnte, durfte er Gian-Max Olgiatti einen Kaffee anbieten? Dürfen auf jeden Fall, denn er war schliesslich derjenige, der seinem Chef zeigte, wie man sich als Polizist zu verhalten hatte. Es ging um Recht, nicht um Rücksichten auf Lokalhonorationen. Diese seine Haltung hatte Resultate gezeigt. Diese Resultate waren zwar seinem Freund Gian-Battista Janott zu verdanken, aber er, Moritz war es, der die Fäden zog, und wie das alles im Detail vor sich gegangen war, würde er dem guten Gian-Max nicht unter die Nase binden, der Name von Luciano de Giacomi, einem akkreditierten Carabiniere, sollte Gian-Max genügen.

Es klopfte, und Gian-Max Olgiatti kam gutgelaunt herein. Er nahm unaufgefordert Platz, sah den Kaffee, goss sich etwas Milch in die Tasse und begann gleich leutselig das Gespräch: "Wir sind weitergekommen, habe ich Deinem Anruf entnommen?"

Das war die Tatsachen vollkommen verkannt, schliesslich war er trotz, gewiss nicht mit Gian-Max weitergekommen, "wir" war gleichsam eine Usurpation, aber Reden war Silber, hier eher Dynamit, Schweigen Gold, und die letzten Monate hatten ihn gelehrt, auf's Maul zu sitzen. Dann goss auch er sich eine Tasse Kaffee ein, setzte eine erfreut-dankbare Miene auf und berichtete: "Unsere italienischen Kollegen haben eine Spur von Geldwäschern gefunden, die von Mailand über Livigno und den Chaschauna-Pass nach Zernez führt."

"Wie entsetzlich", entfuhr es dem Polizeikommandanten. "Und diese Spur hat man in Catania entdeckt?"

Soviel hatte er am Telephon nicht verraten, aber sein Vorgesetzter hatte das Phantombild und dessen Ursprung gesehen, man wusste ja nicht, wie und inwieweit sich der Chef über seine Aktivitäten Kenntnis verschafft hatte, aber es klang ehrlich interessiert und vielleicht war das die Chance, den Zug seiner Nachforschungen wieder aufs offizielle Gleis zu setzen, und wenn ihm das auch nicht mehr ungetrübt sympathisch war, waren die Möglichkeiten doch ungemein grösser, wenn er nicht sein Extrazüglein fuhr - auch wenn sein Ehrgefühl zu Recht gekränkt war. Er schwieg wieder und berichtete: "Es besteht dringender Verdacht, dass mit gewissen Staatsanleihen Schwarzgeld angelegt wird."

Darauf meinte der Vorgesetzte wieder mit gespielter? Entrüstung: "Wie entsetzlich."

Obwohl sie allein im Zimmer sassen, und die Tür verschlossen war, warf Olgiatti einen schnellen Blick über die Schulter und raunte Moritz zu: "Die

Sache mit den Ladendiebstählen kann ich Peter Hebeisen übergeben. Verfolge du die Spur des schwarzen Geldes." Er senkte die Stimme noch mehr und flüsterte: "Wenn wir da wirklich handfeste Beweise bekommen, kann uns niemand mehr hineinpfuschen." Er richtete sich auf in seinem Stuhl und sagte mit kräftiger Stimme: "Nicht zu unkonventionell, Moritz. Was du angetönt hast, tönt brisant. Sie sollen es zur Kenntnis nehmen und nicht wegen Verfahrensfehlern abschmettern können."

Damit erhob sich Gian-Max, gab Moritz die Hand, bedankte sich für dessen Resultate und ging zu Tür. Er drehte sich noch kurz um und sagte: "Und für den Kaffee auch danke."

Als Gian-Max gegangen war, setzte sich Moritz in einen Stuhl, setzte seine Pfeife in Brand und dachte nach. Wenn er das, was eben geschehen war, richtig verstand, war Gian-Max ein Verbündeter. Ein besorgter Verbündeter. Dann war Herr Feuerstein...Nein. Regierungsrat Feuerstein war vom Volk gewählt worden, und das Volk hatte immer recht.

Moritz stand mit einem Ruck auf. Diese Angelegenheit hatte ihn schon in genügend Zweifel gestürzt. Arbeit war besser als Zweifel. Er ging zum Telephon und wählte die Nummer des "Crusch Alba" in Susch.

Man beschied ihm, Herr Janott habe zwar hier übernachtet, das Hotel aber am Morgen verlassen, die Sachen seien noch da, er würde also sicher zurückkommen. Wann das sei, wollte er wissen, worauf man ihm keine Antwort geben konnte, allerdings rief jemand aus dem Hintergrund, - wie er vernehmen konnte, - er hätte ihn zu Frau Clavuot gehen sehen. Durfte er ihn dort stören? War das nicht die logische Folge der Szene auf dem Friedhof, damals, im letzten Herbst? Er hatte sich schon damals gewundert, aber heute herrschten andere Sitten als zu seiner Zeit. Ach Gott! Soviel älter war er ja nicht, aber wie hatten sich die Zeiten in diesen wenigen Jahren geändert.

Er schüttelte den Kopf, um diese Gedanken zu verscheuchen. Auch Gian-Max hatte sich wieder an seine Pflicht erinnert, er musste bei Gian-Battista noch einige Dinge klären, die er am Telephon falsch verstanden hatte, ihn dechargieren und schliesslich ging es ihn nichts an, was der privat machte. Er suchte die Nummer und rief bei Frau Clavuot an.

Wie er ihn gefunden habe, wollte Gian-Battista in leicht verstimmtem Ton wissen. Moritz hörte aus dem Tonfall, dass seinem Kompagnon die Unternehmungslust vergangen war. Wenn er sich vorstellte, dass dieser jetzt mit der Frau seiner Träume zusammen war, konnte er das verstehen. Aber er hatte eine Pflicht, und um diese zu erfüllen, musste er noch einmal genau wissen, was sich in Zernez zugetragen hatte. Er entschuldigte sich bei Gian-Battista, erzählte vom anscheinenden Sinneswandel seines Vorgesetzten und bat seinen Freund, ihm noch einmal die Geschichte mit dem Kurierdienst zu erzählen.

Im Hintergrund bat eine Frauenstimme um Auskunft, Geschirr klapperte und Gian-Battista schien an einer Tasse zu nippen. Doch seine Stimme war ruhig, als er antwortete: "Ich bin nach Mailand gefahren, habe mich dort zum Treuhand- und Reisebüro von Alfr..."

Moritz erlaubte sich, um Kürze zu bitten: "Ich erinnere mich. Ich sollte noch einmal wissen, was in Zernez passiert ist."

"Ich habe Herrn Capaul das Geld abgeliefert, das ich in den Satteltaschen mitgebracht hatte. Dafür habe ich ein Formular mit S. Cadosch unterschrieben, das er mir wortlos hinstreckte, offenbar in der gewissen Annahme, ich wüsste schon, worum es ging. Er hat gesagt, dieses Formular ermächtige mich, das Geld in Anleihen anzulegen."
Moritz war erstaunt. "Woher weisst du, dass Herr Capaul das Geld dazu verwendet?"
"Weil er es selbst gesagt hat. Wörtlich hat er gesagt: "Sie müssen auf diesem Formular nur bestätigen, dass Sie, Herr Cadosch, wirtschaftlich berechtigt sind, in Vertretung eines von Ihnen nicht zu nennenden Kunden die Anleihen zu kaufen."
Moritz war entsetzt. Abgründe taten sich auf. In seinem Kopf defilierten die Männer vorbei, von denen er ahnte, sie wären in der Lage, Staatsanleihen zu kaufen, aber keiner war darunter, dem er zugetraut hätte, auch nur in die Nähe solch krimineller Machenschaften kommen zu können. Gespannt fragte er: "Und für wen hast du als Herr Cadosch das Geld angelegt?"
Gian-Battista antwortete: "Janott, natürlich."
War der Kerl von Sinnen? Würde sein nicht ganz koscheres Unternehmen auffliegen? Erschrocken fragte er: "Du?"
"Natürlich nicht. Ein gewisser Janott hat damit zu tun. Ich musste "Janott" gleichsam als Passwort gebrauchen. Das hat mir Serena eingeschärft."
Die Abgründe schlossen sich nicht. Es konnte doch nicht sein, dass...
Genau das tönte jetzt aus dem Telephon: "Also war der Janott, den du auf Alfredos Bekanntenliste gefunden hast, doch der..."
Moritz antwortete scharf: "Wir ahnen nur, dass jemand mit Namen "Janott" im Spiel ist. Genauer gesagt: Wir wissen nicht einmal, ob dabei auf einen Menschen angespielt wird oder ob einfach ein Name als Passwort gebraucht wird."
Ein maliziöser Unterton war in Gian-Battistas Stimme, als er antwortete: "Wenn ich mich recht erinnere, hat sich Curdin Janott im Parlament für den Vereinatunnel stark gemacht. Und dieser Tage sind oft Lastwagen der Baufirma "Janott & Co." durch Susch gedonnert, wie mir Loredana erzählt hat. Er scheint an diesem Kuchen ein gehöriges Stück abzuschneiden. Und da wir uns gerade mit dem Mord an Luzi Clavuot beschäftigen..."
Ungeheuerlich! Dieser Mensch brachte den Herrn Nationalrat und den Mord an Luzi Clavuot in eine Verbindung! Und obwohl Moritz es nicht denken wollte, fügten sich Bausteine dieses Puzzles zusammen: Da waren die Telephonate zwischen Serard Cadosch und Alfredo, ein identifiziertes Phantombild, auf das er mit Hilfe der Frau Herrn Cadoschs gestossen war, seine rätselhaft geänderte Aufgabenzuteilung und der Baulöwe, der dem Baukätzchen die Aufträge wegschnappte.
Moritz schauderte. Es war Filz! Seine Vorbilder, seine Ideale, die ehernen Träger seiner Überzeugung entpuppten sich als leichtgewichtige Filzattrappen. Er hatte lange geschwiegen. Plötzlich vernahm er Gian-Battistas Stimme, die listig sagte: "Geld stinkt nicht, wie man weiss. Auch diese Regierung wird froh sein, wenn sie Geld geschenkt bekommt. Das bekommt sie, wenn sie diese Gelder konfisziert."

Das war eine bösartige Unterstellung! Niemand durfte rechtmässig gewählte Volksvertreter einem solchen Verdacht aussetzen. Aber nach allem, was ihm durch den Kopf gegangen war, konnte er nicht barsch reagieren. Er war der Polizist. Er musste niemanden um Rat bitten. Trotzdem klang es ein wenig hilflos, als er meinte: "Am besten, du ziehst dich zurück und überlässt den Rest mir."

Susch-Scuol

Gian-Battista würde sich Entspannung im "bogn Engiadina" in Scuol leisten. Er verabschiedete sich von Moritz. Er packte seine nötigsten Sachen und ging zum Bahnhof.

Der Fahrplan des Zuges war derart verdünnt worden, dass innerhalb einer nützlichen Frist nichts zu machen war. Er würde also zu Loredana gehen und sie bitten, ihm ihr Auto auszuleihen. Schliesslich hatte er einiges für sie getan. Nicht, dass er es nicht gern getan hätte. Es war ein kleines Auto. Zwar bequem und rot, aber klein. Es fuhr und schon bald war er auf dem Weg.

Er sah nur die Vorderseite des hinter ihm fahrenden wildnistauglichen Geländewagens, den Kühler, die Scheinwerfer und die Rammstange. Dazu hatte er viel Zeit, denn der Kühler hatte dicht aufgeschlossen und verschwand auch nicht, wenn Gian-Battista auswich, um diesen vorbeizulassen.

Er fuhr sich nervös über den Schnurrbart und kniff seine Augen einige Male zusammen. Die Anhänglichkeit, die ihm anfangs nur auf die Nerven gegangen war, begann nach einer Weile, ihn zu beunruhigen. Aber es war kein kaffeeversprechendes Restaurant in Sicht, nur links Felswände und rechts die steil und lang abfallende Flanke des Flussbettes. Die Leitplanken schienen solid. Nur in diesem Moment nicht, als ihn der Kühler überholte. Es war ein motorisierter, wuchtiger Body-check. Gian-Battista sah an der Seite des Wagens die Aufschrift C. Janott & Co., Bauunternehmungen, am Steuer meinte er Alfredo Compagnoni gesehen zu haben.

Sein Auto leistete nur geringfügige Gegenwehr. Es überschlug sich zwar nicht, aber es rutschte mit kurz frei drehenden Rädern den Abhang hinunter, als es von der Strasse weggedrückt wurde. "Es wird sich überschlagen", blitzte es durch Gian-Battistas Gehirn, er spürte, wie sich seine Augen vor Schreck weiteten, dass es noch steiler wurde, er ahnte eine Felswand, dort würde es sich im freien Fall überschlagen. Er würde zum Stillstand kommen, aber er würde nicht mehr in der Lage sein, herauszuklettern.

Plötzlich kam die Talfahrt zum Stillstand. Gian-Battista, eben noch mit schaudernder Faszination sein Ende erwartend, brauchte einen Moment, die Chance wahrzunehmen. Er stiess die verbeulte Wagentür auf und liess sich aus dem Auto fallen. Er stand ungläubig auf und kniff seine Augen ein paarmal zusammen, um sich zu vergewissern, dass er noch lebte.

Es hatte in der Nacht kurz geregnet, das Gras war nass und glitschig. Die Feuchtigkeit des Laubes begann, in ihn einzudringen. Er trat einen Schritt zur Seite. Das Auto rutschte weiter. Auch er selbst rutschte auf seinen profillosen, lederbesohlten Schuhen und warf sich an den Baum, der seinem Auto zu einer kurzen, letzten Rast verholfen hatte.

Offenbar eine Felswand, nicht weit entfernt. Er hörte Zweige knacken und Blätter rascheln. Es hörte sich an, als seien am Fluss einige Laubbäume. Er vernahm, wie das Auto klatschend den Fluss erreicht hatte. Er zog sich am Baumstamm hoch und blickte zum Fluss. Das Auto stak im Flussbett. Erst die nächste Schneeschmelze würde es fortreissen, eher unwahrscheinlich, dass man es aus gewässerschützerischen Gründen schon vorher entfernen würde. Das Schicksal hatte sich auch noch nicht ganz entschieden, ob er sich zu seinem Vehikel gesellen sollte. Er klammerte sich an den Baum. Bis zum Ende seiner Tage würde er das nicht aushalten können. Es sei denn dieses Ende wäre immanent.

Er wagte nicht, weiterzudenken. Er wollte dieses Ende noch hinauszögern. Wenn er sich einfach auf die andere Seite des Baumes stellen würde, konnte er den nächsten Baum zwar im Sich-Hinwerfen erreichen, wenn er indes etwas daneben stürzte, lag in Kopfeslänge ein Stein. Er zog die Schuhe aus. Barfuss hatte er bessere Chancen. Es war zwar kalt am Boden, aber er fand den Halt, den er brauchte, um Richtung Strasse weiterzukommen.

Oder eben nicht. Einen Schritt hatte er heil überstanden, beim zweiten war er schon ein wenig unaufmerksamer, in Gedanken war er schon auf der Strasse und phantasierte, eine hübsche Engadinerin würde sich seiner erbarmen und er konnte seine Füsse in ihrem Wagen wärmen, da geschah es. Er hatte den nassen Grasfleck übersehen, stand drauf, die Beine rutschten weg. Er griff nach einem Grasbüschel. Der riss aus, bevor er Halt gefunden hatte. Er blickte verzweifelt um sich. Er sah den Baum entschwinden, der dem Auto Halt geboten hatte. Sein Gleiten gewann an Geschwindigkeit. Er riss feuchtes Laub mit, versuchte, sich festzubeissen, aber ausser einem Mundvoll Tannennadeln brachte das nichts. Dann hackten seine Füsse ins Leere; er hatte die Felswand erreicht. Sein letzter Gedanke war Loredana in der warmen Stube ihres Hauses. Es krachte und knackte, er fühlte, wie ihm etwas das Hemd zerriss und das Gesicht zerkratzte. Dann spürte er einen harten Aufschlag, aber er spürte ihn und das war ein gutes Zeichen.

Er sass auf seinem Hosenboden und blickte auf. Was ihm das Leben gerettet hatte, war eine Erle, die sich herbstlich gelb verfärbt hatte.

Wieder kniff er die Augen zusammen und zupfte eine Tannennadel aus seinem Schnurrbart, die sich während des Schlidderns, Gleitens, Fallens, sich Drehens, darin verfangen hatten. Seine Glieder schmerzten. Er begann sich zu betasten, unterliess es aber schnell, weil sich eine unangenehme Nässe in der Hosenbodenregion bemerkbar machte. Im ersten Moment fürchtete er, es wäre Blut, im zweiten Moment hiess ihn die Kälte aufstehen und beruhigt auf den Boden sehen. Der Inn hatte ein kleines Nebenärmchen gebildet. Das Flussbett war zum unterkühlenden, lecken Wasserbett geworden.

Er führte seine Inspektion im Stehen fort. Die Knochen schmerzten, aber sie gaben nicht nach. Er sah sein Auto, das schlimmere Verletzungen erlitten hatte. Er stand etwas verzweifelt im Fluss. Er wollte ihm keine Gesellschaft leisten, bis eine Räumequipe es aus seiner misslichen Lage befreien würde. Die

Saison der Riverrafter war auch vorbei, der Finstermann im Geschäftsauto des Ehrenmannes würde den Unfall kaum melden. Die Chancen standen also schlecht, jemals von irgendwem aufgelesen zu werden. Den Hang noch einmal bezwingen zu wollen, würde die Nemesis, die Rachegöttin, herausfordern. Vielleicht würde einmal ein Weg vom Fluss nach oben führen. Jetzt verwünschte er sich, die Schuhe ausgezogen zu haben. Er würde sie wohl kaum je wiedersehen. Dabei war es ein teures Exemplar aus Florenz gewesen.

Es war ein strahlender Tag. Er sah den tiefblauen Himmel, nach dem Bad hätte er sich in die Sonne setzen können. Ein Gewitter hatte die Luft gereinigt, jetzt war kein Wölklein zu sehen. Nur: Hier unten, am Fluss, schien keine Sonne. Vielleicht, gerade am Mittag, könnte er hier zwei, drei Strahlen erhaschen, um seine Füsse zu wärmen. Er blickte auf seine Uhr. Sie war zerborsten. Sie war um halb zehn stehen geblieben. Lange war er im kalten Wasser nicht sitzen geblieben, viel Zeit war nicht vergangen. Ob und wann die Sonne hierhin scheinen würde, war höchst ungewiss. Bis dann hatte er es zur Strasse geschafft und dann könnte er dort auf die Sonne warten. Nötig würde er es auch dort haben.

Er ging am Ufer flussabwärts. Die Äste und Steine stachen ihm in die Füsse. Aber wenn er im Bach ging, stachen ihn die Steine ebenfalls. Ausserdem würden die Füsse abgefroren sein, bis er endlich einen Weg hangaufwärts gefunden haben würde.

Bald spürte er die Steine nicht mehr, aber das Verlangen nach etwas Warmem nahm zu. Ein Bächlein floss in den Fluss, was er nicht beachtete und schon lag er der Länge nach am Boden und spürte zwar die Füsse nicht, dafür alle Stellen, die sich während des Sturzes durch die Äste hatten zwängen müssen. Er erhob sich schimpfend. Die gute Kinderstube begann, von einer aus spitzen Steinen, nassem Laub und abgebrochenen Ästen angereicherten wildsprudelnden, eiskalten Wassermasse fortgeschwemmt zu werden.

Etwas Pfadähnliches verschwand im Wald und versprach, in die Höhe zu führen. Ausgehauen war er zwar nicht, an den Fetzen, die er am Leibe trug, fanden heraustehende Zweige immer noch ein Stück Stoff, das sie noch weiter zerkleinern konnten, aber es ging bergan. Als die Sonne gerade im Zenith stand und einige Strahlen ihren Weg zu ihm fanden, stand er auf der Strasse. Er musste nicht lange warten. Das orange Auto eines Strassenarbeiters hielt und nahm ihn auf. Es war ein kräftiger Mann mit Vollbart, hellen Augen und einem goldenen Halskettchen, der ausstieg.

"Ich an Ihrer Stelle würde nicht barfuss herumgehen," sagte er und sah Gian-Battista mit unverhohlener Verachtung an.

"Es war dumm von mir," gab dieser sofort zu. "Ich meinte, es würde so besser gehen."

"Sie kommen sicher von unten und meinten, sie wissen, wie es hier bei uns ist."

Diesem Argument war nichts entgegenzusetzen. Gian-Battista kniff seine Augen zusammen und schwieg schuldbewusst. Der Arbeiter fuhr an den Strassenrand, stieg aus dem Auto und begann, im Laderaum herumzusuchen.

Er kam mit zwei riesigen Überschuhen zurück. "Die sind zwar nicht sehr modisch, aber zur Not können Sie sie einmal anprobieren."

Gian-Battista hätte mit beiden Füssen in einen Schuh gepasst, aber sie wärmten ein wenig. Er murmelte einen Dank.

Der andere sah ihn belustigt an. "Am besten, wir gehen etwas trinken. Ich lade Sie ein."

Gian-Battista nickte dankbar. Sie fuhren schweigend bis an die ersten Häuser von Scuol, dort stiegen sie aus. Auch dieses Restaurant hiess "Crusch Alba". Es war Essenszeit.

Gian-Battista zählte fünf Nasen, als er eintrat. In der Ecke stand ein alter, runder Tisch mit einem kupfernen Aschenbecher, der wie die Flagge eines Schiffes die Aufschrift "Stammtisch" trug. Und gegenüber des Eingangs stand ein schlichter, rechteckiger Tisch. Zwei junge Frauen, die er vorhin noch nicht bemerkt hatte, sassen daran. Sie rauchten und warfen Münzen in eine Musikbox an der Wand, die ihnen dafür die Hits der vergangenen Woche spielte. Der Mann, der Gian-Battista aufgelesen hatte, steuerte mit ihm den Stammtisch an. Zwei Männer sassen vor einem Bierglas und schienen auf das Essen zu warten. Ein schmächtiger Greis mit lustigen Augen trank ein Zweierlein Veltliner. Sie begrüssten die Neueintretenden, Gian-Battistas Helfer redeten sie mit Linard an.

"Habt ihr heute die Zeitung gelesen?" Der Strassenhelfer schaute mit seinen hellen Augen interessiert in die Runde.

Einer der zwei Biertrinker blickte kurz auf. "Du redest von der Debatte?" Linard hob die Hände und schränkte ein: "Vom Kommentar dazu."

"Eine nachträgliche Würdigung für Luzi Clavuot." Der zweite Biertrinker lachte mit dreckigem Unterton auf und warf ein: "Er muss ein berühmter Mann gewesen sein, wenn man sich sogar ein halbes Jahr nach seinem Tod noch an ihn erinnert." Die Folgen seines Bierkonsums strapazierte die Elastizität der Hosenträger.

Der, der Gian-Battista mitgenommen hatte, reagierte gehässig: "Du könntest wenigstens mit deinen blöden Bemerkungen aufhören."

Er hatte seine Stimme so erhoben, dass die zwei jungen Frauen, die schweigend ihre Zigaretten rauchten, interessiert hinüberblickten.

"Es tut mir so leid, wenn ich dein Andenken verletzt habe," flötete der andere. Das Essen - es gab nur ein Menü, Bestellung überflüssig - wurde serviert. Engadinerwürste und Pellkartoffeln. Das Gespräch versiegte augenblicklich. Die Männer kauten, schmatzten, schlürften und husteten, wenn sie sich verschluckten. Die Teller waren im Nu leergegessen, dann tranken sie und griffen zur Zigarette.

Es wurde still. Gian-Battista benützte die Gelegenheit. Er fragte: "Ich habe die Zeitung heute morgen nicht gelesen. Könnte mir jemand erzählen, worum es ging?"

Die andern hatten keine Lust, ihm Auskunft zu geben. Der schmächtige Greis wachte kurz auf, seine Augen blitzten listig, er sagte: "Es ging besonders um die Rolle, die Luzi in der Diskussion über Drogenliberalisierung hatte." Dann bestellte er wieder ein Glas Wein. Gian-Battista liess nicht locker. "Ihr habt

von Luzi gesprochen. Er war ein Freund von mir. Was stand über ihn drin?"
"Du weisst, dass Luzi im Nationalrat war". Gian-Battista nickte. "Und du
weisst auch, wer Curdin Janott ist," sagte der Linard und spielte an seinem
Goldkettchen.
Gian-Battista schüttelte schwach den Kopf und sagte: "Nur dem Namen
nach."
Der andere erklärte: "Er ist einer unserer Volksvertreter, Mitglied der fort-
schrittlichen Bürgerpartei, ist Bauunternehmer und Verwaltungsrat bei ver-
schiedenen Aktiengesellschaften. Ursprünglich kommt er aus Haldenstein."
Solches hatte Gian-Battista vielleicht auch schon irgendwo gelesen. Ihn inter-
essierte aber etwas Bestimmtes. "Und was hatte Luzi mit ihm zu tun?"
"Luzi und Curdin waren gewissermassen Busenfeinde. Wenn Curdin etwas
sagte, sagte Luzi etwas dagegen, und wenn er nichts sagte, brachte Luzi ein
Thema auf, bei dem sie sich todsicher in die Haare gerieten."
"Jetzt kann er nichts mehr aufbringen. Warum hat man ihn also erwähnt?"
Der Hosenträgerstrapazierer meldete sich zu Wort und sagte: "Man debattierte
über die Drogenliberalisierung. Das war jeweils ein sicherer Wert, wenn es um
Redeschlachten zwischen den beiden ging. Luzi sagte immer, man sei nur
gegen eine Liberalisierung, weil gewisse Menschen an der Politik der Re-
pression viel Geld verdienten. Und später, als ihn Curdin als Waschlappen,
Unterwanderer der Staatsmoral und Beleidiger unserer Polizei angriff, konterte
Luzi, seine - eben Curdins - Baugeschäft könne nur dank Drogengeldern
überleben. Daran erinnerte der Kommentator und meinte, dass die Vorlage
eine Chance gehabt hätte, wenn Luzi noch dabei gewesen wäre."
Die lustigen Augen des schmächtigen Greises funkelten zornig. Er mischte
sich ein: "Das war eben die Art von Luzi"
Gian-Battista fragte verwundert: "Welche Art?"
Der Greis lehnte sich zurück, faltete die Hände auf dem Bauch und sagte
verächtlich: "Beleidigungen, nichts als Beleidigungen. Luzi konnte nichts
anderes, als anständige Leute zu beleidigen."
Gian-Battista fragte: "Hat er Beweise vorgelegt?"
Linard liess sein Kettchen fahren, beugte sich über den Tisch und sagte
schnell, ehe der Greis weiterfahren konnte: "Vor einigen Jahren war Curdin
Janott in Liquiditätschwierigkeiten. Man munkelte, er sei in den roten Zahlen.
In dieser Zeit plante man den Vereinatunnel. Janott konnte die günstigste
Offerte vorweisen und bekam den Zuschlag. Darauf munkelten die Leute
wieder und wunderten sich, woher plötzlich das Geld gekommen war und
warum seine Zahlen auf einmal schwarz geworden seien."
Gian-Battista griff zum Bierglas und sagte: "Darum redet man von Schwarzgeld.".
Der Greis sagte wütend: "Nichts ist bewiesen. Alles völlig haltloses, gemeines
und bösartiges Geschwätz."
Wie auf ein geheimes Zeichen leerten alle noch schnell ihr Glas und standen
auf. Linard fragte Gian-Battista rücksichtsvoll, ob er ihn zum nächsten Schuh-
laden bringen oder ob er barfuss gehen wolle. Er bräuchte seine Schuhe nämlich wieder. Die Verkäuferin sah Gian-Battista erschrocken an, als er mit

zerrissenem Hemd und zerkratzem Gesicht in den Laden trat. Er meinte auf ihren Blick, er wolle nur eine lebendige Mahnung für die Unterländer sein, in den Bergen gutes Schuhwerk zu tragen. Er kaufte sich ein paar Schuhe mit robusteren Sohlen und ging ins nächste Kleidergeschäft, um seine Garderobe umgangstauglich zu machen. Er dachte, nach all diesen Unterbrüchen den Genuss eines nur der Natur nachempfundenen Bades verdient zu haben.

Aber seine geschundene Haut empfand die Massage-, Dampf-, Sied-, Kälte-, Prickel-, Gletscher-, Fango-, Schlamm-, Morastbäder samt Whirlpool, Jacusi, Kneipporgie nur bedingt erholsam.

Zwar nicht erfrischt, aber immerhin sauber setzte er sich ins anstaltseigene Café und überlegte, wohin er als nächstes gehen sollte. Genauer gesagt: Wohin er gehen wollte, wusste er schon, er musste die Wahl nur noch vor sich selbst rechtfertigen, denn immer noch quälte ihn die Frage, ob er nicht pietätlos handelte.

Dachte er altmodisch? Er verliess den Badepalast und ging zum Bahnhof und fuhr zu Loredana zurück.

Loredana erschrak, als er vor ihr auftauchte. Sie blieb stehen und sagte nichts. Er fühlte sich wie ein ausgewrungener Waschlappen und mochte auch nichts sagen. Sie sahen einander lange an. Sie fragte: "Was ist geschehen?"

Er erzählte, wie ihn ein Mann in einem Auto von Curdin Janotts Baufirma zwischen Ardez und Scuol in den Abgrund gestossen habe, wie er hinausklettern und ein wenig sich der Strasse hatte nähern können, dann ausgeglitten und neben dem Auto im Inn gelandet sei, dann wieder auf die Strasse gekommen und dort von einem Strassenarbeiter namens Linard mitgenommen worden sei und sie in Scuol zum Mittagessen eingekehrt seien. Die Männer in der Beiz hätten von Curdin und Luzi gesprochen, dass er, Gian-Battista, sich neue Kleider gekauft und ein Bad gegönnt hätte, das ihn allerdings nur sehr ungenügend erfrischt hätte.

Ihr Gesichtsausdruck, zuerst erschrocken, ja, erschüttert, drückte nun Zweifel aus, als sie sagte: "Gian-Battista, ich sehe, dass etwas Schmerzhaftes geschehen ist. Aber hast du nicht ein wenig übertrieben?"

Gian-Battista riss sich das Hemd auf. Sie erschrak und blickte die Gasse hinunter. "Bist du wahnsinnig geworden? Wenn uns jemand so sieht, ist das bisschen an gutem Ruf, das ich mir als Ausländerin sichern konnte, völlig verloren. Komm sofort ins Haus!"

Das musste sie nicht zweimal sagen.

Im Haus betrachtete sie eingehend seine Verletzungen und verarztete sie, so gut sie konnte. Nach getaner Arbeit setzten sie sich in die Stüva. Sie steckte sich eine Zigarette an, rauchte ruhig, fuhr sich mit der Hand durchs Haar und sagte, scheinbar noch nicht überzeugt: "Es tut mir leid. Es kann stimmen, was du erzählt hast. Aber ich weiss, dass du ein guter Geschichtenerzähler bist. Ganz glaube ich es erst, wenn sie das Auto aus dem Inn gefischt haben."

Glaubte ihm Loredana trotz der Schrammen, Striemen, Prellungen, Schürfungen, Quetschungen, und Blutergüssen, die doch für jedermann und -frau, der es sehen konnte, klar ersichtlich waren, nicht? Doch war es Loredana, die ihm nicht glaubte und es war ihr Auto, das im Inn stak. Dieser Frau musste er

vergeben, die sicher ob des verschwundenen Wagens verärgert war und darum einer reichlich ungewöhnlichen Geschichte nicht glauben mochte. Also steckte er seinen Ärger weg und sprach von ihrem Auto. "Loredana", sagte er, "es tut mir leid, dass ich deinen Wagen ruiniert habe. Ich will ihn ersetzen."
Sie runzelte die Stirn, stand auf und fragte: "Kannst du das einfach so?"
Er nickte, seine Augen leuchteten spitzbübisch. Er sagte: "Spesen. Und Wiedergutmachung. Der Kanton wird's übernehmen." Sie blickte etwas verunsichert zurück und sagte: "Dein Wort in Gottes Ohr."
Endlich konnte er wieder ein Zitat an den Mann, respektive an die Frau bringen. Er erhob sich, schlug sich auf die Brust und sagte: "Des Mannes Antwort ist die Tat."
Loredana zog an ihrer Zigarette und blickte ihn kopfschüttelnd an. Er sagte entschuldigend: "Das ist von Eichendorff."
Er verliess das Haus, ging zur nächsten Garage, bestellte das Auto und kam mit einem grösseren, wintertauglichen, roten, glänzenden Auto zurück. Er überliess es Loredana. Dann telephonierte er mit Moritz.

Chur

Den Blumenstrauss müsste man ersetzen, dachte Moritz, als er den Tisch unter der Vase mit den angewelkten Blumen abwischte. Die Spur wies auf Curdin Janott. Aber gab es wirklich Beweise? Dass dieser Mafioso einen Firmenwagen von Curdin Janott benutzt hatte, um Gian-Battista aus dem Weg zu schaffen - Gott Lob war es ihm nicht geglückt - konnte nicht als Beweis gelten, dass Curdin der Auftraggeber war. An der Baustelle zwischen Susch und Lavin standen genügend Autos dieser Firma herum. Wenn also Alfredo einfach ein starkes Auto gebraucht hatte und ziellos im Engadin umhergefahren, wäre er sicher auf diesen Wagenpark gestossen. Nicht naheliegend, aber auch nicht auszuschliessen. Ein Indiz war es allemal. Der Name war schliesslich auch bei Alfredo Compagnoni aufgetaucht - und dessen Name bei diesem Mörder Lento. Zumindest eine merkwürdige Koinzidenz.

Moritz setzte sich, goss sich eine Tasse Kaffee ein, blickte auf seine Uhr und verbot sich, zur Pfeife zu greifen. Gian-Battista würde bald kommen. Gian-Battista! Seinetwegen war nun Gian-Battista wieder in eine lebensgefährliche Situation geraten.

Es juckte ihn, nochmals auf den Boden zu speien. Natürlich war eine Hausdurchsuchung illegal. Aber wenn er den Weg des Filzes beschritte, würde der ehrenwerte Herr Nationalrat alle Beweisstücke zum Verschwinden gebracht haben, bis er die Erlaubnis seiner beamteten Filzbewahrer erhalten hätte. Und womöglich konnten sie diese Hausdurchsuchung machen, ohne dass jemals jemand davon erfuhr. Nur hätten sie dann die Beweise.

Als es klopfte, öffnete Moritz pfeifend die Tür.

*

In Chur hatte er seine Beziehungen und hatte Giannin Columberg gebeten, Besitzer einer Reinigungsfirma, ihm einen Lieferwagen auszuleihen. Pünktlich um 8.45 fuhr dieser Lieferwagen der Firma "Calanda Reinigung" vor das Haus mit dem Büro von C. Janott & Co. Gian-Battista und Moritz, beide in graue Overalls gekleidet, trugen allerlei Reinigungsgerät. Moritz spähte ängstlich um sich. Er musste sich an seine Rolle als Gesetzesbrecher, pardon: Als unkonventionellen Gesetzeshüter, erst noch gewöhnen.

Der Portier meinte auch, Herr Janott hätte nichts von einem solchen Besuch gesagt. Darauf schob Moritz seine "Mobil - Oil" Schirmmütze etwas von den mit grau durchsetzten blonden Haaren und sagte zu Gian-Battista: "Heute ist doch der zweite?"

Dieser kniff seine Augen einigemal zusammen, blickte auf seine Uhr und bestätigte. Darauf holte Moritz umständlich einen zerknitterten Umschlag aus der Tasche und zeigte ihn dem Portier. "Hier."

Der Portier machte keine Anstalten, den beiden den Schlüssel auszuhändigen. "Herr Janott hätte mir etwas gesagt," stellte er fest. Er schien beleidigt, dass man ihn übergangen hatte.

"Gut dann," sagte Gian-Battista und zog den Blonden am Ärmel. "Gehen wir. Wenn der uns nicht hineinlässt."

"Moment," sagte Moritz, angespornt durch die Dreistigkeit des andern und im Bemühen, ihm nicht nachzustehen: "das wird Herrn Janott nicht gefallen", und fügte, zum Portier gewandt, barsch hinzu: "Geben Sie uns Ihren Namen, damit Herr Janott weiss, wem er das ungeputzte Zimmer zu verdanken hat."

Die Haltung des Portiers hatte zunehmend an Sicherheit eingebüsst. Er holte den Schlüssel und sagte trotzig: "Das ist das erste Mal, dass er eine Firma beauftragt. Bis jetzt ist immer seine Frau gekommen."

"Vielleicht ein Geburtstagsgeschenk", sagte Gian-Battista, dankte höflich und die zwei verschwanden.

Die vermeintlichen Putzmänner verloren keine Zeit. Sie gingen sofort in das Zimmer Janotts und stellten den Staubsauger an. "Zum Glück hatte Bernard noch eine alte Maschine. Die neueren sollen geräuscharm sein," sagte Moritz, der sich in seiner Rolle als Putzequipenleiter zunehmend wohlfühlte.

Die beiden gingen ans Werk. Besonders der abgeschlossene Aktenschrank versprach reiche Beute.

"Zum Glück gibt es Menschen, die der elektronischen Kommunikation misstrauen", sagte Gian-Battista und nahm einen Bündel Briefe hervor. Insbesondere die Korrespondenz mit Italien scheint interessant zu sein." Er gab den Packen an Moritz, der versuchte, den Computer zu knacken. Er klapperte intensiv auf der Tastatur herum, zog verschiedene Disketten aus einer Schachtel, warf einen Blick auf ihre Etiketten, liess sie wieder hineinfallen. Jetzt zahlte sich die Zeit aus, die er vor dem Computer verbracht und dafür spitze Bemerkungen von Rosmarie eingefangen hatte. Er streifte den Bündel Briefe mit den Augen und sagte zu Gian-Battista: "Sieh du nach. Ich bin beschäftigt." Gian-Battista riss die Umschläge auf und überflog sie rasch. Offensichtlich wurde er fündig. Er rief Moritz und sagte: "Dieser Brief datiert vom 16. April 1979. Hier schreibt ein gewisser Don Giuseppe, er hoffe, das Tunnelprojekt käme durch die parlamentarischen Hürden; er sei gewiss, dass sie, wie früher, zum gegenseitigen Nutzen..."

"und Frommen", warf Moritz schnell ein, empört und verletzt. Stellte er tatsächlich sein Leben in den Dienst dieses Staates, in dem gewisse, auch noch geachtete Persönlichkeiten vor solchen Machenschaften nicht zurückschreckten?

"...zusammenarbeiten würden", beendete Gian-Battista den Satz.

Moritz hörte nur halb zu. Er steckte eine Diskette in die Maschine, sah kurz ihr Inhaltsverzeichnis an, drehte sich entsetzt zu Gian-Battista um. Er sah seine schlimmsten Erwartungen bestätigt und sagte bedrückt: "Ich fürchte, ich hab's gefunden."

Er erklärte Gian-Battista, der neben ihn getreten war: "Hier ist die Abrechnung der Vereinabaustelle vom 31.12.1985. Demnach wurden Löhne für dreissig Arbeiter ausbezahlt."

Gian-Battista sagte verwundert: "Als mich Luzi einmal zur Baustelle mitnahm, wimmelte es von Arbeitern. Ich wusste gar nicht, dass dreissig Leute so wimmeln können."

Moritz, angewidert vom Gesehenen, sagte in einem Anflug von Zynismus: "Vielleicht haben sie sich ungeschlechtlich vermehrt."

Gian-Battista antwortete sofort: "Wie die Blattläuse?"

Moritz war es nicht zum Spassen zumute. Gedrückt folgerte er: "Blattläuse weiss ich nicht, mit Ungeziefer haben wir es jedenfalls zu tun." Moritz klapperte auf der Tastatur. "Es müssen noch mehr Leute gewesen sein. Hier steht noch kleiner: 60 direkt bezahlt."

Gian-Battista fragte erstaunt: "Ich meinte, Curdin Janott sei in Liquiditätsschwierigkeiten gewesen anfangs der achtziger Jahre. Woher hat er das Geld?"

Der Unterton in Moritzens Stimme war bitter, als er sagte: "Er hatte wohl einen selbstlosen Geldgeber."

Er klapperte weiter auf dem Computer. Plötzlich hielt er inne und sagte: "Es wird noch schlimmer." Aber sollte er sich aufregen?

Er lehnte sich zurück, zündete sich seine Pfeife an und sagte müde: "Nehmen wir einmal an, ein generöser Tunnelliebhaber, vielleicht dieser Don Giuseppe," er blickte kurz zu Gian-Battista und fuhr fort: "dessen Brief du mir in verdankenswerter Weise vorgelesen hast, hätte Curdin das Geld zur Verfügung gestellt, sodass er die im Grunde nicht existierenden Arbeiter direkt bezahlen konnte."

"Moment, Moment," wandte Gian-Battista ein, offenbar brauchte er Zeit, um alles zu begreifen. "Du hast gesagt, es gäbe nicht existente Arbeiter. Wie meinst du das?"

Moritz lehnte sich im Bürostuhl zurück, "Gian-Battista, komm bitte auf die Welt. Keine Baufirma hierzulande kommt ohne schwarze - nicht existente - Arbeiter aus. Die Sozialausgaben sind den Herren Direktoren zu teuer."

Empört entfuhr es dem anderen: "Das ist illegal."

Moritz kam sich vor, als ob er seinem Sohn Johannes dozierte: "Wir leben in Zeiten des Umbruchs, respektive des Abbruchs. Das Ziel des heutigen Turbokapitalismus ist die Anarchie. Curdin Janott ist, wenn er im Nationalrat sitzt, ein Anarchist. Nur nennt er - und alle andern - das heute nicht Anarchie, sondern Deregulierung." Er erinnerte sich sogar noch an einen Namen, den sein Sohn aus dem AJZ mitgebracht hatte: "Bakunin hätte seine Freude daran."

Ging das Gian-Battista zu weit? Er fragte: "Hat denn niemand Angst davor, dass dies auffliegt? Heute gelten die Gesetze noch."

Aber Moritz war in Fahrt: "Wer könnte ein Interesse daran haben, diese Gesetze zu kontrollieren und damit einem Wirtschaftszweig zu schaden? Das einzige Problem ist nur, wenn jemand, den es gar nicht gibt, bei der Arbeit umkommt."

"In einem Tunnel sollte es genug Möglichkeiten geben, eine Leiche zu entsorgen," sagte Gian-Battista, in dessen Stimme das Staunen dem Gefühl von Hilflosigkeit und Wut gewichen war.

Die beiden schwiegen eine Weile. Gian-Battista kratzte sich gedankenverloren am Schnurrbart, Moritz zog an seiner Pfeife. Dann nahm er den Faden des Gedankens wieder auf: "Wir sind bei der Frage stehengeblieben, was geschieht, wenn ein Mensch einen maroden Bauherren so grosszügig unterstützt, damit dieser dann für den Auftrag am Tunnelbau eine äusserst günstige Offerte machen kann." Wieder schlug sein Abscheu in Zynismus um: "Ein Ehrenmann kann einen solchen Freundschaftsdienst nicht unbeantwortet lassen."

"Das verböte ihm sein Ehrgefühl," nahm Gian-Battista die Stimmung seines Freundes auf.

Moritz fuhr im gleichen Stil fort: "Genau. Und eine Woche Skiurlaub im Palace in St. Moritz würde einem so feinfühligen und bescheidenen Menschen wie unserem Gönner zu protzig erscheinen. Der Ehrenmann hat also eine ganz diskrete Art ersonnen."

"Erzähl schon", sagte Gian-Battista, plötzlich ungeduldig.

"Du erinnerst dich, das Geld aus Livigno wurde in Curdin Janotts Namen in Staatsanleihen angelegt, die ausgegeben wurden, um den Vereinatunnel zu finanzieren, und ich nehme an, das sei mit dem Tunnelprojekt gemeint, von dem der Brief spricht."

"Richtig", sagte Gian-Battista und richtete sich auf.

Moritz zog genüsslich an seiner Pfeife; er genoss es jetzt, den andern etwas zappeln zu lassen. "Diese Anleihen werfen eine Rendite ab. Und just am Tag nach dem Zeitpunkt, da diese fällig werden, fliesst Geld an eine Beraterfirma "Compagnoni" in Mailand."

"Alfredo?"

"Es würde mich nicht wundern. Er scheint ein äusserst vielseitig begabter Mann zu sein."

Wurde es Gian-Battista langsam schwindlig? Er stand auf und sagte, er müsse etwas Trinkbares suchen. Er kam, in der einen Hand trug er zwei Gläser, in der anderen eine Packung Orangensaft, unter dem Arm eine Flasche Rum. Er setzte sich, gab sich und Moritz ein Glas, füllte sie und sie tranken.

"Réserve du patron", sagte Gian-Battista und Moritz wusste, dass sein Helfer wieder zu Kräften gekommen war. Dem Guten war es anscheinend immer noch zu ungeheuerlich, denn nachdem sie einige Gläser geleert hatten, begann Gian-Battista wieder:

"Du musst mir das der Reihe nach noch einmal wiederholen. Ich verstehe das immer noch nicht ganz."

"Das haben sie auch nicht zu verstehen." Die Türe war aufgegangen und Curdin Janott stand im Zimmer.

In Moritz krampfte sich alles zusammen. Curdin war gegen sechzig, untersetzt, kräftig gebaut, ein glattes Gesicht und schwarzgefärbte Haare, die sich zu lichten begannen. Er lachte schadenfroh wie damals, auf dem Pausenplatz der Kantonsschule, er, Moritz, ein Unterklässler in kurzer Hose und dieser Curdin, der grosse Abschlussschüler, schon mit Krawatte, wohlfrisiert und einem Mädchen am Arm, als er ihn vor versammelter Schulgemeinschaft abkanzelte, weil er am Tag zuvor beim Skilaufen, auf seinen viel zu langen Brettern vom älteren Bruder, so ungeschickt gefallen war.

Wie damals schlug er jetzt diesen süffisanten Ton an: "Ich muss mich entschuldigen, falls ich Sie gestört habe. Aber darf ich Sie um eine Erklärung bitten?" Dann aber verlor er die Fassung und schrie: "Das ist Einbruch!"

Der Respekt, den er dem Älteren immer entgegengebracht hatte, fiel in diesem Moment in Moritz zusammen. Jemand, der so schreit, hat sich nicht mehr unter Kontrolle. Meist aus Angst, wie Moritz aus seiner Erfahrung wusste. Er antwortete darum ruhig: "Das ist eine Hausdurchsuchung."

"Das ist illegal." Curdin schrie immer noch, eilte jetzt zum Computer und stellte ihn ab. Mit gleicher Heftigkeit fuhr er fort: "Ich werde das sofort der Polizei melden." Aber in seiner Stimme schwang tatsächlich Angst mit.

"Nicht nötig." Moritz holte seinen Ausweis hervor und streckte ihn Curdin Janott entgegen.

Jetzt verlor Curdin Janott einen Moment die Fassung. Wie um sich selber Gewissheit zu geben, wiederholte er: "Das ist illegal."

Moritz' Gedanken arbeiteten jetzt klar und scharf. Natürlich hatte Curdin recht. Diese Aktion war illegal, und es war ein verdammtes Pech, dass er sie erwischt hatte. Sie hatten kaum eine Chance. Aber wenn er all das, was er gesehen hatte, irgendwie publik machen konnte, war Curdin erledigt. Auf alle Fälle musste er von heute an nicht mehr jedesmal, wenn er Curdin sah, an die Szene in der Kantonsschule denken.

Dieser lief, immer noch um das Wiedererlangen seiner Selbstbeherrschung bemüht, im Zimmer auf und ab. Gian-Battista räumte derweilen Orangensaft, Rum und Gläser ab und war dabei, in der Küche zu verschwinden. Als Curdin dies sah, blieb er stehen und sagte, direkt freundlich: "Lassen Sie nur, meine Frau wird schon aufräumen."

Moritz dachte empört: "Das hätte ich Rosmarie nie zugemutet." Aber gleichzeitig gestand er sich ein, dass ihm Ähnliches auch schon durch den Kopf gegangen war, bevor er all dies erlebt hatte.

Diese kleine Bemerkung hatte Janotts Zunge gefestigt. Er sagte kühl: "Haben Sie einen Hausdurchsuchungsbefehl?"

Moritz antwortete schlicht: "Nein"

Curdin sagte selbstbewusst und triumphierend: "Das werden Sie büssen. Ich bin ein unbescholtener Bürger und zudem parlamentarisch immun. Verlassen Sie sofort mein Haus. Wir sehen uns vor Gericht."

*

Früher - nicht sehr viel früher - hätte sich Moritz nach diesem Abgang vor Angst verkrochen. Heute hingegen, als sie auf der Strasse standen, sagte er nur: "Ich brauche einen Schnaps. Diesmal ohne Orangensaft." Sie gingen ins nächste Restaurant. Moritz bestellte einen Cynar, Gian-Battista einen Martini.

Gian-Battista sagte: "Wir sind unterbrochen worden. Könntest du mir das mit dem Geld noch einmal erklären?"

Moritz sagte: "Das Geld kommt bar via Kurier von Livigno nach Zernez. Dort wird es zwischengelagert und nach St. Moritz auf das Konto von Curdin Janott einbezahlt. Damit zeichnet Curdin Staatsanleihen. Wenn die Zinsen fällig sind, werden sie Curdin überwiesen, der damit die bekannte Beraterfirma Compagnoni in Mailand bezahlt."

"Compagnoni? Das ist doch Alfredos Treuhandgeschäft?" fragte Gian-Battista, hörbar erstaunt.

Moritz seufzte. "Es steht nicht fest, wie Compagnoni den Bauunternehmer berät."

Gian-Battista reagierte dezidiert. "Das hört jetzt auf. Man weiss jetzt, dass die Staatsanleihen mit Schwarzgeld gezeichnet worden sind und kann das Geld beschlagnahmen." Auf einmal schien die Sicherheit zu zerstäuben, und Gian-Battista fragte unsicher: "Meinst du, die Mafia wird das einfach hinnehmen?"

Moritz wollte nicht zeigen, dass er unbestimmt Angst hatte und antwortete darum nur: "Kaum."

Gian-Battista schien diese unterschwellige Sorge nicht zu bemerken. Er fragte unbekümmert: "Wie gehst du jetzt weiter vor?"

Er konnte und wollte so nicht mehr weiterarbeiten. Moritz hielt sein Glas in beiden Händen und sagte nachdenklich: "Ich werde wohl nichts mehr mit dieser Sache zu tun haben. Man wird mir den Prozess machen. Vermutlich werde ich die Stelle verlieren."

Der andere widersprach: "Das werden sie sich nicht getrauen. Du hast den Knüller des Jahres entdeckt."

Plötzlich war Moritz wieder müde. Er blickte sein Gegenüber an und wurde sich bewusst, welche Welten sie im Grunde trennten. Er sagte: "Was weisst denn du von den Zuständen hier im Leben? Du beschäftigst dich mit schönen Geschichten und meinst, alle hätten nur auf uns gewartet, damit wir der Welt zeigen, was edelmütige, selbstlose Männer aufzudecken im Stande sind. Ich habe nie Latein gelernt, aber irgendjemand hat einmal in einem Leserbrief einen dieser Lateiner zitiert. Der soll gesagt haben: Wie einst unter den Lastern, so leiden wir heute unter den Gesetzen. Und jetzt, mein Lieber, haben wir nicht nur die Dunkelwelt gegen uns, sondern auch noch die anerkannten Lichtgestalten unseres demokratischen Systems."

"Ut olim vitiis, nunc legibus laboramus. Das war Tacitus," warf Gian-Battista automatisch ein.

Brauchte es eines weiteren Beweises. Moritz fragte sich, wie dieser weltfremde Mensch so viel zustandegebracht hatte. Auch hier schwieg er wohl besser und sagte nur: "Danke."

Gian-Battista hatte glücklicherweise nichts von seinen Gedanken erraten; er versuchte, seinen verlorenen Glauben in die Gutwilligkeit dieses Systems zu reanimieren: "Vielleicht sprechen sie dich frei. Und dann wirst Du ihnen alle Beweise vorlegen können, die du in den Händen hast."

Es war wirklich zum Lachen. "Gian-Battista, du solltest dich sehen. Du kommst mir vor wie eine Kindergärtnerin, die versucht, ihrem Schützling die

Angst vor dem Wasser zu nehmen. Nein, nein. Die Rechtslage ist eindeutig. Wie Curdin schon gesagt hat: Unsere Aktion war doppelt illegal. Zum einen sind wir ohne Durchsuchungsbefehl in seine Wohnung, zum andern ist er parlamentarisch immun. Und auch wenn wir einigermassen plausibel hätten machen können, dass wir eine Hausdurchsuchung machen sollten und die Sache wäre vors Parlament gekommen, hätten wir keine Chance gehabt. "

Alvaneu-Filisur

Als Gian-Battista in Basel den Zug bestieg, kam ein Mann auf ihn zu, nahm seine Zigarette aus dem Mund, klopfte ihm auf die Schulter, sagte: "She's come a long way, your baby," und verschwand. Er musste sich nicht umdrehen, um zu wissen: Das war Humphrey Bogart gewesen. Kaum war er im Wagen, rollte der Zug an. Er kniff erschrocken die Augen zusammen und hielt sich am Gepäckträger fest, als der Zug über die Weichen fuhr. Er setzte sich und blickte in den erwachenden Tag hinaus. Bogey hatte recht: Amors Pfeil hatte nicht nur ihn getroffen - schon damals, im strömenden Regen, in Apulien - endlich hatte es auch Loredana erwischt. Er bildete sich ein, es war an jenem Tag gewesen, als er die folgenschwere Reise nach Scuol unternommen hatte; der Sorge, dass ihre Gefühle nur Mitleid waren, widersprach ihre Einladung.

Er lächelte in sich hinein. Natürlich war Amor in den vergangenen zwanzig Jahren nicht untätig geblieben, aber es waren bestenfalls Streifschüsse gewesen, die sein Herz nur angekratzt hatten. Nein, - er holte seine Aktentasche vom Gepäckträger hinunter und musste schnell das Geholper einer neuerlichen Weiche ausbalancieren - der Schuss, den er beim ersten Treffen mit Loredana abgefeuert hatte, war ein Meisterschuss gewesen.

In Chur verliess er den Zug. Er wollte schnell bei Moritz vorbeisehen, um zu erfahren, welche Folgen die Hausdurchsuchung gehabt hatte.

Im Blumenladen um die Ecke kaufte er noch einen Blumenstrauss, er dachte, Moritz hätte sicher Freude und er war gerade dazu in Stimmung. Und in dieser Stimmung, in Gedanken schon bei Loredana, klopfte er an Moritz' Bürotür. Erschrocken kniff er die Augen zusammen, seine Stimmung stürzte jäh, als Moritz öffnete. Dieser sagte nur kurz: "Ciao", kehrte ihm sofort den Rücken, ging ins Zimmer, liess aber die Tür offen, sodass der andere ihm folgte. Die Blumen waren allerdings nötig, sah Gian-Battista sofort, aber er legte den Strauss wortlos auf den Tisch. Moritz hatte sich ebenso wortlos in seinen Stuhl gesetzt.

Der Besucher kratzte sich verwirrt am Schnurrbart. Welches war der Grund der dicken Luft? Konnte er etwas aus Moritz' Gesicht lesen? Unter seinem blond-angegrauten Bart waren die Gesichtszüge schwer zu erkennen. Der Mund schien zugepresst. Grimmig? Mutlos? Verzweifelt? Enttäuscht? Wütend? Plötzlich griff Moritz in seine Brusttasche, zog eine Diskette hervor, knallte sie auf den Tisch und sagte verzweifelt: "Jetzt bin ich endgültig draussen."

Also war das Schlimmste eingetreten. Obwohl er es besser hätte wissen können, war Gian-Battista überrumpelt und hilflos. Reflexartig sagte er: "Ich verstehe dich nicht ganz."

Moritz blickte kurz auf und sagte verächtlich: "Natürlich. Der elegante Sportsmann versteht nicht ganz. Es ist eine Sache des Verstehens. Wie man eine Rechnungsaufgabe oder eine deiner wertvollen Aufsätze nicht in allen Feinheiten versteht."

Projizierte der seine Wut, seinen Frust, seine Verletztheit auf ihn? Nicht darüber sprechen, hier könnte Ungeahntes aufbrechen. Am sichersten war, auf der Sachebene zu bleiben. Also sagte Gian-Battista: "Ich wollte dich nicht verletzen," er lachte gezwungen, "aber ich konnte dir einfach nicht folgen. Bitte erklär mir's."

Moritz starrte ihn verständnislos an. Dann erhob er sich, nahm den alten Blumenstrauss aus der Vase, ging fort, um ihn wegzuwerfen, kam zurück, wickelte den Neuen aus, steckte ihn in die Vase und sagte mit ruhiger Stimme, ohne Gian-Battista anzusehen: "Man hat mir nahegelegt zu kündigen. Die Hausdurchsuchung hätten wir nicht machen dürfen. Kein Gericht lässt Beweise gelten, die illegal beschafft worden sind."

Gian-Battista war empört. Er sagte es bestimmt, mit einem Anflug von Wut in der Stimme: "Der Rechtsstaat muss Unrecht aufdecken."

Jetzt huschte ein kleines Lächeln über Moritz' Lippen: "Und sich dabei unrechter Mittel bedienen?"

Jetzt war es an Gian-Battista, verächtlich zu reagieren. Er sagte: "Du bist ein richtiger, angepasster Leisetreter geworden. Moritz, vergiss nicht, dass ein Mensch sein Leben drangeben musste."

Moritz starrte fassungslos in Gian-Battistas Gesicht, eine Sekunde war absolute Ruhe im Zimmer, dann herrschte Moritz den anderen an: "Du elender Besserwisser. Du musst dir die Hände nie schmutzig machen, du kannst es in deiner gelehrten Welt immer so einrichten, dass alles schön aufgeht."

"Ich wünschte, du hättest dir die Hände schmutzig gemacht."

"Ich habe mir die Hände schmutzig gemacht, wenn du so willst. Gebracht hat es nichts."

Jetzt schwiegen beide. Gian-Battista kniff verzweifelt die Augen zusammen und machte sich Vorwürfe. In diesem Moment hatte er Moritz wirklich verletzt. Wie konnte er nur? Versöhnlich sagte er: "Wie hätten wir es besser machen können?"

Mit einem kurzen Blick nahm Moritz das Versöhnungsangebot an und sagte ruhig: "Wir hätten den ordentlichen Weg gehen müssen und warten, bis Curdins parlamentarische Immunität aufgehoben worden wäre."

Spöttisch meinte der andere: "Dabei Curdin zusehen, wie er die Geldscheine zum Trocknen an die Sonne hängt?"

Auch Moritz schien sich in Spott zu retten: "Wenn er es so offensichtlich machen würde, wäre es kein Problem. Aber er benutzt einen Tumbler, den sieht niemand und darum wollen ihm die Volksvertreter seine Immunität lassen. Schliesslich ist er ein Ehrenmann." Die beiden sahen sich achselzuckend an. Gian-Battista stand auf und streckte Moritz die Hand hin. Dieser nahm sie und hielt sie lange fest. Keiner sprach ein Wort. Erst im Hinausgehen sagte Gian-Battista: "Ich gehe jetzt zu Loredana."

Moritz nahm seine Pfeife aus der Tasche, gab dem andern nochmals die Hand und sagte: "Wenigstens das."

Gian-Battista verliess das Polizeidepartement, ging zum Bahnhof und bestieg dort den Zug ins Engadin. Auf dem Perron traf er Marisa, die pummelige jüngere Schwester seines Freundes Tumasch, mit dem er vor dreissig Jahren auf den abgeernteten Feldern bei Susch Fussball gespielt hatte. Sie war in der Zwischenzeit älter, aber eher noch breiter geworden. Ihre und seine Geschichte kurzgefasst ergaben Gesprächsstoff bis ungefähr Alvaneu, wo er sich verabschiedete und zum Speisewagen ging, um seinen Hunger endlich zu stillen. Er wusste, dass am Schluss des Zuges ein Speisewagen angehängt war und hoffte, dort seinen Gaumen befriedigen zu können.

Die Gesellschaft war geschlossen, die dort schon Platz genommen hatte. Der Kellner zuckte bedauernd mit den Schultern, machte mit seinen Händen eine abwehrende Geste und deutete mit dem Kopf auf die Männer, die sich angeregt an den Tischen unterhielten. Während er zurückwich, sah er Curdin Janott, der mit dem altgewordenen Konfirmanden diskutierte, dessen Konterfei er im Restaurant "Sternen" gesehen hatte.

Beim Verlassen des Wagens knallte es. Die windfangähnliche Glastüre im Seitengang schwang, wie von Geisterhand aufgestossen, vor seinen Augen auf. Wenn dieser Knall eine Explosion gewesen war, musste sie nahe - der Knall war laut gewesen - und heftig gewesen sein, denn die Druckwelle hatte ziemlich Kraft gehabt, sie hatte immerhin zwei Windungen hinter sich bevor sie diese Tür aufgestossen hatte. Er eilte zur Notbremse und zog sie. Nichts geschah. Er eilte weiter und wollte in den nächsten Wagen, um die Notbremse dort zu ziehen. Dann erkannte er den teuflischen Anschlag. Die Explosion hatte den Speisewagen vom Rest des Zuges getrennt. Gian-Battista spürte, wie der Speisewagen zum Stillstand kam. Er atmete beruhigt auf und blickte auf den Bach unter sich. Im nächsten Augenblick begann dieser, sich zu bewegen. Gian-Battista brauchte einige Augenblicke, um sich diese Erscheinung zu erklären. Dann wurde ihm bewusst: Der Wagen rollte rückwärts.

Entsetzt blickte er um sich. Erst nach einigen Momenten wurde ihm die Situation klar: Die Explosion hatte die Gummiwände zerfetzt, seltsamerweise aber nicht die Gummischläuche, die das Vakuum sicherstellten. Sie waren fein säuberlich mit Blinddeckeln verschlossen und am Wagenende aufgehängt. Wer immer diesen tödlichen Plan gehabt hatte, musste den Zugführer in Chur bestochen haben, damit dieser bei der Bremskontrolle die Schläuche so aufgehängt hatte.

Gian-Battista bemerkte, wie der Wagen an Fahrt gewann und schätzte die Überlebenschancen ein. Sie standen auf dem Landwasserviadukt. Unpassenderweise bemerkte er die schöne Aussicht. Nicht genug, sie stellte sich ihm in seiner Phantasie sogar auf einem Werbeplakat der Rhätischen Bahn dar. Das aus Bruchsteinen gebaute hohe Viadukt, (wieviele Meter waren es schon wieder? Fünfzig? Sechzig?), darunter der schäumende Bach, die Bahn, die im nackten Felsen verschwand, all das messerscharf in Weltformat.

Und er mit der illustren Gesellschaft darauf! Sein Hirn arbeitete fieberhaft. Bei
dieser schwachen Steigung könnte der Wagen mit der Handbremse gehalten
werden. Sofort handeln! Jemand musste am Rad drehen. Verderben konnte
man die Sache nicht mehr. Er eilte zurück und stürzte in den Wagen.
Die Herren drängelten sich an den Fenstern. Auch sie dachten nicht an Pho-
toapparate. Neben Entsetzen vernahm er auch Wut; jemand forderte den
Rücktritt des Verwaltungsrates. In einem erkannte er einen Obersten im Ge-
neralstab, ein berüchtigter Schreihals, wie er sich aus seiner Militärzeit erinnerte, stand bleich am Fenster, ruhig und mit weitaufgerissenen Augen, und
murmelte unablässig: "Nicht zu fassen, nicht zu fassen." Gian-Battista überlegte sich kurz, welche Tonart er anschlagen musste, um gehört zu werden.
"Herren", rief er. Sofort fuhren alle herum und standen stramm. Es juckte ihn,
"anmelden" zu brüllen, aber er spürte unter sich den rollenden Wagen. Die
Zeit drängte. Der Wagen gewann an Fahrt. Bevor jemand etwas sagen konnte,
rief er: "Wir müssen den Wagen zum Stillstand bringen. Die Handbremse!
Jemand muss drehen!
Sofort sprang Curdin Janott hervor. Gerade ihm hätte es Gian-Battista gegönnt, im immer schneller werdenden Speisewagen jäh zu zerschellen. Aber
so konnte man nicht sein, besonders nicht, wenn man selbst im Wagen sass,
beziehungsweise stand. Er dachte kurz an den Genossen Wassilij Illitsch "Wir
haben ein Interesse, kein Prestige" und wies den tatendurstigen Curdin nach
hinten am Rad der Handbremse zu drehen. Dann stürzte er nach vorne.
Curdin leistete ganze Arbeit. Der rollende Wagen wurde langsamer. Gian-
Battista atmete auf und sagte unnötig bestätigend:: "Die Strecke hat nur eine
geringe Steigung."
Er rannte zur nunmehr inexistenten Wagenverbindung. Statt ihrer gähnte ein
schwarzumrandetes Loch. Die Explosion hatte das Übergangblech aufge-
klappt, der Gummi des Faltenbalgs hing in Fetzen am Wagenende. Er blickte
zum vorderen Zugteil. Auch dieser war zum Stehen gekommen. Vermutlich
war das Stromkabel zerrissen und hatte den Hauptschalter buchstäblich aus
der Fassung gebracht, der Motor hatte sich ausgeschaltet und die Steigung die
Lokomotive halten lassen.
Gian-Battista kickte das Übergangsblech nach unten und beobachtete den
nunmehr hintersten Wagen. Auch an dessen Rückwand hingen Fetzen des
Faltenbalgs und das Blech war hochgeklappt. Anscheinend hatte niemand die
Explosion beachtet, bei dem Geratter des Zuges und den in der Kurve quiet-
schenden Rädern verständlich.
Nur eine Gestalt beobachtete den abgetrennten Wagen. Der Wagen kam zum
Stehen. Die Gestalt sprang aus dem Wagen. Gian-Battista erkannte sie sofort.
Sie war klein und drahtig, hatte pechschwarze Haare und auf der Oberlippe
hatte sich ein dünner Schnauzbart festgesetzt. Alfredo! Die längliche und
unförmige Waffe, die Alfredo in seinen Händen hielt, beunruhigte Gian-Battista.
Der Mafioso benutzte die Türe, um auszusteigen. Gian-Battista fuhr sich
nervös über seinen Schnurrbart, dann eilte er in die Küche. Offensichtlich
hatte es Bratkartoffeln gegeben. Zwei Pfannen mit Bratöl standen noch

herum. Sie waren kaum schon abgekühlt. Gian-Battista trat auf sie zu, ohne den Koch gross zu beachten. Eine Waffe, die sich schon im Mittelalter bewährt hatte.

Gian-Battista rannte zum Loch zurück. Alfredo wollte offenbar zur Tür des Speisewagens. Sie war am entfernteren Ende. Gian-Battista wollte ihn vom hinteren Ende des Wagens mit dem heissen Öl empfangen. Aber im Innern waren alle aufgestanden und prosteten Curdin Janott zu. Man war übereingekommen, dass man einem schrecklichen Ende entgangen war. Als Gian-Battista aus der Küche auftauchte, begannen alle, ihn hochleben zu lassen und ihm zu erzählen, was sich in ihrem Innern abgespielt hatte. Sie gossen ihm ein Glas Wein ein und wollten mit ihm anstossen.

Er war absolut chancenlos. Er hörte, wie die Türe aufgestossen wurde und zog sich in die Küche zurück, bevor ihn Alfredo entdecken würde. Von dort konnte er die Szene beobachten. Alfredo gab einen Feuerstoss in die Decke ab. Sofort verstummten alle. Die Angst war zurückgekehrt. Sie standen wieder stramm, aber diesmal klamm in ihrer Furcht. Der Mann sagte mit scharfer Stimme, aber dennoch ruhig und emotionslos: "Sie haben uns betrogen. Wir lassen uns das nicht bieten."

Curdin löste sich nun von den andern, setzte sein gewinnendstes Lächeln auf und sagte: "Alfredo, lass es mich dir erklären." Er ging auf Alfredo zu und streckte ihm die Hände entgegen. Das löste die Spannung der anderen. Beifälliges Gemurmel wurde laut.

Aber Alfredo hatte offenbar wenig Lust, sich Curdins Erklärungen anzuhören. Als Curdin ihn schon mit den Händen berührte, schlug er ihn mit dem Griff seiner Waffe an die Schläfe und sagte: "Wir gehen jetzt Bunjee-Springen. Der Einfachheit halber lassen wir das Seil weg."

Jetzt standen alle wieder stramm. Alfredo sagte, indem er auf den bewusstlosen Curdin deutete: "Der springt als erster. Allerdings müsst ihr ihm dazu auf die Beine helfen. Es wäre doch schade, wenn er dieses einmalige Erlebnis nicht im Vollbesitz seines Bewusstseins erleben dürfte." Er packte ein Fläschchen Mineralwasser und warf es einem doppelbekinnten, glattrasierten Schmerbauch mit unangepasster Kleidergrösse hin und sagte: "Ein wenig kaltes Wasser hilft bei Konzentrationsschwäche. Mach das so lange, bis er steht."

Gian-Battista hatte fasziniert zugeschaut. Wieder war er versucht, nichts zu unternehmen. Und nach Curdin würden die anderen auch springen müssen. Er musste handeln.

Der Koch war noch in der Küche und starrte fassungslos durch den Spalt, den die angelehnte Tür freiliess. Gian-Battista wies ihn gestikulierend an zu schweigen. Dann bedeutete er ihm, die Mütze auszuziehen und einen dunklen Mantel über seine Berufstracht zu ziehen.

Er gab ihm die Pfanne mit dem heissen Öl. Der andere schrie unwillkürlich auf. "Sei still", zischte Gian-Battista und drückte ihm einen Lappen in die Hand. Er warf einen Blick ins Speiseabteil. Die Honoratioren waren zu sehr mit den Fläschchen, Curdin und ihrer Angst beschäftigt, als dass sie diesen Aufschrei gehört hätten.

Gian-Battista machte dem Koch ein Zeichen, ihm zu folgen. Die Glastür war wieder zugefallen, er öffnete sie leise. Sie traten ans offene Loch. Gian-Battista blickte um sich. Die Reste des Faltenbalgs und seiner Befestigung gaben eine Möglichkeit, um an ihnen hochzuklettern und aufs Dach zu gelangen. Den Koch wies er an, stehenzubleiben und schwang sich aufs Dach. Dann beugte er sich hinunter und nahm die Pfanne samt Lappen in Empfang. Er bewegte sich vorsichtig auf dem Dach ans andere Wagenende. Von hier aus liess es sich die phänomenale Sicht und das herrliche Wetter nicht so entspannt geniessen wie im Innern des Wagens bei einem Brathähnchen und einem guten Schluck Wein. Es war still, nur einige Vögel, das Rauschen des Baches und ein in der Ferne vorbeifahrender Lastwagen drangen an sein Ohr. Vom Wageninnern war jetzt nur die Stimme Alfredos zu hören, der seine Befehle gab.

Gian-Battista bezog oberhalb der Türe Position. Curdin kam heraus, dann die Anderen, Alfredo als Letzter mit vorgehaltener Waffe. Gian-Battista schüttete ihm das Öl auf den Kopf. Alfredo stiess einen Schrei aus, liess sein Gewehr fallen und griff sich an den Kopf. Darauf zielte Gian-Battista und sprang. Er war einen Kopf grösser und einiges schwerer. Das Öl hatte Alfredo irritiert. Aber es war schon so abgekühlt gewesen, dass es den Mafioso nicht weiter beeinträchtigte. Gian-Battistas Gewicht aber liess ihn aufschreien und stürzen. Doch Alfredo war zäh. Kaum war er gestürzt, als er sofort nach der Waffe greifen wollte. Gian-Battista, der ebenfalls gestürzt war, versetzte der Waffe einen Stoss mit dem Fuss. Sie rutschte unter dem Geländer des Viadukts durch und verschwand in der Tiefe. Gian-Battista fiel mit der entschwinden-den Waffe ein Stein vom Herzen. Den umstehenden Männern musste die Szene offensichtlich an einen Beizenkrach erinnern, denn sie standen interessiert herum. Eingreifen taten sie nicht.

Alfredo begriff augenblicklich, dass die Maschinenpistole verloren war. Er sprang auf und gab Gian-Battista einen Fusstritt an die Schläfe. Dieser hatte aus den Augenwinkeln wahrgenommen, was ihm bevorstand und den Kopf leicht abgedreht. Der Fuss Alfredos traf ihn nicht voll. Er packte den zurück-schnellenden Fuss und riss aus Leibeskräften daran. Alfredo hatte sich ge-bückt, um einen Stein aus dem Schotter zu nehmen. Jetzt verlor er das Gleich-gewicht und stürzte. Sein Kopf schlug gegen die Schienen. Gian-Battista war aufgesprungen, hockte sich auf Alfredo, packte ihn mit gekreuzten Armen am Hemdkragen und würgte ihn. Aus der Stelle, wo er gegen die Schiene geprallt war, floss Blut. "Was für Serena recht war, ist für ihren Chef nur billig." Alfredo keuchte. Gian-Battista sagte: "Ich möchte dir einige Fragen stellen. Wenn du Schwierigkeiten machst, drücke ich zu."

"Du Schwein. Ich dachte, du wärest tot." Alfredo sprach mit Mühe.

Auch Gian-Battista keuchte. Aber die Stimme war ruhig. Er sagte: "Politikern und Zeitungen sollte man nicht alles glauben. Also: Warum wolltest du diese Herren in den Tod schicken?"

"Wir haben ihnen Geld gegeben, wir haben die Drecksarbeit erledigt, wir haben ihnen den Tunnel bezahlt und sie wollten nicht zurückzahlen."

Gian-Battista stemmte seine Ellbogen ein bisschen weiter auseinander. Alfredos Gesicht begann, sich zu verfärben. "Und warum habt ihr Luzi umgebracht?"
Alfredo konnte nicht mehr antworten. Erst nachdem der andere seinen Griff gelockert und Alfredo einige Züge getan hatte, sagte dieser: "Man hat uns gewarnt. Luzi hätte die Drogenliberalisierung durchbringen können."
Gian-Battista wollte noch mehr wissen. "Wer ist "man"?" Alfredo zeigte mit dem Finger auf einen Mann in der Gruppe. Gian-Battista schien es, es sei Curdin Janott. Er konnte sich täuschen. Er wollte es genau wissen. Also lockerte er seinen Griff. "Zeig mir das genauer," sagte er.
Alfredo riss die Arme vor die Brust, liess sie auseinanderschnellen. Gian-Battista reagierte zu spät. Alfredo schlug ihn mit der Faust an die Schläfe, sein Widersacher fiel nach hinten. Dann sprang Alfredo auf. Er bückte sich und nahm einen Stein vom Schotter und holte aus. In diesem Moment krachte ein Schuss. Alfredo kippte nach hinten.

Epilog

Moritz holte sein Portemonnaie aus der Tasche und zählte sein Geld. Es reichte. Diesmal wollte er Gian-Battista einen Blumenstrauss bringen. Er blickte auf seine Uhr. Halb drei, Zeit genug, in der Gärtnerei bei Herrn Müller Blumen zu kaufen, die er den beiden endlich Vereinten in ihr gemeinsames Leben mitgeben konnte.

Gian-Battista und Loredana waren sich näher gekommen, oder, wie dieser ihm erzählt hatte, war Loredana an den Punkt gekommen, wo der einstmals unterlegene Bewerber sie seit Luzis Tod erwartet hatte. Sie wolle gern zu ihm nach Basel ziehen, auch wenn sie einige liebgewordene Freundschaften zurücklassen müsste, wäre sie froh, das Engadin verlassen zu können und ihm ins Unterland folgen.

Gian-Max hatte es so gedreht, dass Moritz nicht kündigen musste, sondern sich frühzeitig pensionieren lassen konnte. Sein Vertrauensarzt, Dr. Meng, hatte ihm anstandslos ein ärztliches Attest ausgestellt. Die Rente würde ihn nicht auf Rosen betten, aber das Stöckchen Violas, das er eben augesucht hatte, würde ihn nicht zu armen Tagen bringen. Viel mehr würde er sich in Zukunft nicht leisten können, aber er hatte ein erfülltes Leben gehabt. Er hätte zwar liebend gerne eine Privatdetektei eröffnet mit all der Zeit, die ihm aufgezwungen worden war, aber es mangelte an Geld.

Er nahm das Blumenstöcklein und trottete Richtung Loredanas Haus. Als er den Fluss überquert, die kleine Steigung hinter sich und das Haus betreten hatte, straffte er seine Haltung und bemühte sich, eine erfreute Miene aufzusetzen. Was sollte es? Das Leben gehörte denen, die es noch vor sich hatten, und er wollte den beiden den Tag nicht mit einer missmutigen Haltung und Geschichten über korrupte Politiker verdüstern, die ehrlichen waren ja in der Mehrzahl.

Von seinen Befragungen wusste er noch, wo die Stüva war, aus ihr tönte Gelächter und fröhliche Unterhaltung. Aus der Türe trat jetzt ein junger Italiener, er erinnerte sich, ihn schon bei der Beerdigung gesehen zu haben. Dieser öffnete die Türe, hielt sie offen, und Moritz trat in die animierte Runde. Als er eintrat, verstummten alle. Nur eine Frau stand sofort auf und kam auf ihn zu. "Frau Janott", fragte Moritz, glücklich, etwas sagen zu können. Gian-Battista erhob sich fast gleichzeitig, breitete die Arme aus und sagte vernehmlich: "Moritz, schön, dass du da bist, komm, setz dich zu uns."

Frau Janott liess sich nicht bremsen, ganz Gastgeberin streckte sie Moritz die Arme entgegen und sagte: "Ich freue mich so, Sie wiederzusehen, Herr Cavegn." Sie sah auf Gian-Battista und Loredana, "Ach, sehen sie nicht glücklich aus." Sie beugte sich zu Moritz hin und flüsterte vernehmlich: "Ich habe es ja kommen sehen, schon damals, als er aus Italien zurückgekehrt ist. Obwohl Herr Clavuot auch ein netter war."

"Mama, hol mehr Wein. Im Keller steht noch welcher." Gian-Battista hatte das in einem Ton gesagt, dessen Freundlichkeit keine Widerrede duldete. Frau Janott schien das nicht gewohnt zu sein. Sie zuckte leicht zusammen, öffnete mit empörten Gesichtsausdruck kurz den Mund, klappte ihn wortlos wieder zu und verschwand mit beleidigtem Gesicht.

Ihr Sohn kam, sichtbar befriedigt, auf Moritz zu, einen Briefumschlag in der Hand. Moritz hob rasch den Blumenstock und streckte ihn seinem Freund hin: "Für den gemeinsamen Haushalt." Dieser winkte Loredana, drückte ihr die Blumen in die Hand und gab Moritz den Briefumschlag und lächelte ihm verschmitzt zu. Der Polizist blickte in die Enveloppe, riss erstaunt die Augen auf und fragte, beinahe tonlos: "Woher?" Mit übertriebener Gelassenheit sagte Gian-Battista: "Ich habe ein wenig abgezweigt, als ich von Livigno kam."

Moritz, immer noch leicht betäubt, und noch nicht ganz überzeugt, dass er dieses Raubgeld annehmen sollte, wandte ein: "Aber es ist Schweizer Geld." Der Jüngere kniff seine Augen spöttisch zusammen, erhob sein Glas und antwortete: "Keine Sorge. Ich habe es bei der Engadin Bank&Trust gewechselt."

Ein Hohn. Aber bei all den Scheiben, die Herr Janott an den Tunnelmillionen abschnitt, durfte er auch eine Krume in den Sack stechen. Herrn Cadosch würde es nicht schädigen, denn ob er jemals gewusst haben sollte oder musste, dass das Geld finsteren Ursprungs war, würden erst die Untersuchungen - vielleicht - zeigen.

Loredana mischte sich ein. Sie wandte sich an ihn und fragte mit dunkler Stimme: "Wird man den Tod Luzis weiter aufzuklären versuchen?" Moritz sagte nur: "Einer der vielen ungelösten Fälle. Der, der Licht in die Sache hätte bringen können, ist wieder gewählt worden und wieder immun."

"Und ist dafür als Held gefeiert worden," sagte Gian-Battista, der vornübergebeugt sass, die Arme auf die Knie gestützt.

Moritz schwieg. Sicher könnte dieser noch einiges an die Öffentlichkeit bringen, auch das Amt des Nationalrats käme ins Wanken. Aber wie hatte er bei Elie Wiesel gelesen? Da war doch dieser Mann gewesen, dessen Bruder von den Nazis ermordet worden war und der nach Jahren den Schuldigen gefunden hatte. Und als er dem Mörder gegenüberstand, hat er sich doch gesagt: "Der Herr möge strafen. Das ist sein Recht. Aber meine Sache ist es, mich zu weigern, ihm als Peitsche zu dienen." Gian-Battista hatte sicher nicht so edle Motive, den Schafe - zu Luzi passte wohl eher Widder - reissenden Baulöwen in Ruhe zu lassen. Er, Moritz, wollte diesen Fall einfach ad acta legen. Er stopfte seine Pfeife und sah zu Gian-Battista und Loredana, deren Verbindung auch nur dank einer Leiche zustande gekommen war. Auch hier galt: "Reden ist Silber, Schweigen ist Gold."

Einige romanische Ausdrücke

sar magister	Herr Lehrer
palorma	Nachfeier/Leichenmahl
viva!	Zum Wohl! Prosit!
stüva	gute Stube, Wohnzimmer
suler	Diele
crusch alba	Weisses Kreuz
Sper l'En	Beim Inn
Vè nanpro, ma subit	komm hierher, aber sofort
god val ota	Flurname, in etwa: Wald des hohen Tales
grassins	"Fettchen", eine Art Butterkekse

("Ch" wird deutsch "tsch" ausgesprochen, "S" deutsch "sch", S-chanf also Sch-tschanf", Chasauna Tschaschäma.)

Bücher im Pano Verlag

Rüdiger Bartelmus
Theologische Klangrede. Studien zur musikalischen Gestaltung und Vertiefung theologischer Gedanken durch J.S. Bach, G.F. Händel, F. Mendelssohn, J. Brahms und E. Pepping
1998. ISBN 3-907576-07-1, 242 S., Fr. 30.00 / DM 32.00

Peter L. Berger u.a.
Auf den Spuren der Theologie. Ansprachen anlässlich der Verleihung der Ehrendoktorwürde an Peter L. Berger
1998. ISBN 3-907576-08-X, 38 S., Fr. 9.80 / DM 9.80

Jörg Büchli
Am Anfang steht der Logos. Elementargrammatik zum Griechisch des Neuen Testaments
1999. ISBN 3-907576-18-7, 80 S., Fr. 20.00 / DM 20.00

Jörg Büchli
Wegzeichen des Seienden. 52 Wochensprüche durch das Jahr aus Heraklit, Sokrates, Platon und dem Neuen Testament
2000. ISBN 3-907576-27-6, 110 S., Fr. 20.00 / DM 20.00

Pierre Bühler
Ablass oder Rechtfertigung durch Glauben. Was brauchen wir zum Jubiläumsjahr 2000?
2000. ISBN 3-907576-30-6, 100 S., Fr. 20.00 / DM 20.00

Pierre Bühler, Emidio Campi, Hans Jürgen Luibl (Hrsg.)
„Freiheit im Bekenntnis". Das Glaubensbekenntnis der Kirche in theologischer Perspektive
2000. ISBN 3-907576-16-0, 250 S., Fr. 30.00 / DM 32.00

Pierre Bühler, Tibor Fabiny (Hrsg.)
Interpretation of Texts. Sacred and Secular
1999. ISBN 3-907576-22-5, 430 S., Fr. 30.00 / DM 32.00

Tibor Fabiny (Hrsg.)
The Bible in Literature and Literature in the Bible
2000. ISBN 3-907576-25-X, 220 S., Fr. 30.00 / DM 32.00

Christine Forster
Begrenztes Leben als Herausforderung. Das Vergänglichkeitsmotiv in weisheitlichen Psalmen
2000. ISBN 3-907576-24-1, 270 S., Fr. 30.00 / DM 32.00

R. Gebhard, J.A. Bernhard, S. Letsch-Brunner (Hrsg.)
Misericordias Domini. Freundesgabe zum 70. Geburtstag von Prof. Dr. Hans-Dietrich Altendorf
2000. ISBN 3-907576-33-0, 130 S., 2 Farbbilder, Fr. 30.00 / DM 32.00

Matthias Krieg, Hans Jürgen Luibl (Hrsg.)
In Freiheit Gesicht zeigen. Zur Wiederaufnahme des liturgischen Bekennens im reformierten Gottesdienst (denkMal 2)
1999. ISBN 3-907576-20-9, 125 S., Fr. 19.00 / DM 19.00

Thomas Krüger
Kritische Weisheit. Studien zur weisheitlichen Traditionskritik im Alten Testament
1997. ISBN 3-9520323-7-9, 230 S., Fr. 20.00 / DM 20.00

Klaus Seybold
Die Sprache der Propheten. Studien zur Literaturgeschichte der Prophetie
1998. ISBN 3-907576-12-8, 260 S., Fr. 30.00 / DM 32.00

Jürg Spielmann
Mit Händen zu greifen. Texte und Gedichte
2. Aufl. 1999. ISBN 3-907576-15-2, 80 S., Fr. 20.00 / DM 20.00

Jean Zumstein
Kreative Erinnerung. Relecture und Auslegung im Johannesevangelium
1999. ISBN 3-907576-11-X, 240 S., Fr. 30.00 / DM 32.00

KRIMI

Fritz Stolz
Kirchgasse 9. Ein theologischer Kriminalroman
4. Aufl. 1999. ISBN 3-9520323-3-6, 191 S., Fr. 25.00 / DM 25.00

LYRIK

Innokentij Annenskij
Die schwarze Silhouette. Gedichte Russisch – Deutsch
1998. ISBN 3-907576-02-2, 200 S., Fr. 20.00 / DM 20.00

Afanasij A. Fet
Quasi una fantasia. Gedichte Russisch – Deutsch
1996. ISBN 3-9520323-6-0, 157 S., Fr. 20.00 / DM 20.00

Max Brubacher
Abendstimmungen. 1912-1913, Gedichte Russisch – Deutsch
1998. ISBN 3-907576-10-1, 150 S., Fr. 25.00 / DM 25.00

THEOPHIL

Zürcher Beiträge zu Religion und Philosophie
herausgegeben von Helmut Holzhey und Fritz Stolz

Band 1: **Walter Bernet**
Verzehrende Erfahrung. Stationen einer theologischen Laufbahn
1995. ISBN 3-9520323-4-4. VII, 178 S., Fr. 35.00 / DM 38.00

Band 2: **Helmut Holzhey, Peter Schaber** (Hrsg.)
Ethik in der Schweiz. Ethique en Suisse
1996. ISBN 3-9520323-5-2. VI, 224 S., Fr. 20.00 / DM 20.00

Band 5: **Alberto Bondolfi, Walter Lesch, Daria Pezzoli-Olgiati**
(Hrsg.)
»Würde der Kreatur«. Essays zu einem kontroversen Thema
1997. ISBN 3-907576-00-4, 136 S., Fr. 20.00 / DM 20.00

Band 6: **Ansgar Jödicke**
*Das Islambild in den Schulbüchern der Schweiz. Mit einem Vorwort
von Fritz Stolz und einer Analyse der Lehrpläne von Markus Holen-
stein*
1997. ISBN 3-907576-03-9, 118 S., Fr. 20.00 / DM 20.00

Band 8: **Ingolf U. Dalferth, Hans Jürgen Luibl, Hans Weder**
(Hrsg.)
Europa verstehen. Zum europäischen Gestus der Universalität
1997. ISBN 3-907576-01-2, 130 S., Fr. 20.00 / DM 20.00

Band 9: **Ingolf U. Dalferth, Hans Jürgen Luibl, Hans Weder**
(Hrsg.)
*Die Wissenschaften und Gott. Ringvorlesung aus Anlass des 60. Ge-
burtstages des Rektors der Universität Zürich, Prof. Dr. Hans Heinrich
Schmid*
1997. ISBN 3-907576-05-5, 230 S., Fr. 38.00 / DM 40.00

Unser vollständiges Programm finden Sie im Internet:
http://www.pano.de

Bestellungen an: Pano Verlag
                  Hadlaubstr. 142, CH-8006 Zürich
                  Tel. / Fax (01) 361 51 59
                  E-mail: bestellungen@pano.de
                  oder an jede Buchhandlung.